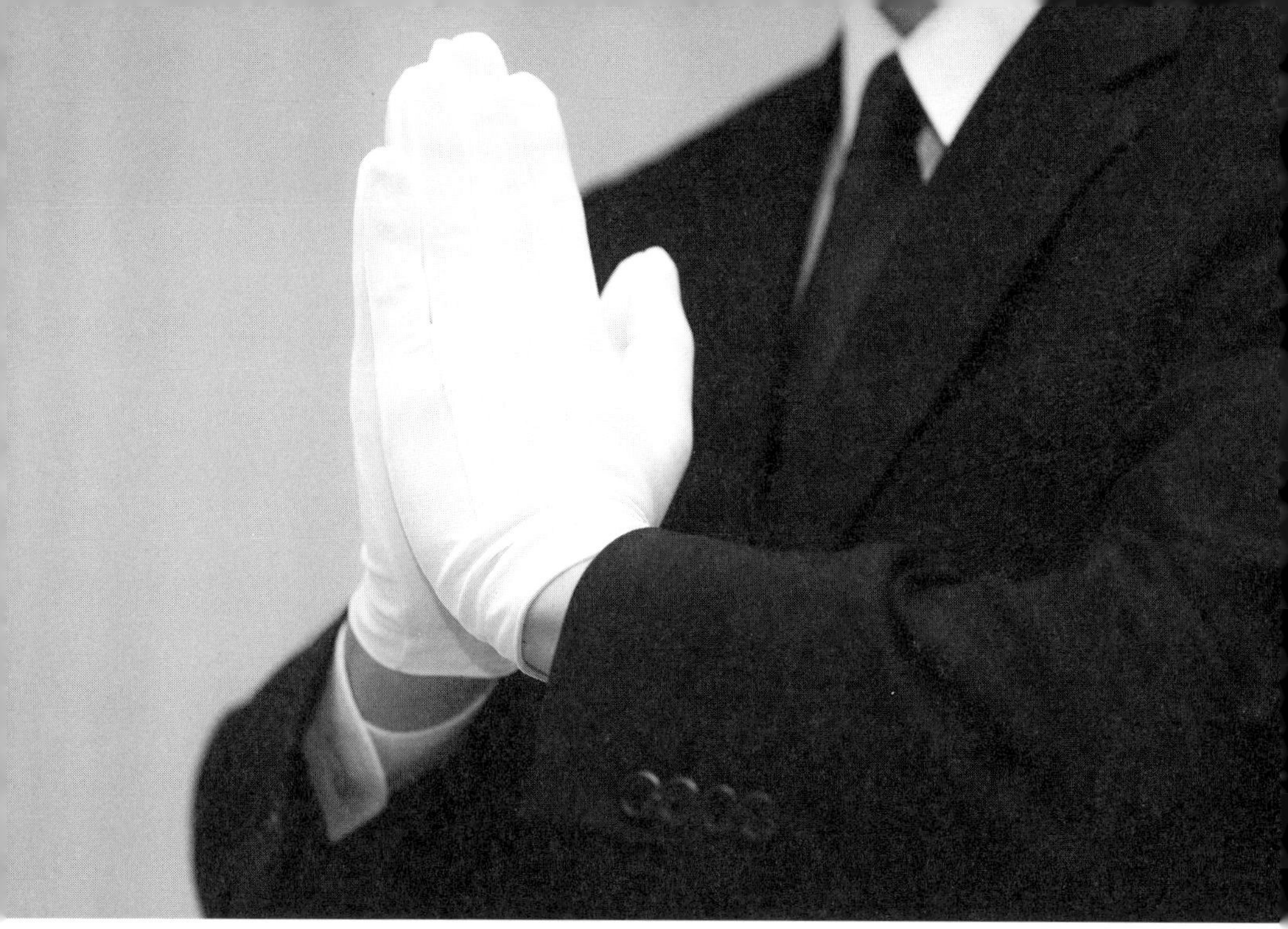

名古屋学院大学総合研究所研究叢書29

葬儀業界の戦後史

葬祭事業から見える死のリアリティ

Tamagawa Takako
玉川貴子

青弓社

葬儀業界の戦後史——葬祭事業から見える死のリアリティ／目次

第2章 戦後の葬祭業界の変動要因

装丁——Malpu Design［清水良洋］

序章　葬祭事業者にとっての終活ブームとケア

1　終活ブームにおける葬儀

近年、エンディングノートや終活[1]に関する本が相次いで出版されている。たとえば、「終活読本 ソナエ」（産経新聞出版）という雑誌の発刊は、そうしたブームを物語るものである。[2]そもそも終活について関心をもつ人々は、まず死亡前の病や介護という問題を考えるだろう。死後については、墓、遺品整理、相続などについて考えやすいが、死後の準備の一つとして、葬儀の事前契約（予約）も増加傾向にあるといわれている。[3]

経済産業省は、ライフエンディング・ステージという言葉を使って、政策的な視点から注目している。ライフエンディング・ステージとは、「①人生の終末や死別後に備えた生前からの準備を行う〈行動〉、②ライフエンドとその後の遺族等による生活の再構築の〈時間〉の双方を合わせた領域[4]」と定義され、医療介護関係、行政、相続などにかかわる各分野、葬儀・供養など死と死別にかかわる領域の「シームレス」な（継ぎ目がない）連携を図る保険・供養などの商品販売、介護など身体的・精神的ケアをする事業連合体を作り出すことができると考えられている。人の生から死後まで各事業者ら、相続などの相談に乗る専門家らが橋渡しをしながら、当事者や家族をサポートする体制を作るということに政策的力点が置かれている。[5]

終活ブームや経産省のライフエンディング・ステージへの注目は、葬儀に関心をもつ人々が増えてきたという見方を裏づける一方で、「葬儀は簡素に」や「葬儀は不要」という、儀礼に対する出費はできるだけ抑えたいという本音も見える。ここには、葬儀の経済的・文化的価値への否定的な視線が見られる。

しかし、葬儀をおこなう意味が問われるような事態が二〇一一年三月に起きた。東日本大震災である。未曾有の災害は、どのようにして死者を葬るのかという問題を突き付けた。

宮城県仙台市にある葬儀社・清月記代表取締役の菅原裕典氏の手記がある。東日本大震災時、菅原氏は、棺を集めることから始めたという。そして、この棺は同じ仕様にしなければならない理由があった。それは、たくさんの棺を並べたときに違う仕様の棺が交じっていると、遺族が差別や区別をされたと思うからである。[6]また、棺の問題だけではなく遺体や火葬に対する取り扱いについても、遺族から厳しい言葉を浴びせられることがあるという。

あまりにも突然で理不尽な死。かといって、津波に怒りをぶつけることもできない。神様を恨んでも仕方がないこともわかっている。しかし、どこかに怒りや悲しみをぶつけなければ、心が砕け散ってしまう。そんなご遺族の感情が、葬祭業者に向けられたのは、ある意味では仕方のないことだったのでしょう。(略)

遺体安置所では、ありとあらゆる不満が葬祭業者に集中しました。

「火葬をできなくしているのは、お前たちじゃないのか！　少しでも長く安置所に置いておいて、追加料金を取ろうとしているんじゃないのか！」

そんな罵声までが飛んできました。[7]

火葬ができるかどうかの問題は、火葬炉の運営者である行政側と燃料の問題であり、葬祭業者は関与していない。しかし、遺族は葬祭業者に対して怒りをぶつけるのである。震災で家を流されただけでなく、家族を失い、突然遺族になってしまった。理不尽さへの怒りの感情は、災害によって発生した多くの遺体を前にして働く葬祭業者へと向けられてしまう。こうした怒りは、葬祭事業者へ支払う料金に対する不信感として顕在化する。

菅原氏は、「災害の最中に、お金の話などできるものではありません。ご遺族から、「こんなときに金の話なんてするな！」と怒鳴られるのがオチです。とくに私たちの仕事は、お金の話を出しにくいところがあるのです。実際、「震災のおかげで、ずいぶん儲けただろう」とあからさまに嫌味をいう方もいました[8]」と述べている。菅原氏が「私たちの仕事は、お金の話を出しにくい」と述べているように、葬儀社との契約にあたって金銭的な話をするのは当たり前であっても、それを当たり前とは思いたくない人々の意識が、そこには垣間見える。葬祭業者側にとっては、多くの遺体を引き受けなければならない事態で、無償で社員を働かせることは困難である。しかし、遺族になるはずではなかった人々にとっては、何もかもが理不尽である。

遺族にとっては、先ほどまでこちらからのはたらきかけに反応していた「人」が反応がない「モノ」のように見えてしまう死（遺体）の理不尽さがある。さらに、死を受け止めきれないなかで、遺族はケアされるどころか遺体の安置、火葬をおこなわざるをえない状況に置かれてしまう理不尽さもある。そうしたことには、出費が伴うという理不尽さも感じられるだろう。日常的な死にもこうした三層構造の理不尽さはあるが、見えにくく、災害での死は顕在化しやすい。

だが、一方で、家族の一員が津波で半年以上も行方不明になったとき、どこかで生きていてほしいという気持ちに区切りをつけるのが葬儀をおこなうときになるのではないだろうか。つまり、目の当たりにする遺体がないこともまた理不尽なのである。この曖昧な生と死の境界線を引くものの一つが葬儀である。

終活ブームによって、人々は死そのものに対して関心を払っているかのように見える。しかし、それは、死を感じさせない社会（災害時のように死を目の当たりにすることがない社会）のなかで、「充実した「生」を全うしたい」「安らかに死を迎えたい」という欲望に置き換えられたうえでの関心である。経済産業省が提示した「ライ

図1　消費者向けパンフレット「Message」全日本葬祭業協同組合連合会、2015年

フエンディング」は、死にゆく当事者だけではなく、生きている遺族の行動や時間まで含めて解釈している。こうした認識は、死を、個人の生老病という人生の時間軸上の「リスクの結果」というよりも人生のなかで次々と「更新されるリスク」の一つであるかのように考える社会になってきたことを意味する。(9) 誰にでも病や老い、死は平等に訪れるという考え方から、病は運動や食生活に注意することで罹患する可能性を低くすることができる、老いは自律的な生活を心がけることで先延ばしにされる、死に対する不安は介護や死後の準備によって回避できる、というように次々と大量の情報とともに新たなリスクとして捉えられ、個々人がクリアすべき課題のように考えられている。(10) こうした考え方は、死にゆく当事者が「充実した「生」を全うする」ための行動へと導こうとするだけでなく、次節で検討するが、死別後の悲嘆を和らげ、遺族の「充実した「生」」にもつながるものとして導かれようとしている。

2　職業上、死にかかわること——ケアと商品

葬儀は、死を定点として、道徳、消費、相互扶助などの諸行為で構成する宗教的な現象でもある。(11) 葬儀は、商業的な集団を介在させずに遺族や地域、宗教集団、宗教者らによっておこなわれ、そこでは、死者と生者、生者と生者の「交換」——財、地位、信仰、感情、労力など——が見られた。葬祭業は主に遺族と金銭契約を結び、労力や物品を提供する職業である。

葬祭業というと、二〇〇八年に公開された『おくりびと』（監督：滝田洋二郎）の納棺師を思い浮かべる人も多いだろう。しかし、葬祭業は、納棺を専門にしているわけではない。葬祭業者は、遺族と契約し葬儀とそれにかかわる儀礼全般を執行する。本書では、遺族もしくは当事者と金銭契約し葬儀を執行する人々を扱う。彼／彼女らを「葬祭業」もしくは「葬祭（事）業者」と表記する。これは、歴史的に自らを葬祭業と名乗ってきたという経緯をふまえてのことである。

葬祭業について、ここで説明しておく。葬祭業は、一般的には「葬儀業」と呼ばれ、日本の標準産業分類ではサービス業に分類される。葬祭事業の種類は、大きく三つに分けられる。葬儀だけを扱う専業事業者、冠婚葬祭互助会、農業協同組合の葬祭事業である。[12] 市場占有率は、正確な統計がないとのことで、おおよその数字だが、葬祭専門事業者が約五〇％、冠婚葬祭互助会が約四〇％、農協が約八％だという。[13]

葬儀を専業している葬祭事業者と冠婚葬祭互助会の葬儀業務は、「その他の生活関連サービス業」の「冠婚葬祭業」のなかに含まれていて、「葬儀業」として扱われている。農協で葬儀を扱うこともあるが、「複合サービス事業」であるため、この点で葬儀を専門的に扱う事業者とは一線を画する。また、冠婚葬祭互助会の場合、割賦販売法のために経産省の許可をとらなければならないという点では、専業の葬祭事業者とは異なる。現時点では、専業の葬祭事業は許可事業制になっておらず、今後、許可事業制になれば、専業の葬祭事業者の数も把握しやすくなるだろう。

経済産業省の「平成二十七年特定サービス産業実態調査報告書　冠婚葬祭業編」によると、葬儀業務の事業所数は八千五百五十である。年間の葬儀取り扱い件数は、百二十万千三百四十一件で、冠婚葬祭互助会を活用した件数は、そのうちの二十四万千六百十三件。年間の売上高は、一兆三千七百三十九億円である。[14] ただ、事業者の数が正確に把握できないこと、葬儀にかかわる費用に関する統計が少ないことなどのために、葬祭業者の数や市場規模は正確にはわからない。

ちなみに、二〇一七年八月現在、全日本葬祭業協同組合連合会（全葬連）に加盟する葬儀社は千三百四十二社で、五十九の事業協同組合が所属している。全葬連には、専業の葬祭事業者だけでなく冠婚葬祭互助会系事業者も所属する。[15]ただ、冠婚葬祭互助会系事業者には、全日本冠婚葬祭互助協会（全互協）という全国団体もある。

死に職業的にかかわる人々は、主に三つに分けられる。一つは、「死に専門的な立場からかかわる人々」である。医療・福祉関係者やカウンセラー、宗教者、法律家もこれに入るだろう。もう一つは、「死に行政的にかかわる人々」である。これは、死亡届を受理する役所の職員、公営の火葬場で働く職員などである。[16]そして、「死に商業的にかかわる人々」である。これは、生命保険業[17]や葬祭事業者などである。

「死に専門的な立場からかかわる人々」や「死に行政的にかかわる人々」と「死に商業的にかかわる人々」には大きな違いがある。前二者は、商業性・営利性が前景化しにくい。たとえば、看護師は、（患者がいることで給与が支払われるものの）患者との直接的な金銭授受をおこなわないうえに、患者やその家族をケア[18]するとしてもそれが営利目的と受け取られにくい。

医師や看護師も不特定多数の患者の死に目に立ち会うし、高齢者施設の福祉職員や介護士は、まさに現場で死にかかわるといえるだろう。しかし、彼／彼女らは死にかかわる業務が多発している現場にいたとしても、「人の不幸でお金をとる」とは言われにくい。「病」や「死」というリスクを回避し、「健康」や「ケア」という「充実した「生」」を維持することが本来の業務遂行と考えられるからである。実際に死を扱っているかどうかではなく、死を扱うのが本来の目的ではないように見えることもまた「ケア」という場面では重要なのである。したがって、葬祭事業者が、遺体や遺族に対してケアを意識したとしても、ケアする側とケアされている側の認識の違いを含めた葬祭事業のあり方について記述しておく必要がある。

ところで、『民俗学事典』のなかでは、遺族のグリーフ（悲嘆）に配慮する実践として、葬祭事業が「ケア産業」化していると述べていて、実際、介護施設を運営している事業者もある。[19]遺族へのケアを重視するようになったのは、葬儀に必要な様々な物品提供が分業化され、葬儀に関する情報を統括し、葬儀をコーディネートする業務へと変化したことによる。[20]

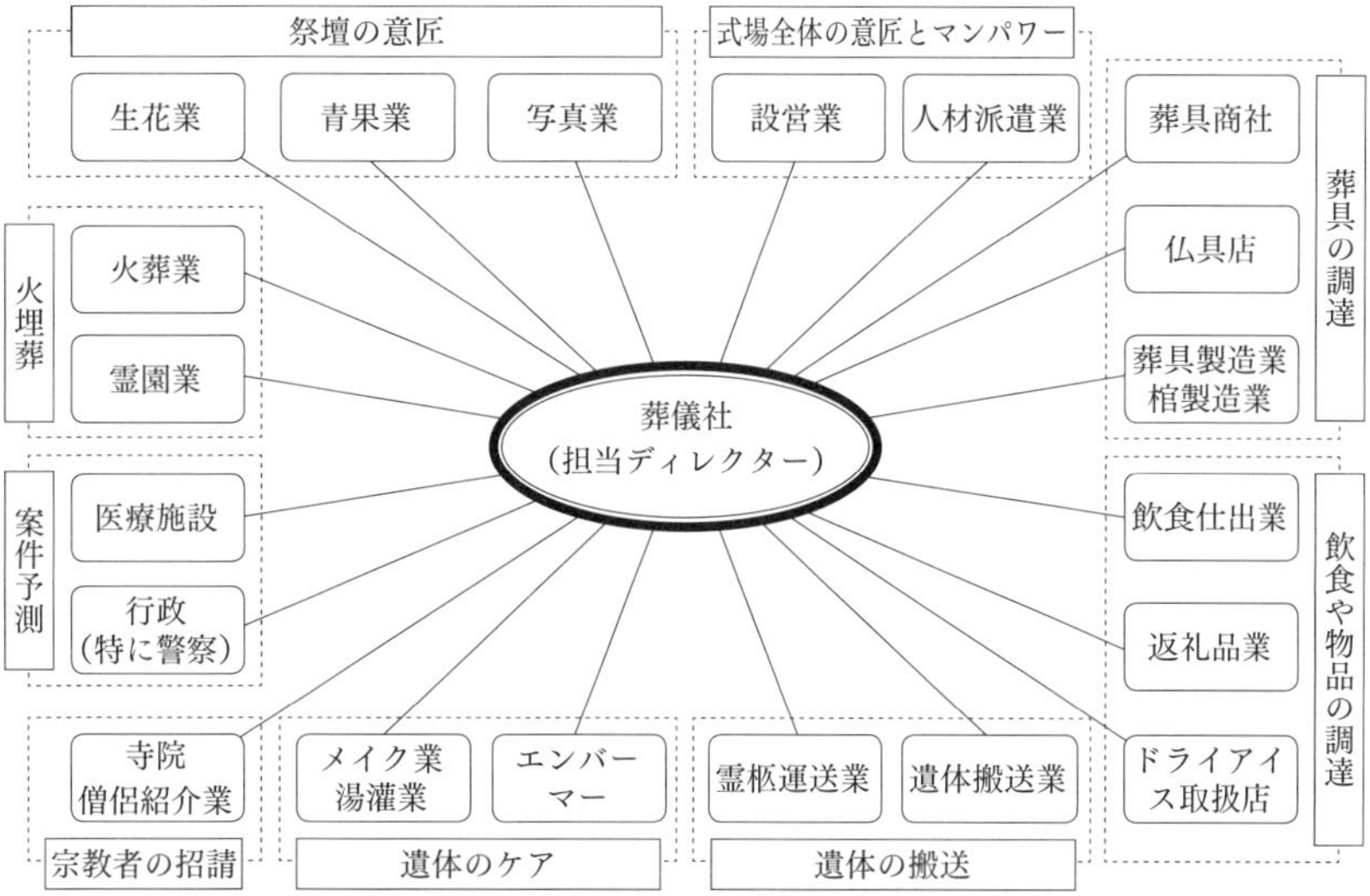

図2　「葬儀社を取り巻く主要な関連業種・機関のネットワーク」
（出典：田中大介「葬祭業の行方」『民俗学事典』所収、丸善出版、2014年、499ページ→田中大介『葬儀業のエスノグラフィ』東京大学出版会、2017年、78ページ）

葬祭業は、葬儀をコーディネートするために関連業種のネットワークの中心にいるのだが、それは、死者と遺族に最初にかかわるからでもある。

エンバーミング（遺体衛生保存）もグリーフケアの一つとして位置づけられるが、遺族への感情支援という点では、直接的というよりも間接的ではないかと考えられる。遺族の悲嘆感情について話し合う、もしくは思いを吐き出せるような場を作るという直接的支援として、日本の葬儀社がおこなう死別後の心理的ケアは、エンバーミングのように価格がつけられた商品とはいえない面がある。

たとえば、公益社は、「ひだまりの会」という遺族をサポートする組織を二〇〇三年十二月に設立した。全国のなかでもきわめて珍しい取り組みである。ひだまりの会は、「葬儀事業とは公益的なものであるから、葬儀を施行するだけではなく葬儀後も少しでも遺族の役に立ちたいという思いから、社会貢献活動の一環として」[21]設立された。

興味深いのは、葬儀事業を公益的とし、葬儀後の遺族のグリーフケアにかかわるサポートは、社会貢献活動と捉えている点である。葬儀は、死という事態に対処する共助的な側面があるものの、それを葬祭業者に依頼して執行するには必ず費用が発生する。遺族のグリーフケアは、必ずしも費用がかかるわけではないが、葬儀もグリーフケアもともに公益的・利他的なものとして位置づけられる。ちなみに、このひだまりの会の月例会の会費は無料だという。[22]とはいえ、「見守りコール」と呼ばれる遺族への電話案内で、遺族から警戒されることがあるという。「葬儀社によるグリーフケアの活動に対しては、営利目的の営業活動としてとらえられるおそれがあります。実際、ひだまりの会でも、遺族に初めて会の案内の電話をする際に、遺族から警戒されることがあります[23]」

つまり、葬儀社側が提供する無料のサービスや遺族に対しておこなうグリーフケアさえも、そうした営業活動の一環ではないということをあえて示さなければならない。したがって、グリーフケアは、いわば「商品ではないこと」を提示することから始めなければならないのである。この点は、アメリカの場合と異なる。

日本の葬儀社が運営する死別後の心理的なサポートプログラムは無料の場合も多いだろうが、アメリカのSCI（Service Corporation International）の場合、パッケージ化されている。[24]他にもアメリカの Funeral Home & Crematory 社では、葬儀後に必要となる社会保障や軍人恩給、生命保険の文書手続きをアフターケアとして提供し、それが遺族の新たな人生やグリーフのサポートであることをウェブサイトで謳っている。[25]つまり、死別後に発生する事務的手続きであれ悲嘆感情へのサポートであれ、遺族にとっても必要だと感じられるサポートを提供していくのであれば、それらは遺族へのケアとみなされるだろう。先ほどの公益社での取り組みのなかにも配偶者と死別した人たちの食生活の改善のために男女一緒に料理を作る「わいわい食堂」と呼ばれるプログラムがあり、そうしたプログラムは需要があるようだ。[26]

現在、グリーフケアの対象になっている人々は死別後の遺族だが、家族がまだ生きている状態で、葬儀社と事前契約を結び、葬祭サービスを購入する（可能性がある）人々を遺族と呼ぶことはできない。葬祭事業者から見た場合、こうした葬祭サービスを購入する可能性がある人々は、一般化して「消費者」「顧客」「生活者」と呼ばれることもある。こうした呼称の複雑さも、提供する葬儀商品の曖昧さを象徴している。つまり、葬儀社が葬儀を執行するうえで提供する物品やサービスは商品そのものだが、それらはケアと直接的に結び付けては提示されてこなかった（あるいは、提示しにくかった）し、悲嘆などへのケアも商品だといえない（いいにくい）曖昧さと重なるのである。今後は、前述した死別後のケア概念へと葬儀業務を拡大していくことで、ケア（福祉的）領域と商品的な領域はますます曖昧になるだろう。

ここで注意しておかなければならないのは、商品化過程で、人々の葬祭事業への批判・蔑視には、「死（遺体）のケガレ意識」がどう関係していたのかという点である。これらは「死（遺体）のケガレ意識」でもって説明される場合がある。つまり、葬儀の商品化が進められてきたことで人々の「死（遺体）のケガレ」は薄らいだため、葬祭事業への批判や蔑視もなくなってきたといわれる場合である。こうした「死（遺体）のケガレ」が残っている、あるいはそうした意識が薄らいだということ自体、どの時点のケガレ意識と比較しているのか、また遺体に対する人々のケガレ意識なのか、葬祭業へのケガレ意識なのかは明確にしないまま議論される場合もある。(27)そもそもそうしたケガレ意識そのものが、商品化が浸透した社会のなかですでに再構成されてしまっていて、葬儀の商品化そのものをケガレ意識の希薄化とすることには論理的に無理があるのではないだろうか。だとすれば、葬祭業者側が批判される内容そのものを一緒くたにせず、分節化し、その一つひとつの批判をどう受け止め、事業の必要性と正当性をどのように説明していったのか、また、その過程で葬祭業者への批判はどう変わっていったと事業者らは感じていたのか、ということを丹念に見ていくことが必要だろう。

葬祭業者側が事業の必要性と正当性を説明していくうえで考慮しなければならないことは、葬儀を購入する消費者という遺族がその立場になりたくてなったわけではない、自発的な消費者とはかぎらないという点である。葬祭業者側が人々の消費行動を促すことがいかに困難だったかについて、結婚式と比較するとわかりやすいだろう。

現代の結婚は、イエ同士というよりも当事者同士の恋愛結婚が主流であり、夫婦、あるいは家族になろうとする意思をもって結婚する。つまり、幸福を象徴する結婚は、不幸のように予見できないものでもないし、市場価格の設定が曖昧であったとしても、それが当事者たちの未来への欲望に基づくために事業者側への批判は起きにくい。資本制社会での非対称な欲望――幸福の価値の高騰と不幸の隠蔽――によって人々は、その経済的な価値を判断している。

本書では、葬祭事業者が商品化を拡大していく過程で「人の不幸でお金をとる」と人々から批判されてきたことをどのように意識し、それらにどう対処しようとしてきたのかという葛藤の歴史を葬祭業者側から描出していきたい。(28)

3 本書の構成

本書は、戦後の葬祭事業者が葬儀商品を開発・販売するうえで、なぜこんなにも批判されたのか、そうした批判に対して、どう事業者側は自らの事業を正当化してきたのかを明らかにするものである。葬祭事業は伝統や慣習という文化的側面をもちながらも遺体を扱う事業ということで長らく蔑視されていた。儀礼を改変可能なものと考え、サービス業として認知されるようになったことで、一般的にはそれほど蔑視されることはなくなったと考えられているが、実際、そう簡単ではない。葬儀の商品化≒遺体への忌避の希薄化、タブーの希薄化≒葬祭事業への蔑視の希薄化という図式を描こうとするとき、そこには、時期やタブーに対する内容などでどうしても齟齬が生じる。これらを一つひとつほぐしながら見ていくことを本書で目指す。

その際、主に葬祭事業者側の資料に依拠しながら事業内容を分析していくが、本論をやや先取りしていえば、葬儀を商品化し、事業者がサービス業化していくなかで、死者や遺族が自らを消費者であると自覚しにくかったことが、葬祭業批判が長く続いた要因の一つだったと考えている。つまり、葬祭事業者側は伝統や慣習という葬儀の意味と葬儀の消費――儀礼における葬儀商品を購入するというよりも遺族や死者の好み・意向によって購入する——を同一平面上に認識していたこと、またそれと同時に遺族自身もすでに消費者となっていたにもかかわらず、消費者として自覚しにくく、社会的にも遺族を消費者（顧客）、生活者、グリーフケアの対象者、（宗教の）信仰者など、複数の立場として認識せざるをえなかったことがその要因になったと考えられる。消費者としての自覚がないということは、死の発生前後で葬儀商品を比較せずに購入するという行為としても読み取れ、また悲しみにくれているなかで商品比較どころか葬儀をおこなうことそのものへの不満にもなるため、葬祭事業者の不当な利益確保にしか映らないのである。

こうした葬祭事業者への批判の内容と正当化のプロセスでは、様々なアクターが登場する。部分的には重なり合うが、消費者、宗教者、行政、地域住民などである。こうしたアクターを捉えること、さらに葬祭事業への批判の内容やそれら批判が起きた時期を一つひとつ丁寧に見ていくためにも、戦後の葬祭業界とその歴史、葬儀空間、葬祭業者の身体と分節化して論じる必要がある。つまり、葬祭業界の動向や事業の方向性、葬祭業者教育などが一斉に変化したかのように論じてしまうと、変化のタイミングやそのときにどう変化した／しなかったのかという点を見落としかねないのである。さらに、葬祭事業者が他のアクターとの葛藤、もしくは人々からの批判がその空間ややりとりの場で変化しうることを明らかにするためにも必要である。

葬祭業界を論じるにあたっては、全葬連という葬儀社の全国団体の歴史を中心に記述した。むろん、この団体だけをもって葬祭業界というのは無理があるかもしれないが、現在、この団体には、専業の事業者だけでなく冠婚葬祭互助会系事業者も所属している。専業の葬祭事業者を中心としながら、冠婚葬祭互助会を含めた葬祭業界を記述するには、まずこの団体を論じる必要があると考えた。葬祭事業者らが集まった団体が葬祭業界をどう形成していき、事業を正当化していったのか、という視点から葬祭業界の歴史を論じていく（第2章「戦後の葬祭業界の変動要因」）。もう一つは、個別の葬儀社で得られたインタビューや諸資料などのデータを用いて、葬祭事業者と地域との関係、あるいは事業者と遺族との相互行為について論じる（第3章「商品としての儀礼空間——景観と住空間から排除された死」、第4章「葬祭業教育と遺族へのかかわり[29]」）。データの性質上、地方都市や農村部などの葬祭業に関するデータが不足していることは、十分自覚している。葬儀は、地域ごとの違いが表れやすい儀礼でもある。したがって、葬儀サービスの内容には、都市部と農村部の違いも見られるだろう。しかし、葬儀サービスの地域的な差異を一つひとつ網羅することは本書の趣旨からはややずれてしまう。葬儀の商品化という点では、地域に密着した事業展開をしながらも人口の流動性の高さから新たな商品開発が迫られやすい大都市圏（東京、大阪、名古屋）が最も適切だと考えられる。

また、中小事業者が多い葬祭業界で、大都市圏内で営業する大手の葬儀社を主に扱うのは、葬祭業の平均的な姿を描くなら問題があるかもしれない。しかし、筆者は葬儀の商品化の過程と葬祭業界がどのように生成してきたのかに焦点を当てている。葬祭業界全体の牽引役にもなる可能性がある大手の葬儀社に注目するのは、不適切な選択とはいえないだろう。

ところで、死あるいは葬儀についての研究は、文化人類学、民俗学、宗教社会学、地域社会学、文化社会学（あるいは近代化論）などの諸領域でおこなわれている。これらすべての文献を渉猟することは本書の目的からは逸脱するため控えるが、第1章「葬儀サービスを捉えるために」では、葬祭事業の社会学的なアプローチを考えるために一部の先行研究を概観し、それらを整理した。近代以降の葬儀は、医療のように国家から保護される専門性に基礎づけられる現象というよりも商品として提供される経済的な現象として現れている。死と経済的な現象との関係について、ヴィヴィアナ・ロトマン・A・ゼライザーの生命保険研究や、アーリー・ホックシールドの感情労働研究と接合しながら葬儀の商品化の問題が位置づけられることを提示する。

これまでの研究蓄積からすると、地域的な慣習や協同性の維持との関連で葬祭事業を考えることは、むしろ自然なことだといえる。しかし、葬祭事業という経済活動から死のリアリティを考える場合、それはすでにある葬儀という伝統的・地域的慣習というよりも、死にゆく当事者や家族（遺族）を含むすべての人々が消費者となること、契約という相互行為を介して死や葬儀の執行が確定されていくことを前提とせざるをえない。本書では、葬祭事業者側に焦点を当てるが、葬祭事業者側とかかわりがあるすべての人々との相互行為を視野に入れ、両者の間で生じた葛藤を一つひとつ解きほぐしていくことを目指す。

第2章では、戦後の葬祭事業を具体的に探る布石として、葬祭業界の変化にかかわる要因を挙げる。この要因には、いくつかのことが考えられる。一つは、経済成長と人口の変化である。地域社会が主導的に執行してきた葬儀では、遺族を「消費者」と位置づけにくかったが、経済成長はそれを間接的に後押ししたと考えられる。さらに、戦後の葬祭業界について、『全葬連五〇年史』を主要な資料として、その変化を探った。戦後、政府主導で進められた新生活運動をきっかけに葬祭業界が誕生した。その後、管轄省庁などの確定によって葬祭業が職業的に公認されていくなかで、葬儀の商品化も進められていく。この過程で葬祭業に対する大衆からの批判が起きていた。こうした批判をかわし、商品の開発と自らの事業の社会的位置づけを確定させていく歴史について記述する。

第3章では、葬祭業者たちが日常的に働く場となった葬儀会館の成立過程について述べる。戦後の都市部への人口移動と郊外化によって建設された団地やマンションの住空間では、死の発生や葬儀をおこなうことはほとんど想定されていなかった。したがって、葬祭業の事業展開でも、葬儀会館の必要性が認識されていた。しかしながら、不特定多数の死を扱うことから葬儀会館建設の反対運動が起きることがある。そうした反対が起きることを視野に入れながら、商品化された儀礼空間を提供するための商品コンセプトと葬祭業者たちの業務を探る。

図3　『全葬連五〇年史』全日本葬祭業協同組合連合会、二〇〇六年

第4章では、第3章で明らかにした葬祭業界の変化が葬祭業者自身の身体にどのように刻印されているのかを教育などから探る。一九八〇年代前後の葬祭業者は、サービス業従事者としてよりも「職人」として自己を規定していた。葬祭業に対する外部からの規定と業者自身の自己規定は、それほど齟齬がなかった。遺族からの感謝は、彼ら自身が社会から向けられる差別的なまなざしに

くじけずに仕事を続けていく動機としてもはたらいていた。その後、資格制度の導入や教育などによって、自らの振る舞いを意識し、彼ら自身役務サービスを提供するサービス業として自己を規定するようになる。その一方で、第4章でふれるが遺族らへの利他的な配慮と商業性とのバランスは個々の葬祭業者の問題として内面化されることになった。

戦後日本での葬儀の商品化過程で起きた大衆からの批判や蔑視は何を意味するのか、またそれらに対して葬祭業はどう対応しようとしたのか。葬儀の商品化が進められていくそれぞれの局面、それぞれの時代で批判の形も変わっていくと考えられる。まずは、葬祭業界全体について述べ、次に儀礼空間、葬祭業者による遺族への配慮という三つに分節化し、それぞれ章別に検討していく。

注

（1）「終活」は二〇〇九年の「週刊朝日」（朝日新聞出版）で初めて取り上げられたといわれていて、当時は葬儀や墓などの生前準備が主だったが、近年では、身の回りのモノや財産の整理、介護の準備、エンディングノートの作成などまで多くの生前準備を含むようになっている。

（2）書名に「終活」が入った著作物は数多く出版されているが、一例を挙げると、星野哲『終活難民――あなたは誰に送ってもらえますか』（〔平凡社新書〕、平凡社、二〇一四年）などがある。

（3）一方で、「葬儀の事前準備」に対して、「準備すべきと感じない」と「わからない、考えたことがない」と答えた人は合計で五九・八％と、約六割は葬儀の事前準備をすべきとは考えていないことがわかる。また、「財産整理」については、「準備すべきと感じない」と「わからない、考えたことがない」と回答した人は、二五・二％と少ない（経済産業省「安心と信頼のある「ライフエンディング・ステージ」の創出に向けた普及啓発に関する研究会報告書――よりよく「いきる」、よりよく「おくる」」二〇一二年、一五ページ）。

（4）経済産業省商務情報政策局サービス産業室「安心と信頼のある「ライフエンディング・ステージ」の創出に向けて

――新たな「絆」と生活に寄り添う「ライフエンディング産業」の構築」二〇一一年、経済産業省、二ページ、前掲「安心と信頼のある「ライフエンディング・ステージ」の創出に向けた普及啓発に関する研究会報告書」四ページ
(5) 前掲「安心と信頼のある「ライフエンディング・ステージ」の創出に向けて」三二―三六ページ
(6) 菅原裕典『東日本大震災「葬送の記」――鎮魂と追悼の誠を御霊に捧ぐ』PHP研究所、二〇一三年、二〇ページ
(7) 同書六六―六七ページ
(8) 同書五六ページ
(9) 玉川貴子「葬送の社会学――ライフエンディング・ステージの創出と葬儀における消費」、藤村正之編『いのちとライフコースの社会学』所収、弘文堂、二〇一一年
(10) ウルリヒ・ベック『危険社会――新しい近代への道』東廉／伊藤美登里訳（叢書・ウニベルシタス）、法政大学出版局、一九九八年
(11) 葬儀における集団と贈与交換については、エミール・デュルケーム『宗教生活の原初形態』上・下（古野清人訳〔岩波文庫〕、岩波書店、上：一九四一年、下：一九四二年）やマルセル・モースの『贈与論』（マルセル・モース『社会学と人類学』有地亨／伊藤昌司／山口俊夫訳、弘文堂、一九七三年↓『贈与論』有地亨訳、勁草書房、二〇〇八年）を参照。
(12) 山田慎也『現代日本の死と葬儀――葬祭業の展開と死生観の変容』東京大学出版会、二〇〇七年、一八六ページ
(13) 二〇〇七年九月十三日におこなわれた専修大学文学部人文学科社会調査論・実習で全葬連専務理事（当時）のK氏が配布したレジュメ、三ページ。
(14) 経済産業省大臣官房調査統計グループ「平成二十七年特定サービス産業実態調査報告書　冠婚葬祭業編」（http://www.meti.go.jp/statistics/tyo/tokusabizi/result-2/h27/pdf/h27report22.pdf）［二〇一七年九月六日アクセス］三七、三八、五一ページ
(15) 全日本葬祭業協同組合連合会「団体概要――全葬連の概要」（http://www.zensoren.or.jp/zensoren/zensoren_gaiyou_01.html）［二〇一七年九月六日アクセス］
(16) 火葬業（東京都内では民営の火葬場もあるが、市町村によっては行政が運営）もサービス業に入るが、本書では、

葬祭業だけを扱うことにする。というのも、火葬業は、購入・消費する遺族らとの直接的で対面的な交渉の機会がほとんどなく、また、死を介した商業性が問われるような場面が少ないと予想されるためである。

(17) ゼライザーは、生命保険業と同じように「汚名を着せられた」職業として、しばしば葬祭業についても言及している（V・A・R・ゼライザー『モラルとマーケット――生命保険と死の文化』田村祐一郎訳〔保険学シリーズ〕、千倉書房、一九九四年）。

(18) ここでケアという場合、現実的に相互行為がある他者に対して、配慮や共感などが見られる現象を指すことにしたい。ケア概念の検討については、上野千鶴子『ケアの社会学――当事者主権の福祉社会へ』（太田出版、二〇一一年）、三五―六四ページに詳しい。

(19) たとえば、平安レイサービスは、冠婚葬祭事業から始まった会社だが、在宅サービスやグループホームなど介護サービス全般を扱っている（へいあん〔http://www.heian-homecare.jp/〕［二〇一七年九月二十一日アクセス］）。

(20) 田中大介「葬祭業の行方」、民俗学事典編集委員会編『民俗学事典』所収、丸善出版、二〇一四年、四九八―四九九ページ

(21) 古内耕太郎／坂口幸弘『グリーフケア――見送る人の悲しみを癒す：「ひだまりの会」の軌跡』毎日新聞社、二〇一一年、五二ページ

(22) 同書八九ページ

(23) 同書九〇ページ

(24) アメリカのSCIは、アフターケアとして、葬儀後に「遺族のグリーフワークを助けるためのノウハウを伝えるためのアフターケア・プラン」「MEM（メーキング・エバーラスティング・メモリーズ）のサイト」「二十四時間年中無休で遺族の相談や話し相手になる「悲しみ電話相談」」で葬儀後一年間有効なもの、「死後に生じるさまざまな問題を解決するための法律相談」が葬儀プランに含まれている。アフターケア・プランは、二百四十五ドルと書かれている。つまり、アメリカの場合、グリーフワークが含まれるアフターケアは、商品である（嶋根克己「近代化にともなう葬送儀礼の変化に関する国際比較研究」平成十三～十六年度科学研究費補助金基盤研究（C）（2）研究成果報告書、二〇〇五年、一〇一―一〇五ページ）。

（25）Anderson Funeral Home&Crematory「Grief support」（http://www.andersonfuneral.net/grief-and-healing/grief-support）［二〇一六年一月十七日アクセス］
（26）前掲『グリーフケア』九七―一〇〇ページ
（27）鈴木（Suzuki）は、自身のフィールドワークから葬儀の商品化について考察し、「死のケガレ」が衰退・変化したことについて、葬儀会館にあるコーヒーショップに葬儀の参列者としてではなく、そこに日常的にコーヒーを飲みに来る女性がいることを挙げている（Suzuki Hikaru, *The Price of Death : The Funeral Industry in Contemporary Japan*, Stanford California:Stanford university press, 2000, p.213、村上興匡「都市葬祭業の展開と葬儀意識の変化」『東京大学宗教学年報』第二十三号、東京大学文学部宗教学研究室、二〇〇五年、二〇ページ）。しかし、村上は、こうした個人レベルのケガレの意識と遺体を扱う業者が低く見られる社会的なレベルとは異なることを指摘し、鈴木（Suzuki）がフィールドワークで明らかにしている「直接遺体に関わる職員は結婚相手を見つけるのが難しいことや、上流階層出身の女子職員の親が、自分の娘が互助会に勤めていることを友人知人に隠していること、葬儀社の業務の中で、直接遺体にさわる仕事は正規職員に限定されていて、それが高い社内での地位や報酬につながっているという事実は、前者の個人的なケガレ意識はともかく、すくなくとも後者の社会的ケガレがある程度根強く残されていることを示している」（前掲「都市葬祭業の展開と葬儀意識の変化」二〇ページ）と述べ、鈴木（Suzuki）の商品化論の問題点を指摘する。このような議論を見ても、葬儀の商品化論の文脈で、個人レベルでの死に対する「ケガレ意識」が衰退したかどうかで、葬祭業批判や職業蔑視も同様に衰退したと判断することの是非がうかがえる。また、死の禁忌や排除に対する意識とそれに対する批判や判断（タブーがある／ないといった単純化）についても、慎重になる必要がある。
（28）なお、葬儀社と契約を結ぶ可能性がある人々について、遺族、消費者、顧客、喪家、大衆など、多様な呼称が登場するが、事業者側の視点からそれらをどのように用いているのかも含めて論じるため、その文脈に即した形で使うことにする。
（29）本書は、大都市圏での葬儀を扱う事業所や事業者、さらに全日本葬祭業協同組合連合会に関する質的調査データをもとにして執筆している。これらは、主に三種類に分けられる。第一に、筆者自身が東京都内の大手葬儀社（ここでは、A社）で約半年間、研修生という身分でフィールドワークをおこなったときに集めたデータである。フィールドワークの期間は、二〇〇二年十月から〇三年三月までである。A社に在籍した半年近くは、週に約四日から五日間（会社での筆者の一日のタイムスケジュールは、午前八時十五分頃から十七時までが基本的な勤務形態で、通夜があるときは二十時三十分頃まで残業していた）研修生として通い、フィールドワークをおこなった。A社での〇二年中の葬儀施行件数は、月平均にして約三十二件である。フィールドでの記録や話を聞き取ったメモ、自分自身の経験を書き綴った日記やインタビュー記録などが主なデータである。インタビューの人数は、フォーマルな形でのインタビューだけでなくフィールド中に聞いた話なども含めれば、在職者（役職者、営業の葬祭業者、エンバーマー、セレモニー・スタッフ）・退職者を含めて二十数人に話を聞いている。第二のデータとして、専修大学での「社会調査論・実習」や「社会調査論・実習Ⅰ・Ⅱ」の科目担当者だった（二〇〇六年度、〇七年度、〇九年度）際、学生とともに調査したインタビュー記録である。先ほどのA社や墨田区にあるO葬儀社、全日本葬祭業協同組合連合会の事務局長（当時）などにもインタビューをおこなった。それら調査実習で得られたデータは、本書でインタビューデータとして引用しているものとも重なるところもあるため、ここに各年の報告書タイトルを挙げておくことにしたい。専修大学文学部人文学科社会学専攻二〇〇六年度社会調査論・実習履修者「葬祭業に関する調査報告書」二〇〇七年、専修大学文学部人文学科社会学専攻二〇〇七年度社会調査論・実習Ⅰ・Ⅱ履修者「現代の葬祭業――葬祭業の歴史と教育の変遷」二〇〇八年、専修大学文学部人文学科社会学専攻二〇〇九年度社会調査論・実習Ⅰ・Ⅱ履修者「葬祭業に関する調査報告書――東京都内の葬儀社と葬儀の事例」二〇一〇年。三つ目のデータとして、前記の企業や団体からパンフレットや冊子、年史、本などを寄贈してもらい、それらを用いている。また、二次資料として、葬儀に関する統計調査の報告書などを参照した。

第1章　葬儀サービスを捉えるために

1　商品化・消費社会での死

本章では、先行研究から現代社会での「死」の社会学的研究の特徴について考察する。[1]

死を社会的な現象と捉えたエミール・デュルケームは、『自殺論』で、自ら死を選ぶ人たちの社会的な影響について考察する。[2]その後、『宗教生活の原初形態』のなかでは、社会を聖俗に分け、それが集団の紐帯を固くすることを明らかにする。「儀礼とは、人が聖物に対してどのように振舞うべきかを規定した行為の規準である[3]」と述べ、儀礼の機能に着目する。たとえば、葬儀で人々が嘆くのは、自然な感情からではなく集団から課せられた義務であるとデュルケームは指摘し、儀礼の宗教的な機能が集団的な紐帯の強さに影響を与えていることを明らかにした。[4]

宗教と死への態度には、フィリップ・アリエスも着目したが、それはデュルケームとは異なる視点からだった。十七世紀から十九世紀にかけて、死に対する扱いがどう変化したのかを社会と自然との関係として、アリエスは以下のように述べている。

人間は彼が建設した社会を、彼が抑圧した自然に対置してきた。自然の暴力は、人間によって社会に割り当てられた領域の外側で、制御されてしかるべきものであった。防御装置は、労働の組織化、集団的規律、そして技術にすらおかげを蒙る、道徳と宗教の創造、都市と法律の設立、経済制度の設置によって獲得され、管理された。自然に対して築かれたこの城壁にも、性愛と死という二つの弱い箇所があり、そこから、常に、若干の野蛮な暴力が滲み出してきた。人間社会はこの二つの弱点を補強しようと腐心した。（略）それは性愛をタブーの中に押えこんだ。このタブーは社会の変わり目では変化したが、常に性愛の慣習を押え、その力を減退させ、それが逸脱するのを妨げようと努めた。社会は同様に、自己の永続のために死の固有の特性を和らげ、またそれを儀礼化し、死をそれぞれの人生における、いくぶんかはより劇的だが、他とそう変わらない移り行きとしつつ、死からその荒々しさと不作法さと伝染力を取り去った。死は飼いならされた。(5)

自然は、人間が社会を作らなければ対置されることはない。しかし、様々な社会制度を作って自然が制御されるものとなったとたん、自然は社会と対置させられることになった。死と性愛は、生と生殖行為によって構成された人間社会を破壊する可能性があるものである。したがって、死と性愛は、この社会と対置される自然として生み出されてきた。そして、それをタブーとして抑え込むことで、死を飼いならそうとしてきたのだと考えられる。

死という社会の弱点を補強するためにタブーとする工夫——たとえば、宗教的な意味秩序にのっとった儀礼など——は、社会から死を締め出すだけでなく人間社会を「生」と「不死」によって存続されるものとして特徴づけている。そして、近代以降の資本制社会は、まさにこの「生」と「不死」を商品として提供するような社会である。

たとえば、欧米で発達したエンバーミングは、遺体を腐敗させないように防腐剤などの薬液を注入して、細菌感染を防ぐ。そして、薬液は遺体を腐らせないだけでなくまるで生きているかのように見える（眠っているかのように見える）皮膚の赤みなどを再現する。この遺体へのエンバーミングの施術は、「不死」や「生」といった記号を付与した商品である。ただし、遺体での「不死」や「生」といった記号は、もともと死という〈人間が制御できない自然〉に対する社会からの宗教的な統制の名残でもあった。

アリエスは、次のように述べている。「ある故人の聖性を証する奇跡の一つは、その遺体が奇跡的に腐敗しないことにあった。その故人を腐らなくする手助けをすることで、人は彼を聖性に至る道に入らせ、聖化の事業に協力したわけである(6)」

宗教的な奇跡とされていた腐敗しない遺体が、エンバーミングという商品として作り出された。エンバーミングは宗教的な奇跡ではなくエンバーミングという「商品である死」を通じて実現した「聖化の事業」だということになる。アリエスの誤りは、このような聖性を「飼いならされた死」の復活と考え、さらにそれをアメリカ社会の特質として、タブーから解放されたと解釈してしまったことである(7)。

近代以降の資本制社会での死とそのタブー化現象は、「死＝自然」と対置する人間社会による防御や抵抗（＝宗教的・社会的な統制）というよりも産業化や商品経済の成立とともに作り出された抵抗だったと考えられる。したがって、当然のことながら資本制社会での「死＝自然」という感覚もその社会のなかで再構成された特有の感覚と考えたほうがいいだろう。この感覚を統御するような商品は、死に慣れ親しんだ「飼いならされた死」という感覚そのものではなく、それを錯覚させるような資本制社会特有の感覚だと考えられる。

ところで、資本制社会の経済（物質的な生産の論理と戦略）は、壊れやすさと廃れやすさに連動している。モノが壊れなければ生産はありえないからである。そして、資本制社会の経済は、物質的生産を通じてその原動力となる死の不安（壊れやすさと廃れやすさ）を拡大再生産していく(8)。この場合、「死＝自然」と対置された社会のなかで、物質的生産の原動力となるよう死の不安を「飼いならそうとしている」といえるのかもしれない。

一見、死は人々の欲求には帰着しないものだが、死が「自分のもの」となったとたんに、「個性化された死」

「私らしい死」といった死の私的所有とそれに伴う消費行動が生じる。つまり、資本制社会では死者を隔離すればするほど、生者のように見える死という商品が消費され、生ないしは不死の概念がふくらんでいく。このような死は「死＝自然」と位置づけられ、その自然を排除していた感覚と同じだといえるだろうか。それは、ジャン・ボードリヤールが指摘した「西欧文化の「合理性」の土台にある排除[9]」だろう。内田隆三は、このボードリヤールの指摘から、さらに次のように述べる。

この合理主義的な考え方においては、死は致命的な欠如ないし喪失と見なされている。だが、実をいえば、それだけでは合理主義的なシステムにおける死の排除を十分に説明できない。システムがあまりに過剰な配慮によって死を排除と隠蔽の対象にするということは、死が単に否定的な存在であるという観念を疑問に付すのである。死が単に穢れや喪失や虚無であるとすれば、そのような死が排除されるのはもう少し「自然な」過程として行なわれるだろう。現代の死者は単に崩壊と消滅の過程へ送られるのではなく、大量の「凝った」記号漬けによって腐らないように処理されている。（略）要するに、死の呪わしさは、その否定的姿ではなく、逆に、否定性の彼方にある誘惑に充ちた力にあると考えた方が、過剰な禁忌の設定という事態に対してより説得的なのである。[10]

内田は、死が致命的な欠如や喪失というだけでは、合理主義的なシステムのなかの死の排除を十分説明できないという。もし、死が欠如や喪失であれば、排除は「自然な」過程としておこなわれる。したがって、この「過剰な配慮によって死を排除と隠蔽」する理由は、死の否定性の彼方にある「誘惑に充ちた力にある」と考えている。

この「誘惑に充ちた力」こそが「商品の力」を意味するのではないだろうか。ただし、もう少しいえば、内田もボードリヤールにならって、合理主義的システムのなかの死もたとえば死化粧や死装束のバリエーションといったモードやデザインの論理がはたらく示差的な価値へと転換していると指摘している。[11] 現代社会での死は、遺族らでさえもそれを忌避する行為として現れる。たとえば、遺族らが依頼するエンバーミングは、「生きているかのように見える」という「生」の記号をまとっている。[12] 死が「生」という記号をまとった遺体と等価とされることによって、また、それが宣伝され、販売されることによって、死は宗教的な対象ではなく、市場の商品として現れる。現代での死に対する忌避や隠蔽は、すでに「死＝自然」から防御する感覚ではなく、商品が行き渡ったなかで生み出された消費での差異の感覚なのである。つまり、商品が死に対する感覚を和らげてくれるかもしれないと発想すること自体、「死＝自然」とそれに対する防御という感覚は怪しいということになる。どちらかといえば「死＝自然」だと感じられ、そのとき生じる防御や隠蔽の感覚さえも商品を通じて作り出されたデザインの一つであり、消費されていると考えたほうがいいのではないだろうか。

エンバーミングを例にとれば、死とそれを隠蔽する感覚が商品として開発され、それを購入すれば死は現前化しない、もしくは死がコントロールできたかのような錯覚を作り出している。商品を通じた隠蔽とそれに対する錯覚は、市場を通じて多くの人々に欲求されるだけではなく、その欲求が人々に支持されているかのような安心に出合うことができる。それは、死に対する宗教的な救済と似ているが、それとは異なる商品購入という形でコントロールされる、もしくは死がコントロール可能なもののような錯覚を起こす「商品である死」ともいえるだろう。

したがって、これまで死のタブー化論に対して、解放と隠蔽の二つの立場から議論されてきたが、アリエスの解釈とボードリヤールの解釈をともに経済的現象としての死とその価値という同一平面上に置き直して見るならば、「商品である死」の排除が、自然な死のように見える「商品的ではない死」を生み出し、その商品価値でもって排除・統制されたとみなすのか、（合理主義的なシステムのなかでの）生産の終わり（死に対する消費）とみなすのかという視点から議論されていたことが指摘できるだろう。ただ、アリエスは、近代以降の資本制社会のなかでのタブーが、商品の力によって「死＝自然」として再構成されていることを見落とし、エンバーミングという商品によって可能になった死への親しさという錯覚を「飼いならされた死」の復活と誤って解釈してしまったのではないかと考えられる。

ところで、「商品である死／商品的ではない死」を消費者に提供するのは、たとえば葬祭事業者や生命保険会社などだが、それを購入する場合、どのような特徴が現れるのか。この点について、もう少しクリアにしておきたい。

2 葬儀サービスでの消費者との相互行為とその特性について

死に対する距離や関係をそれぞれ主体ごとに区別して哲学的に論じたウラジミール・ジャンケレヴィッチは、「一人称の死」「二人称の死」「三人称の死」と分けている。(13) それぞれ「一人称の死」は自分自身の死を、「二人称の死」は家族などの親しい他者の死を、「三人称の死」は新聞などに掲載された死亡記事や、専門家が扱うような匿名的な「一般化された他者の死」を指す。ただし、ジャンケレヴィッチは、実証的な研究をおこなっておらず、「死」についてより具体的・実証的に考える場合、ジャンケレヴィッチの「死」の主体に関する研究を参考にするだけでは限界がある。したがって、これらの主体の分類をまずは死に関する実証的な研究で扱われる対象ごとに整理し直して考えてみる。

はじめに、「一人称の死」は、本来、経験不可能なため、対応しえない。そこで、死を予期する当事者に着目した「死にゆく者」に関する研究が、これに最も近いということになる。「二人称の死」は、家族の死を経験した者に焦点を当てた「死別を経験した者」の研究、「三人称の死」は医療専門家などに焦点を当てた「死を専門的な観点から扱う者」がそれぞれ対応する。したがって、「死にゆく者」に関する研究、「死別を経験した者」に関する研究、「死を専門的な観点から扱う者」の研究など対象ごとに分化することができる。[14] ただし、これはあくまで実証研究での対象の特性を整理するために分けるだけであり、実際、「死を専門的な観点から扱う者」であっても死者を前にしたとき、家族に近い感情を抱くことは十分ありえるし、そういったことを否定するものではない。

本章では、葬儀サービスを捉えるための研究として、死を専門的な観点から扱う者のなかでも、「医療・看護・介護などのサービス提供者」と「生命保険・葬祭などの商品・サービス提供者」とに分けて考えていく。つまり、「より死を専門的に扱う者」と「死に対して商業的に扱う者」とに分ける。むろん、前者が専門職制度において容易に位置づけられていることを指摘したいわけではなく、専門職とみなされるその視線において、便宜上分けられるだけである。言い換えれば、商業的にかかわっていると位置づけにくいという意味である。以下ではこれらを対象の特性として使い分け、看護師、介護などのスタッフや結婚式場スタッフ、葬祭業者などのサービス・ケア提供者とその受け手との相互行為での違いを確認しておきたい。

まず、一点目の違いは、サービス対象者の違いである。医療・看護・介護は、直接、目の前に生きている者の身体や健康にかかわるケアやサービスである。たとえば、看護職が患者の生や身体にかかわり、配慮するということがときに患者の生き方の問題にもかかわることになり、患者の家族を支えることも視野に入れられるが、これも患者との相互行為が基本となっているからである。[15] 介護の場合でも、介護労働は生きている人の身体と「生」、そして人格にかかわる。[16]

葬祭事業者の場合も人格的な配慮をするが、それは死者への配慮を通じて遺族への配慮もするという、死者を介した遺族へのかかわりである。この点で、葬祭業者の配慮も生者へのそれが主だが、葬祭サービスや遺品整理は死後に執行されるため、たとえ死を予期した生者が事前に葬儀社と葬儀について契約したとしても、そのサービスを受け取るのは、結局遺族である。つまり、死者を介して葬祭業者と遺族との相互行為がおこなわれている。

二点目は、サービス購入者・消費者に対する呼称の曖昧さ、多様さと「場」の規定にかかわる違いである。たとえば、看護の場であれば、病をもった患者として、「患者様」か「○○さん」と呼ぶことが多いかもしれない。

結婚であれば、式場を訪れるカップルに向かって「お客様」と呼びかけても不自然ではないだろう。しかし、葬儀の場合、遺族に向かって「お客様」と呼びかけることははばかられる。筆者がフィールドワーク中に聞いていた呼びかけ方としては、「ご遺族様」「ご喪家」「○○（名字）様」といった呼称である。そして、一般的に葬儀サービスを購入する可能性がある人は、消費者や生活者と呼ばれる。呼称は、「場」を規定することになるが、呼称の多さは、儀礼を規定する「場」が一時的であること、さらに受け手側が客としてそのサービスを利用することが必ずしも望ましいものではないと考えていることによる影響があるのではないだろうか。

三点目は、サービス提供者側とサービス購入者側との相互行為での違いである。たとえば、医療機関に入院する患者であれば、医療やケアを受ける場合、医療費が発生しているが、医療費の支払いをめぐって医師や看護師と直接的にやりとりする場面があるわけではないし、治療とケアの方針を患者がすべて決めるわけでもない。葬儀でも葬祭業者からの情報がなければ遺族だけでおこなうことは難しい面もあるが、葬祭業者からの情報をもとに金額や日程、参列者の連絡などは遺族らが決定しておこなう。また、葬儀料金の支払いといった金銭的なやりとりを含めて葬祭業者と直接かかわる。生前契約などであれば、死亡前に当事者が葬儀社と契約して決めてしまっている場合もあるだろう。介護事業に参入している葬祭事業者であれば、その葬送に何らかの形で携わることもあるだろう。特に地域密着型の葬祭事業者の場合、生前から地域住民として社会的な関係を築き、死後まで遺族と持続的にかかわることも珍しくはない[17]。今後、より介護職に近づいていく可能性があり、葬儀の費用の直接的なやりとりにも変化が見られるかもしれない。葬祭事業は競争原理のもとに動いているが、これは民間事業所の介護事業への参入も同様だろう。

ところで、結婚サービスと葬儀サービスでは、結婚がある程度予測可能である点を除けば、同じ儀礼にかかわるサービスのため、基本的なサービス提供内容は似ているといえる。しかしながら、結婚サービスに向けられる視線と葬儀サービスに向けられる視線は異なっている。

ピーター・メトカーフとリチャード・ハンティントンは、アメリカで起きている葬儀産業の商業主義への批判を取り上げ、葬式よりも結婚式に使われる総額のほうが毎年上回っているにもかかわらず、葬儀産業が批判されている、と指摘する。

婦人服業界や全米酒造協会が、結婚式のお祭り騒ぎから利益を得ているという理由で、私利私欲に走っているという非難の眼差しを向けられることはない。おそらく、これは、批評家が結婚式を社会的に有用なものと見なし、葬式を無用なものと見なしているからであろう。しかし、誰に儀礼の価値が決められようか。(18)

アメリカ社会が結婚式を有用なものとみなし、葬式を無用とみなしているかどうかについての判断は留保しておくが、経済的な消費に関して、葬式をはるかに上回る結婚式については批判が向けられないという現象は、示唆的である。このことは、葬儀よりも結婚式のほうが出費の正当性を担保していると解釈できるだろう。同じように神聖さが求められる領域でも、その消費量や価格の高低という形で、人々の「幸福」と「不幸」に対する価値判断が異なっているのである。

それは、結婚式が消費者の欲望を喚起させるに十分なロジックを提示できるのに対し、葬儀には、それができないという、近代以降の商品化／消費社会での文化的・道徳的な問題として現れていることを示唆する。

したがって、「死の文化」や利他的な行為とみなされるものが経済的な事業とされた場合、いかに文化的・利他的なロジックを完遂させにくくなるのか、また死を商品化することへの抵抗――道徳的・宗教的な覆いに隠されながらも値段の高低を判断する消費者意識のねじれ――がどのように見られるのかという点に着目する必要がある。

たとえば、のちの章で詳しくふれるが、地域で葬儀会館を開業する際に事業の正当性を担保するのに苦労するが、それらへの対処として「葬儀会館は、死に対してのみ使われる施設ではない」ことを地域に示そうとしている。葬儀会館の建設は、土地と景観における経済的・文化的価値が問われる事態と地域の人々にみなされるため、その価値を地域に還元する、もしくは別の機能や外観への配慮をし、景観に溶け込むようにすることで価値を損なわない工夫がされている。そこには、地域住民の批判をかわし、文化的・経済的な価値判断を視野に入れた葬祭事業を展開しなければならないという困難さがある。

3　死を商業的に扱うことによるジレンマ

演劇論的な視点から葬儀について研究したロニー・ターナーとチャールズ・エジリーは、フューネラル・ディレクター（funeral director）たちは、自らの仕事の一面——遺体をエンバーミングする——を隠蔽し、葬儀ドラマを演出する者として、「誠実さ sincerity」や「威厳 dignity」「敬意 respect」を遺族に対して表現しようとしていると指摘する。[19] 葬儀は一つのドラマに見立てられていて、エンバーマーやディレクターなどの複数の役割は、空間的な区切りとともに表出され、それぞれ距離（distance）がとられていた。[20] では、死に商業的にかかわる者は、みな同じような状況なのだろうか。この点について、ゼライザーの生命保険の研究が参考になる。[21]

ゼライザーによると、十九世紀前半のアメリカの生命保険の需要の伸び悩みには、経済的要因だけでなく文化的な要因がはたらいていたという。ゼライザーは、生命保険が宗教的・利他的事業であることを説かざるをえないという、生／死を経済的な価値に置き換えたことによる事業のアンビヴァレンスに注目している。その際、生命保険業と大衆との間の対抗的関係とその変化にもスポットが当てられる。つまり、生命という人間存在にかかわるものを商品化したときの大衆の反応が、生／死を冒瀆しているかのような宗教的な抵抗として現れたのである。[22]

ゼライザーの場合、生命保険業そのものがサービス業であるかどうかというところに照準したのではなく、多くの人々の生命を商品にすることに照準した。そこでは、葬祭業と生命保険業が同種の職業として位置づけられている。

これに対し、感情労働について研究したホックシールドは、葬祭業のような死を扱う職業も客室乗務員も同じサービス業として位置づけている。[23] つまり、死に商業的にかかわる特性というよりも、どのサービス業も同じような特性をもっているとされている。それが感情の商品化である。感情が商品とされることで、かえって「自然な」ありのままの感情の価値が高騰したとホックシールドは指摘している。なぜなら、感情労働者として自らの感情を商品化することで、「自然な」感情から労働者は疎外されるからである。そのことが「自然な」感情への欲求を高めているとホックシールドはいう。[24]

両者の視点や援用される理論、方法を整理すると表1のようになる。ゼライザーは、生命という「神聖なもの」が商品化されたことによって、それがかえって「神聖さ」によってアピールされることを歴史的・構造的に明らかにした。一方、ホックシールドは、「自然な」感情から労働者自身が疎外されることで、その価値がかえって高騰することをサービス業に従事する労働者へのインタビューや社内教育など、共時的かつミクロな視点から明らかにした。つまり両者は、異なるレベルや方法で対象にアプローチしたことになる。

では、ともにサービス業を扱った二人の社会学者に共通する点はといえば、近代以降の資本制社会の行き着いた先が、生命や感情といった人間存在にかかわる「神聖で自然なもの」が金銭と交換されるという状態であり、そのときに起きたジレンマに着目している点である。そして、「神聖で自然なもの」自体が、本当に「神聖で自然」であるかどうかを問いかけている。このような着眼点については、デュルケームやゲオルク・ジンメル[25]にさかのぼることができるだろう。

しかし、葬祭業には、他のサービス業と異なる次のような特徴が見いだせないだろうか。一つは、葬儀は死者を悼む行為であり、それは利他的行為であるという大衆の認識が強固なのではないかということである。つまり、人の「不幸」や「死」にかかわる職業のなかでも、葬祭業は社会的にも状況的にもその事業の正当性が主張しにくいと考えられる。生命保険業は、その事業の必要性と正当性が相補的だったが、葬祭業の場合、事業の必要性

表1　サービス業研究におけるホックシールドとゼライザーの違い

	ホックシールド	ゼライザー
テーマ	私的感情の公的・商業的利用	経済現象における文化的統制
対象	サービス業従事者の感情	サービスの種類（生／死）
方法	語りの記述	社会史的記述
視点	私的感情とその管理の間に生じる葛藤	利他性と商業性との葛藤
援用する理論	労働論・演劇論	社会構造論・価値論
変数	性別（ジェンダー）、教育、演技	宗教、道徳、貨幣

と正当性が相補的とはいえないのではないか。そのため、事業の必要性と正当性をつなげるロジックが葬祭業界全体の課題となっていたのではないか。

もう一つは、葬祭業者たちは、ホックシールドが指摘したような自己の感情からだけ疎外されるのではなく、職業的な倫理からも疎外されるのではないか、ということである。客室乗務員の場合、自己の感情からの疎外は感じたとしても彼・彼女たちの笑顔が会社の利益のために利用されること自体は、容認されている。もちろん、客室乗務員自身、笑いたくなくても笑顔を作ることに対して、詐欺的と感じていないわけではないだろうが、それが反倫理的な行為だという確証を抱いてはいないだろう。

しかし、葬祭業者の場合、感情労働者である以前に、顧客の悲しみが利益と結び付くのを容認することに困難さを感じるのではないだろうか。つまり、葬祭業者にとってホックシールドがいうような私的な感情と公的な感情とのジレンマは、二次的な問題であって、むしろ死にかかわる仕事という面で、利益を上げるという商業性との間でジレンマを感じるのではないかということである。このことを視野に入れるならば、ホックシールドの視点だけでは、葬祭業を扱う場合の固有性が欠如してしまうことになる。

このことは、「死と金銭の交換」というロジックが露呈した[26]としても、遺族らの生活保障という正当性の主張によって一時的にでも隠蔽できる生命保険に対し、葬儀は、出費を伴うものであり、そのような主張が最初から困難であるということともかかわるだろう。したがって、生命保険商品では、「経済的価値」と「宗教的・利他的な動機」によって大衆にアピールすることができるが、経済的な出費が遺族にとって負担になる葬儀では、必ずしも「宗教的・利他的な動機」でその出費の正当性を担保しえるとはかぎらない。「宗教的・利他的な動機」による事業であることを主張すれば、葬祭サービスの値段の高低が問われ、その経済的価値自体を曖昧なものにする可能性がある。なぜなら、遺族としては、葬儀をおこなわないほうが経済的には合理的だからである。むろん、故人自らが生前のうちにカスタマイズした葬儀を準備したのであれば、出費の妥当性そのものが問われにくいだろう。

以上から葬儀を商品化する場合、その経済的な出費の正当性と事業の位置づけがまず問題になる。葬祭業が提供する商品で「神聖で自然なもの」や「利他的なケア」がアピールされるのは、そのほうが葬儀の商品価値を高めるというよりも出費の正当性を担保しえるだけの安定した商品価値を提示することが困難だからである。また、葬祭業者たちは、遺族に寄り添うよう自らの感情もコントロールしなければならないが、会社に利益をもたらす行為と遺族らへの感情の配慮というどちらも職業的に要請されている行為との間をつなげる正当化のロジックを業者自身で見つけなければならないという、構造的な負荷によって「感情の商品化自体を否定」（会社から管理される利益を追求するための感情ではない）せざるをえないと考えられる。

そうした正当化のロジックを葬祭業界としてどのように歴史的に提示してきたのか、そしてそのロジックは、社会的にどのように変化してきたのかを含めて、葬祭業者たちの感情を考察する必要がある。

4　葬祭業者の感情的不協和と職業イメージ

事業を正当化するロジックは、本来、業界が提供するというよりも各企業が労働者に提供し、社内教育などを通じて労働者管理と顧客管理として実践されている。ここには、会社などの管理者、労働者、顧客という三極（三者関係）が存在する。

労働過程の予測不可能性を低下させるため、労働者は顧客行動を統制する一方、三極関係では当事者間の対立が別の対立に転移する。たとえば、顧客を操作・統制し、売り上げアップをもくろむ管理者は顧客との対立を引き起こすはずだが、実際には、現場で働く労働者と顧客との対立に転移する。接客現場では、労働者が会社を代表する存在になるからである。これを鈴木和雄は転移効果と呼んでいる。[28] このように管理者、労働者、顧客の三者関係は対立する可能性をはらむ。ただ、これまでのサービス業研究や感情労働研究では、どちらかといえば管理者と労働者の労使間対立に注目してきた。

マクドナルド化論で知られているジョージ・リッツアは、従業員と顧客の管理ではマニュアルがすぐれた機能を発揮すると指摘する。従業員は、人々の反感はマニュアルそのものやそれを作った人に向けられたものだと思うことができるため、マニュアルが従業員の力の源になり、客との相互作用の制御に役立つこと、またマニュアルに抵抗したとしてもごく限られたものであると述べている。そして、サービスにかかわる領域、つまり葬祭業でもマクドナルド化が進行するという。[29]

サービス業就業者の感情労働について研究したホックシールドも、労働者の感情に与える組織的な管理（マニュアル）の影響が大きいと考えていた。近代以降の資本制社会の行き着いた先が、生命や感情といった人間存在にかかわる「神聖で自然なもの」が金銭と交換されるという状態であり、そのときに起きたジレンマがサービス労働でも見いだされるからである。そして、感情は、本当に「自然」かどうかを問いかけている。

サービス業に従事する人々は、社内教育とそれを受けた労働者の感情管理によって自らの感情を装ったり（表層演技）誘発したり（深層演技）しながら、その職務にふさわしい感情が提供されているとホックシールドは指摘する。[30] 顧客に提供するものが感情であることによって、会社から労働者は感情を管理するよう訓練されている。そして、ホックシールドは、遺族に「わかってくれている」と感じさせる葬祭業者も客室乗務員や集金人と同じ感情労働者として位置づけている。[31]

しかし、葬祭業者、客室乗務員、集金人が同じ感情労働者とはいっても顧客自身の労働者に対するイメージが異なる。顧客が労働者に抱くイメージが異なると、そうした顧客による労働者への評価や感情を想定したうえで労働者側がふさわしい配慮や感情を提示しなければならなくなる。管理者は顧客が客室乗務員に抱く明るいイメージや笑顔を想定し、そのような教育を受けた客室乗務員は笑顔を提示するし、管理教育された集金人であれば債務者が抱くイメージどおりの感情、威圧的な雰囲気などを与えるだろう。こうした個々の職業によって異なる顧客感情の想定は、労働者の感情の商品価値を高めることにもつながり、ますますマニュアル化に拍車をかける。客室乗務員の場合、航空料金はすでに支払い済みであり、目の前の顧客がリピーターになることに重点が置かれるため、その感情労働は次回以降の売り上げにつながりうるという意味で商品価値を帯びるだろう。しかし、日本の葬祭業者も同じように考えていいのだろうか。日本の場合、葬儀商品の購入は、基本的にはその場での葬祭業者との相互行為によって決定していく。しかも、葬儀でのリピーターは、死亡によって決定されることが多く、必ずしも自発的な顧客とはいえない。

葬祭業者が遺族に「気持ちをわかってくれている」と感じさせることが価値をもっている、ないしはそのように教育されていたとしても、家族の死亡に伴って遺体処理が発生すれば、そうした義務を果たそうとする遺族への販売促進（祭壇や棺など）で労働者の感情がどれほど有効なのかを特定することは容易ではない。それは、そのように感じさせたほうがクレームにつながりにくいという程度のことであり、葬祭業者の私的な感情が会社から搾取され管理されている明確な根拠を示すこと自体が困難である（だからといって、搾取されていないとはいえない）。したがって、ホックシールドの調査からだけでは葬祭業者の感情的不協和を明らかにするのに十分とはいえない。

葬祭業者よりも明確に感情規則が設定されている集金人の場合ではどうだろうか。ホックシールドの調査では、集金人は債務者に対して恐怖心を与えて取り立てをおこなうよう指導されていたが、ロバート・I・サットンの調査では、こうした恐怖心や敵意というよりは否定的な感情を表示するよう指導され、かつ債務者ごとに異なる感情が表示されるような規範があったという。[32] 管理者側が集金人だけでなく債務者ごと（＝顧客）の異なる感情を想定し規範化することで、集金人―顧客の相互行為に対して状況適合的な統制が可能になる。しかし、サットンとホックシールドの集金人調査では集金人が「感情的不協和」にどのように対応するかが、客室乗務員ほど明らかになっていないと指摘されている[33]。

では、商品を買わせる必要がない感情労働者たちに対して、そのサービスの受け手はどのようなイメージを抱くのだろうか。看護職の感情労働について研究したパム・スミスは、患者らが看護婦《ママ》（看護スタッフ）を「〝慈悲の天使〟[34]」や「〝生まれながらの〟技能と、天職としての使命感を持ち、献身的である[35]」人としてイメージしていて、看護婦《ママ》の採用ポスターでもこうしたイメージが一致することを指摘したうえで、「看護婦が、〝お金のために看護に魅力を感じる〟ようなことはほとんどありえない、といったイメージ[36]」をもっていると述べている。しかし、看護婦《ママ》自身は、そのイメージに抵抗を示して天職だという考えも否定している[37]。このことは、自分の職業や患者に対する感情が看護学生に本来備わっているのではなく、患者が抱くイメージを損なわないよう病院のなかで管理されていくことを示す。

スミスは、看護学生の個性と病棟での管理スタイル、さらに病人への流れ作業的ケアの一部としての業務を中心に管理するか、人をいたわることを念頭に置くかによって異なる特徴があることを指摘し、病棟の婦長が人間志向的な場合、感情労働を重視する婦長のもとで看護学生もそうした感情労働を選択していくと述べている[38]。そのうえで、看護学生は「ケアリングの雰囲気やケアする構えが病棟にない場合には、それを自分で作り上げる責任[39]」を感じていたという。

このように管理スタイルが看護学生の個性と一致するかどうかがケアに影響を与えることが指摘されている。看護ケアについては公式に教えられないため、マニュアル教育によって感情労働者になっていくというよりも病棟での婦長の管理のもとで感情労働を自らの責任として引き受けているということになる。したがって、看護学生は感情をある程度、自らデザイン・管理することが求められている。

オランダのＫＬＭ航空の調査から乗務員が多様な乗客に対応するためにマニュアルに従うだけではないことを、

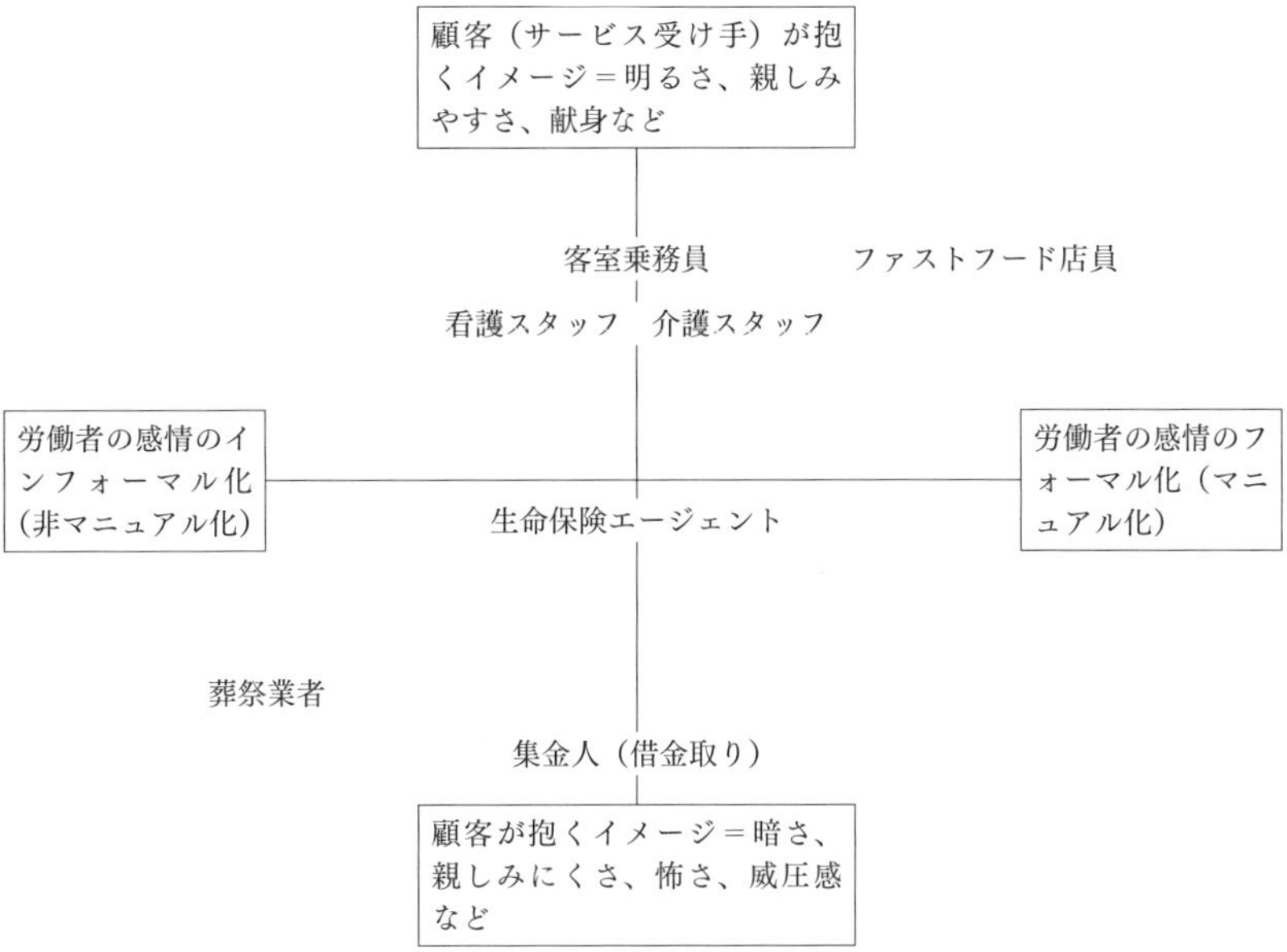

図4　労働者の感情デザイン性に関する布置

キャス・ヴォウタースは指摘している。そして、乗務員の対応は「インフォーマル化」された自発的なもののように見えるという(40)。労働者が自分の感情をモニターして周囲の状況をみながら感情を作り上げるというのであれば、本当の感情から疎外されているというよりも主体的に管理していることになる(41)。岡原正幸は、「インフォーマル化によって、縦横無尽に、その都度の状況にフィットする感情を体験して行くとしたら、それは管理された感情の堅苦しさより、デザインされた感情という言い回しがぴったりのような気がする(42)」と述べている。しかし、感情が管理されたものではなくデザインされたものだとしても、そこに葛藤が生じないとはいえない。むしろ感情がデザインされることで三者関係での対立の転移が起きやすくなるのではないだろうか。

　管理者—労働者—顧客の三極関係を視野に入れた際、何らかの職業イメージをもつ顧客との相互行為場面を考えたとき、労働者がインフォーマルな感情を提示しやすいか、それとも管理・統制された感情提示に偏るのかという職業的な布置を示すと図４のようになる。

5　葬祭業から見る近代化

周知のとおり、宗教学や民俗学では日本各地の葬送習俗を扱い、丹念に収集する作業がおこなわれてきた。葬送習俗については、信仰をともにする集団や地域住民によって担われてきただけに死生観や他界観、霊魂観、先祖観を明らかにするため、葬儀だけでなく「葬儀と墓」というように一括して研究されることもある。[43] その場合、葬儀から埋葬、墓参・供養までは一続きとして扱われることになる。

日本の葬儀の九割近くは仏式でおこなわれ、死生観にかかわるはずの仏教だが、必ずしも日常的に信仰されているとはかぎらないと宗教社会学者でさえ指摘している。たとえば井上順孝は、「結婚式は神前結婚式やキリスト教式が多いが、葬式は圧倒的に仏式である。ところが、特別な悩みを抱えた場合は、新宗教の教会を訪ねたり、巷の霊能祈禱師を訪ねたりする。直接的な解決を求める場合は、期待が満たされそうな所を選ぶのである[44]」と述べ、人々が悩みを抱えたときに頼る宗教と儀礼の形式上の宗教とが一致するとはかぎらないことを指摘する。

さらに、地域や宗教的な集団によってだけでなく葬祭事業者がかかわることで葬儀のやり方や形式が維持されている面があり、葬祭業者に注目する研究がおこなわれるようになってきた。本書では、葬祭業界と葬祭事業内容に関する歴史に焦点を当てることが目的のため、それらが参照できるような葬儀の近代化論などの先行研究を主に概観する。

大正期の東京の葬儀について研究した村上興匡によれば、当時、すでに葬儀では合理化が見られていたという。明治までは葬儀の共同的な祝祭性が強く、「人生最後だから華々しく」とされ、膨大な消費によってコムニタス的状態が作り出されていたが、大正になると祝祭性が否定され、弔問などの祭儀性が強調されたという。[45] こうした祝祭性の否定は、宗教的な共同性を中心とした葬儀の否定でもあり、個人的な儀礼への変化とみなされている。

ここで注意しなければならないのは、近代化によって葬祭業の関与による変容が強調されている点である。つまり、葬儀に見られる文化は社会構造の従属変数として同じように変化していくことが主張される。この一方向的な視点を退け、葬儀に見られる文化的な行為を社会構造から独立させて議論する必要があると主張したのが、地域社会学者の山田慎也である。

山田は、葬祭業者の介在によって葬儀を執行する主体や方法が変わったとしても、それは結果であって、そのような変化そのものを地域の人たちが選択したからだと述べる。[46] そして、葬祭業者のサービスが主体的・選択的に地域社会に取り入れられてきた結果、葬祭業者は、「死の変換を行わなければならない遺族などの依頼を受けた代理人として、死の変換を代行する」[47]「死の変換のエージェント（agent）」[48]というポジションを占めるようになったという。

この「死の変換のエージェント」としての葬祭業には、四つの特徴が見られる。①葬儀全体を請け負うようになったこと、②葬祭業者の業務展開は地域社会を基盤としていること、③葬儀に関する知識の正統性を保持するようになること、④実際の儀礼の定義や方式だけでなく、死の受容といった死生観のレベルまで葬祭業者の影響が深く及ぶようになったこと、である。[49] 葬儀の担い手の確保が難しくなったことによって、その方法や意味といった葬儀に関する知識を葬祭業者に依存するようになった。[50] 地域社会での行為慣習の意味を伝えるという点では、葬祭業者は、文化の担い手としての地位を確保しつつあるということになる。さらに、葬祭サービスを組織的に提供する文化実践者として葬祭業を位置づけ、フィールドワークをおこなった田中大介は、山田の視点を受け継ぎながら葬祭サービスの創造性を強調している。[51]

ここまでは、日本社会を事例とした研究を挙げてきたが、日本と海外の儀礼を比較社会学的に捉える研究もある。これら研究では、時間的（伝統／近代）・空間的（海外／日本）な比較がおこなわれている。

たとえば、嶋根克己は、日本と海外の葬儀と葬祭事業内容を比較している。嶋根によると葬儀の社会的機能として記憶の共有化が挙げられ、この共有化は重要な他者としての死者と他者との相互行為によって可能になる。

つまり、重要な他者が葬儀の社会性を裏づけているわけだが、高齢化などによって職場集団や近隣などの重要な他者が葬儀から撤退せざるをえなくなり、世界的にみれば、葬儀の簡略化や合理化・外部化といった構造的な変容へ向かっているという共通点が示されている。ただ一方で、アメリカの退役軍人などの集団凝集性が高い集団では、こうした親密な他者の撤退とは別の様相を呈している[52]。

嶋根の報告書では、日米での葬儀の比較で示唆に富む記述がある。アメリカの葬儀社ＳＣＩの調査で、事前契約と保険制度にふれている。日本ではなかなか浸透しにくいものの、今後については「高齢化による死別や、離婚の増加による家族関係の変化は、自分の死を他者にまかせてはおけないという状況を、日本にももたらし始めているようである。制度や業者に対する信頼感が醸成されていけば、日本でも今後増加していくのではないだろうか[53]」と述べる。つまり、葬送の生前契約の浸透に欠かせないのが制度や業者に対する信頼感という指摘である。ただ、各国の違いはあるにせよ、重要な他者が葬儀から撤退することが死後の安心の保障に影響を及ぼし、それを葬祭業者が肩代わりするだろうという見通しであった。

死の文化を類型化し、国際的な比較をおこなった中筋由紀子は、日本の近代化を「「家」の規制力の解体」と位置づけ、現代日本の死を「〈我々〉の一員の死」と捉えた。また、イバン族の「共同体における死」や伝統中国における「系譜の連続性の中の死」、アメリカの「かけがえのない個人の死」と比較している。特に日本では「もやいの会」の調査から、死後をともにする仲間では、友達同士の親しさとは別の死を引き受ける共同性の感覚を含むと指摘するが、死後無縁仏になるのではないかという不安や孤独の心情としての「わたしの死」に変化していくと予測している[54]。

以上、葬儀と近代化に関する国内研究の一部を取り上げて概観してきた。葬祭業に関する研究蓄積の一端は、近代化論の研究にあるといっても過言ではない。諸研究に通底しているのは、死や死後の文化的（慣習的な）内容に着目し、葬儀産業や死にかかわる行為と社会構造との関係（変化のパターン）に着目してきた点である。さらに、これらの研究では、信仰する宗教・宗派の違いなどを問わず、葬儀を扱うことができる利点がある。

葬儀を近代的な図式のもとに比較・整理するとき、どの時点から近代化と判断するかという共通指標を設定しておかなければならない。共通指標としてわかりやすいのが、葬儀での地域的な協同性が見られるか否かということと、医療関係者や葬祭業者など死にかかわる専門的・商業的な職業の関与の度合い、サービスの拡大などだろう。ただし、伝統―近代、国内―海外といった比較社会学的な方法において、葬儀に見られる文化的な変化は社会構造のある一定の段階（たとえば、伝統―近代など）へ移行し終わったという証左なのか、それとも社会がある段階から別の段階へと進む誘引とみなされるのか、という点について必ずしも明らかにされているとはいえない。

いずれにしても、葬儀を通じた近代化論で、社会構造と文化との関係を明らかにするために葬祭業の業務に着目するという今日の研究の礎が作られてきた。だからこそ、山田のように文化と構造を切り離し、死生観や産業実践に着目した研究者も出てきたといえる。

ところで、葬儀は宗教的・地域的な現象であると同時に死の儀礼をおこなう金銭契約を葬祭業と交わす経済的現象でもある。商学の分野で生命保険について研究している田村祐一郎によれば、古くから死は、葬儀費用をどのように調達し、生産力の喪失をどう補うかという経済的な問題を人々の生活にもたらすものだったという(55)。葬儀での相互扶助は、死によって発生した経済的な損失を分散・保障させるシステムとしても発達していた。さらに、死は社会のなかでどのように対処されるか、そして葬儀にかかわる人々とその費用をどう調達するかという経済的問題を発生させる。相互扶助のシステムが弱まってきた近代以降の資本制社会では、こうした問題に対して生命保険がその解決方法の一つとして示される。

しかし、生命保険などで葬儀費用が賄われる場合もあるとはいえ、葬祭業は労力を提供するかわりに葬儀費用の調達という問題に対してはむしろ人々を悩ませる存在とさえなりうる。こうした葬儀費用の調達の問題は、その事業者が販売する商品の価値へと向けられる。死の儀礼に対して値段の高低をどう判断するのかということでもある。さらに、死には、葬儀費用調達の問題だけではない「死のタブー」という問題も横たわる。資本制社会のなかで特徴的に現れる死のタブーとはどのようなもので、死の商品化とはどのような関係にあるのだろうか。モダニティあるいはポストモダニティの社会のなかで死をタブー視するということは、複雑な様相を呈すると澤井敦は指摘している。死のタブー化とタブーからの解放が相反するものでありながら、感覚的にはすんなりと受け入れられているとしたうえで、「そのさい、死がタブー視されているとして、たとえば、では誰が、いつ、どこで、何をタブー視しているのか、していたのかということ、また、死がタブーから解放されたとして、そのどのような側面が解放されたのかということは、必ずしも明確に意識されてはいない[56]」という。

このような死のタブーとタブーからの解放という、相反する感覚とそれに対する不明確な意識は、澤井が指摘したように「誰が、いつ、どこで、何を」といった現象の分析視点の曖昧さに起因するだろう。そして、澤井は、死にゆく当事者と死別を経験した者にとっての場面として、①病院、②葬儀、③死別、④日常会話を挙げている。これらは「死をめぐる社会の編成のあり方にかかわる」ものとして取り上げられている。①の病院では、死にゆく者に身体的・精神的にかかわる忌避が見られ、②の葬儀では、エンバーミングを例にとり、商品によって外装された遺体というのは、本来帯びている死の念入りな隠蔽であり、それは家族や知人といった私的集まりでさえも遺体を忌避するからだという。③死別では、死別した者に寄り添い、悲しみにふれることが忌避される。④の日常会話では、家庭のなかで親が子どもに教える死は、いずれ死にゆく親とのかかわりを教えることであり、これも①と③からすると忌避されるという[57]。そして澤井は、「死のタブー化という認識の実質は、死にゆく者であれ、死別した者であれ、あるいは遺体にたいしてであれ、死を身に帯びた者との「関係」、すなわち、死を身に帯びた者に身体的に近づき、精神的に関わることにたいする忌避の傾向（それが「公的領域」でのことであれ「私的領域」のことであれ）の存在という点にある[58]」と述べている。

これらの場面ごとのタブーの分析は、専門家による死が管理されたなかでの場面ということになる。当然のことながら死に対処する専門家や商業的にかかわる人々にとってのタブーは、すでに管理という機制を遂行する人々として取り込まれていて、そうした管理がいかに「死をめぐる社会の編成のあり方」に寄与しているのか、ということについては詳しく言及されていない。ここでの「誰が」タブーとするか、というのは、「死を身に帯びた者に関係する全ての人」である。その場合、「誰」ということは特定の場面で限定される。

では、死を専門的に、あるいは商業的に管理する人々も「死を身に帯びた者」なのか。そうした人々も「死を身に帯びた者」といえるかもしれないが、死別という事態で「死を身に帯びた者」になることとは明らかな違いがある。さらに、「死を身に帯びた者」に専門的・商業的にかかわることは、「死を身に帯びた者」に関係する一員として死を忌避しているというよりは、あらかじめ人々の死の隠蔽や排除を想定したうえでそれが遂行されている。死の隠蔽がすでに商品化される社会の編成とは、死を身に帯びた者とそうではない者との境界が定式化されたなかで商品や業務が作り出されるといえるのではないだろうか。

澤井が指摘するように、タブーが「心理の普遍的特質ではなく、社会の編成のあり方であるからこそ、その実質はどうあれ、タブー化したり、あるいはタブーから解放されたりといわれる歴史的変化も生じる[59]」のだとすれば、エンバーミングのように死を隠蔽する商品が自明である社会的編成によってタブーか否かに誘発される事態はどこから生じるのかを問うことは、死のタブー化論の課題の一つでもあるだろう。

本書では、人々が葬祭業者から葬儀商品を購入しているにもかかわらず、なぜ葬祭業者批判が繰り返されてきたのかという問いをたてる。これに対する答えをやや先取りすれば、葬祭事業の必要性と正当性を相補するロジック（構造的葛藤）と営利性と利他性を相補するロジックが見つけられなかったことに起因すると考えている。葛藤を解消するロジックが見つけられれば、葬祭サービスのマニュアル化も進むのではないだろうか。

葬祭事業の両義的構造――遺体は人格をもったヒトなのかモノなのか[60]、死の隠蔽か死の顕示か、利他的か営利追求かなどに引き裂かれながらも商品として販売すること――と、葬祭業者の両義的感情――遺族への経済的配慮（安価な葬儀）か会社の利益か、遺族への精神的な配慮か会社の利益か、遺族は消極的な儀礼遂行者なのか積極的に儀礼を購入する消費者なのかなど――は、葬祭事業での営利性と利他性の揺らぎでもある。死に対して利他的な事業であることを推進すれば、それは金銭的な契約と相いれない。死を完全に隠蔽すれば、死を商品化できない。

消費者の批判は、遺族という立場によって死にかかわる商品を購入することが欲望とは異なっていると意識することによるものでもあったと考えられる。介護者や看護者という家族の「生」にかかわる立場から、遺族という立場になることで葬祭業者とのかかわりに移行するため、遺族になりたくてなったわけではないという理不尽な感情が葬祭業者にぶつけられやすい。生きている間、家族や当事者が決定していたことは、苦痛や病などを取り除くようなものだったが、死後は、葬儀をおこなうこととそれに関する商品購入という、違う次元の話をすることになる。葬祭業者は、人々が望む商品を開発しようとしてきたが、その事業や商品自体を「生」の欲望で裏づけることは困難であり、それを肯定できないため、商品購入・消費することへの批判をかわしてどのように正当化するかということが葬祭事業で重要だった。

欲望（商品化されたもの）と思い（商品的ではないもの）の境界軸が虚構化され事業の両義性が露呈しにくくなれば、葬祭業特有の構造的・感情的葛藤を解消するロジック――葬祭事業の必要性と正当性が相補的であるロジック、事業者の感情の営利性と利他性の葛藤を解消するロジック――が見つからなかったとしても消費者や遺族からは批判されにくくなると考えられる。この境界軸がどのようなアクターによって可視化され、変遷してきたのかを確認するために葬祭業界の歴史、葬儀の空間、葬祭業者の身体の三つに分節化して見ていく。

まとめ

先行研究からは、葬祭事業を考えるうえで、どのように消費者との相互行為を捉えるかを明らかにしてきた。葬祭事業が他の事業と異なるのは、その正当化が困難なことによる。その要因は、消費者との相互行為での特性、事業自体の特性、消費者や顧客による葬祭業者のイメージ、葬祭業者自身の労働者としての感情などで葛藤が生じやすいこと、などである。特に死のタブーさえもが商品として再構成されながらも、それを購入する消費者が消費者になっているという自覚のしにくさによって、葬祭業は批判されやすい。加えて、事業構造自体が両義的であること、職業イメージなどによって、労働者自身の感情も引き裂かれやすい。

後の章で詳しく見ていくが、行政からどのような事業と位置づけられるかは、戦後の葬祭業で、一貫して重要なテーマだった。いまでは葬祭業がサービス業であることは当たり前のように思われているが、戦後の葬祭業界と葬儀社、ならびに葬祭事業者がどのような社会的地位を獲得し、サービス業として認められるに至ったかを業界の諸資料などから明らかにする。それは、葬儀サービスの萌芽や将来的な方向性を歴史から読み解くことでもある。ただし、全国団体は、行政などとの折衝窓口になっていて、個々の葬儀社では扱いにくい問題について活動しているため、繰り返しになるが、日常的に接客するサービス内容自体に反映されるわけではない。したがって、全国団体の歴史と葬儀空間、葬祭事業者自身のサービスという三つに分節化していくことが必要になる。

注

(1) 歴史を視野に入れた「死」に関する研究アプローチでは、近代以前と近代以降の社会の特徴によっても捉えられる。たとえば、近代以降、暴力や飢餓、伝染病の流行などで亡くなる可能性が激減した文明化された社会で、死はタブーとされ、「死にゆく者」は孤独に陥るとノルベルト・エリアスは述べている(ノルベルト・エリアス『死にゆく者の孤独』中居実訳〔叢書・ウニベルシタス〕、法政大学出版局、一九九〇年、八―四五ページ)。また、フィリップ・アリエスは、死に対する態度と心性を比較歴史的なアプローチによって分析している。

(2) エミール・デュルケーム「自殺論――社会学研究」宮島喬訳、尾高邦雄責任編集『世界の名著58　デュルケーム　ジンメル』(中公バックス)所収、中央公論社、一九九五年、四九―三七九ページ

(3) 前掲『宗教生活の原初形態』上、七七ページ

（4）前掲『宗教生活の原初形態』下、二八九ページ
（5）フィリップ・アリエス『死を前にした人間』成瀬駒男訳、みすず書房、一九九〇年、三四四ページ
（6）フィリップ・アリエス『死と歴史――西欧中世から現代へ』伊藤晃／成瀬駒男訳、みすず書房、一九八三年、二四二ページ
（7）前掲『死を前にした人間』五四〇ページ、前掲『死と歴史』八一―八二ページ
（8）ジャン・ボードリヤール『象徴交換と死』今村仁司／塚原史訳（ちくま学芸文庫）、筑摩書房、一九九二年、四一四―四一五ページ
（9）同書三〇五ページ、内田隆三『消費社会と権力』岩波書店、一九八七年、一四五ページ
（10）前掲『消費社会と権力』一四五―一四六ページ
（11）同書一四九―一五〇ページ
（12）前掲『象徴交換と死』、前掲『消費社会と権力』、澤井敦『死と死別の社会学――社会理論からの接近』（〔青弓社ライブラリー〕、青弓社、二〇〇五年）を参照。
（13）ウラジミール・ジャンケレヴィッチ『死』仲沢紀雄訳、みすず書房、一九七八年、二四―三六ページ
（14）それぞれの代表的な研究例を挙げると、「一人称の死」は、がん患者のインタビューから死にゆく者の心理的過程について明らかにしたエリザベス・キューブラー・ロスの研究がある（エリザベス・キューブラー・ロス『死ぬ瞬間――死とその過程について』鈴木晶訳、読売新聞社、一九九八年、同『死ぬ瞬間の対話』川口正吉訳、読売新聞社、一九七五年）。「二人称の死」についての代表的な研究は、遺族の悲嘆を隠蔽するような社会について論じたジェフリー・ゴーラー（『死と悲しみの社会学』宇都宮輝夫訳、ヨルダン社、一九八六年）である。「三人称の死」にあたる死にかかわる専門家や医療従事者などの研究は、デヴィッド・サドナウ（『病院でつくられる死――「死」と「死につつあること」の社会学』岩田啓靖／志村哲郎／山田富秋訳、せりか書房、一九九二年）、バーニー・G・グレイザー／アンセルム・L・ストラウス（『「死のアウェアネス理論」と看護――死の認識と終末期ケア』木下康仁訳、医学書院、一九八八年）などが代表的である。
（15）三井さよ『看護とケア――心揺り動かされる仕事とは』（アカデミック・ライブラリー）、角川学芸出版、二〇一〇

年

(16) 副田義也『福祉社会学の挑戦――貧困・介護・癒しから考える』岩波書店、二〇一三年、一〇〇―一〇一ページ

(17) 前掲「葬祭業に関する調査報告書――東京都内の葬儀社と葬儀の事例」には、そうした事例が報告されている（玉川貴子、専修大学人文学科社会学専攻二〇〇九年度「社会調査論・実習Ⅰ・Ⅱ」履修者「葬祭業に関する調査報告書――東京都内の葬儀社と葬儀の事例」二〇一〇年）。

(18) ピーター・メトカーフ／リチャード・ハンティントン『死の儀礼――葬送習俗の人類学的研究』池上良正／池上冨美子訳、未来社、一九九六年、二七六ページ

(19) Ronny Turner and Charles Edgley,“Death as Theater：A Dramaturgical Analysis of the American Funeral,” *Sociology and Social Research*, Vol.60 No.4, 1976, p.378.

(20) Ibid., pp.379-380.

(21) 前掲『モラルとマーケット』

(22) 同書

(23) アーリー・ホックシールド『管理される心――感情が商品になるとき』石川准／室伏亜希訳、世界思想社、二〇〇〇年、一二ページ

(24) 同書二一八ページ

(25) たとえば、ジンメルは、キリスト教による生命価値の発展は、「人間が絶対的な価値をもつという理念」に基づいていると指摘している（ゲオルク・ジンメル『貨幣の哲学（下）綜合篇』〔「ジンメル著作集」第三巻〕、居安正訳、白水社、一九九四年、一三三ページ）。ジンメルは、こうした人間の価値が問われる事例として、奴隷制度、殺人賠償、売買婚といった人格、死、性（生殖）という三つの社会的事実にかかわる貨幣の問題を扱っている。これらの現象は、自然で神聖であるはずの事柄が貨幣と交換されるという共通性をもっている。ただし、ジンメルは、死の商品化については扱っていない。

(26) 久木元真吾「「死と金銭の交換」の隠蔽と露呈――19世紀アメリカ合衆国における生命保険」、「相関社会科学」編集委員会編「相関社会科学」第七号、東京大学大学院総合文化研究科国際社会科学専攻、一九九七年、二―二一ペー

ジ

(27) 鈴木和雄『接客サービスの労働過程論』御茶の水書房、二〇一二年、四七ページ

(28) 同書五四ページ

(29) ジョージ・リッツア『マクドナルド化する社会』正岡寛司監訳、早稲田大学出版部、一九九九年、一三八―一四〇ページ

(30) 前掲『管理される心』五―一〇ページ

(31) 同書一二ページ

(32) Robert I. Sutton, "Maintaining Norms about Expressed Emotions : The Case of Bill Collectors", *Administrative Science Quarterly*, vol.36, 1991, p.250、前掲『接客サービスの労働過程論』一七二ページ

(33) 前掲『接客サービスの労働過程論』一七三ページ

(34) パム・スミス『感情労働としての看護』武井麻子/前田泰樹監訳、ゆみる出版、二〇〇〇年、四八ページ

(35) 同書五一ページ

(36) 同書四九ページ

(37) 同書五〇ページ

(38) 同書一一三―一五七、二〇二―二〇七ページ

(39) 同書一二五ページ

(40) Cas Wouters, "Commentary : The Sociology of Emotions and Flight Attendants:Hochschild's Managed Heart" *Theory, Culture and Society*, vol.6, no.1., 1989, p.117、岡原正幸『感情資本主義に生まれて――感情と身体の新たな地平を模索する』(慶應義塾大学教養研究センター選書)、慶應義塾大学教養研究センター、二〇一三年、五二―五五ページ

(41) 前掲『感情資本主義に生まれて』五五―五六ページ

(42) 同書五五ページ

(43) たとえば、圭室諦成『葬式仏教』(大法輪閣、一九九三年)、五来重『日本人の死生観』(〔角川選書〕、角川書店、

一九九四年）では、墓を含めた死生観について研究している。民俗学では、新谷尚紀『両墓制と他界観』（〔日本歴史民俗叢書〕、吉川弘文館、一九九一年）、新谷尚紀『お葬式――死と慰霊の日本史』（吉川弘文館、二〇〇九年）、赤嶺政信「奄美・沖縄の葬送文化――その伝統と変容」（国立歴史民俗博物館編『葬儀と墓の現在――民俗の変容』所収、吉川弘文館、二〇〇二年）、金田久璋「樹木葬とニソの杜――樹木の下・森神・他界観」（同書所収）など。また、先祖祭祀や死生観、霊魂観などを明らかにしているが、方法上、墓から切り離して各地の葬送習俗に着目し、霊魂観・死生観を考察したのは、柳田國男「葬制の沿革について」（『柳田國男著作集』第十五巻、筑摩書房、一九六九年）、井之口章次『日本の葬式』（〔筑摩叢書〕、筑摩書房、一九七七年）、武田正「東北地方の葬送儀礼――山形県米沢地方を中心として」（前掲『葬儀と墓の現在』所収）、福澤昭司「葬儀社の進出と葬儀の変容――松本市を事例として」（同書所収）、関沢まゆみ「葬送儀礼の変容――その意味するもの」（同書所収）など。

(44) 井上順孝編『現代日本の宗教社会学』（Sekaishiso seminar）、世界思想社、一九九四年、六―七ページ

(45) 村上興匡「大正期東京における葬送儀礼の変化と近代化」「宗教研究」第六十四巻第一号、日本宗教学会、一九九〇年、五二―五七ページ

(46) 前掲『現代日本の死と葬儀』一六五ページ

(47) 同書三二一ページ

(48) 山田は、葬儀を「死の総合的な変換装置」と捉え、ロベール・エルツの「生理的な死」「文化的な死」「社会的な死」との関連で、死の儀礼による三つの変換を指摘している。埋葬などによって死体そのものを変換させる「死の物理的変換」、死者が肉体から離れて人格や霊魂として表象される「死の文化的変換」、死者が担っていた役割を生者に再配分して社会関係を再編成する「死の社会的変換」である（同書三―七ページ）。

(49) 同書三一八―三一九ページ

(50) 同書一六七―一六八ページ

(51) 田中大介『葬儀業のエスノグラフィ』東京大学出版会、二〇一七年

(52) 嶋根克己「近代化にともなう葬送儀礼の変化に関する国際比較研究」平成十三年度～平成十六年度科学研究費補助金基礎研究（C）（二）研究成果報告書、二〇〇五年、一一―一七ページ

（53）同論文一〇四ページ
（54）中筋由紀子『死の文化の比較社会学――「わたしの死」の成立』梓出版社、二〇〇六年、二一七、二四四―二五七ページ
（55）田村祐一郎「生前給付保険と死の概念――日本人の死生観と生命保険・第2部」、水島一也編著『保険文化』所収、千倉書房、一九九五年、一七一ページ
（56）前掲『死と死別の社会学』一五四ページ
（57）同書一六〇―一六二ページ
（58）同書一六二ページ
（59）同書一五七ページ
（60）ただし、これらは葬祭業者にだけ帰される問題ではない。そもそも遺体をある施設に定置する場合の制度的・法的な遺体の規定が曖昧であるという問題もある。詳しくは第3章を参照のこと。

第２章

戦後の葬祭業界の変動要因

戦後の日本社会でも大衆から葬祭業に向けられた批判は、社会的な変化と商品内容の変化――たとえば、葬儀そのものの商品化や葬儀を執行する場所、葬祭業者の服装・振る舞いなど身体の商品化――とどうかかわっているのか、という疑問を検証するために戦後の葬祭業界と葬祭業者たちの姿を追っていく。

前章で挙げたゼライザーの生命保険の研究では、生命保険史上の変動を外的要因と内的要因に分けて検討している。外的要因は、生命保険業界全体にかかわる変数であり、内的要因は、生命保険エージェントにかかわる変数である。いずれも社会・経済的な変数とみなされているが、それ以外の変数――死に対する宗教的・文化的な変数――も検討することをゼライザーは強調している。葬祭業界にかかわる変化についても生命保険業と同様、単一の社会・経済的な変数だけではなく複数の変数とその影響を確認しておかなければならないだろう。

ゼライザーが挙げた諸要因を確認しておこう。外的要因は、経済成長、都市化、死亡率、アクチュアリー学の知識、政府と裁判所の態度、購買力である。内的要因は、マーケティング・テクニック、会社の構造、保険証券の質と価格、会社の経済的安全性、生命保険原理の知識である。(1)

ここで、注意しておきたいのは、生命保険と葬儀における商品特性の違いである。葬儀に関する労力提供は最初から商品とみなされていたわけではない。すでに地域社会によって相互扶助として葬儀の際には労力が提供されていた。そこに葬祭業者が介入していくようになったのである。したがって、生命保険のように、最初から働き手が亡くなった後の生活の不安を解消する商品として売り出されたということではなく、宗教的、かつ「家」の行事として地域的な相互扶助組織のなかでおこなわれていたところに、儀礼を滞りなく遂行するためのモノや労働力などを商品化して提供したのである。このことによって、葬儀は、制度上、生命保険よりも複雑な歴史的過程をたどることになる。

戦後の葬儀でも、基本的には「家」の行事としておこなわれ、地域的なバラつきはあるものの、多くは地域社会が参与してきた。その後、経済成長とともに職場の関係者も葬儀に参与するようになる。葬儀は、社交的な行事となって、そこにかかわる人々の範囲も拡大していくが、一九九〇年代以降は、葬儀が小規模化する傾向が見え始める。このような変化は、死亡者数の高齢者比率の増加、都市への人口集中や就業構造の変化、世帯の縮小といったことと連動していると考えられる。

ただし、それら諸要因と葬儀の変化の時間的推移は、パラレルとはかぎらない。世帯が縮小したといっても、家族・親族だけでおこなわれる葬儀が多くなった時期とズレがある。このことは、諸要因が葬儀という慣習化された行為に波及するときは規範など別の要因がはたらき、容易には変化しないことを示唆する。地域的な慣習や葬儀サービスの提供の仕方など、葬儀にかかわる物品や情報、葬祭業者の身体的な振る舞いや業務、儀礼空間などは、必ずしも同時に変化したわけでもない。ある地域によっては必要なサービスが他地域では必要とされないサービスかもしれない。ただし、ここでは、そういった個々の地域的な差異や事情というよりも葬祭業界を取り巻く社会の変化が葬祭業界にどう波及したのか、また様々なアクター——消費者（死者、遺族）、宗教者、行政、地域社会など——との相互行為のなかで葬祭業界がどのように事業展開し、そこでどのようなことが生じたのかという点を中心に記述していく。

1　戦後の経済成長と人口の変化

一九五五年から五七年の「神武景気」に始まり、その後、五九年から六一年に「岩戸景気」、六三年から六四年の「オリンピック景気」、六六年から七〇年の「いざなぎ景気」というように短い不況を挟みながら、七三年の第一次石油危機に至るまで、年平均九・八％という高度成長が見られた。五六年の『経済白書』にある「もはや戦後ではない」という言葉どおり、高度経済成長での大量生産、大量消費の時代が到来し、六〇年頃から葬儀でも「消費者」というカテゴリーが登場する。八〇年代から地価が高騰し、八六年からバブル経済という見せかけの繁栄が作り出された状態に入る。八八年の日本のＧＮＰ（国民総生産）は世界のＧＮＰのおよそ一四％を占めるに至り、日本は経済大国の地位へと上り詰めた。[2] しかし、九〇年代はバブル景気の崩壊とともに大都市圏で地価が下落していくなど、経済的な不安定さが表面化する。

消費の面でいえば、一九七〇年には国民生活センターが発足し、消費者保護機構が整備されるようになる。[3] 実質個人消費支出のうちサービス関係支出の割合では、六〇年の二二％から七〇年には二九％と伸びている。[4] 経済成長とともに人々は、様々なサービスを利用するようになっていく。サービスの消費者が増えることは、同時にサービスを提供する労働者、すなわち第三次産業の就業人口が増えることを意味する。

第一次産業に就業する人口の割合をみると、一九五〇年は四八・三％、六〇年は三二・七％だったが、七〇年には一九・三％、八〇年には九・三％に落ち込む。第二次産業の就業人口割合は、五〇年は二一・九％、六〇年は二九・一％、七〇年は三四・〇％と、七五年までは増加しているが、八〇年には三三・六％と下降ぎみである。これに対し、第三次産業の就業人口は、六〇年は三八・二％、七〇年は四三・〇％、八〇年になると五五・四％と就業人口の半数以上が第三次産業就業者になっている。九〇年代には、就業人口の約六割が第三次産業就業者

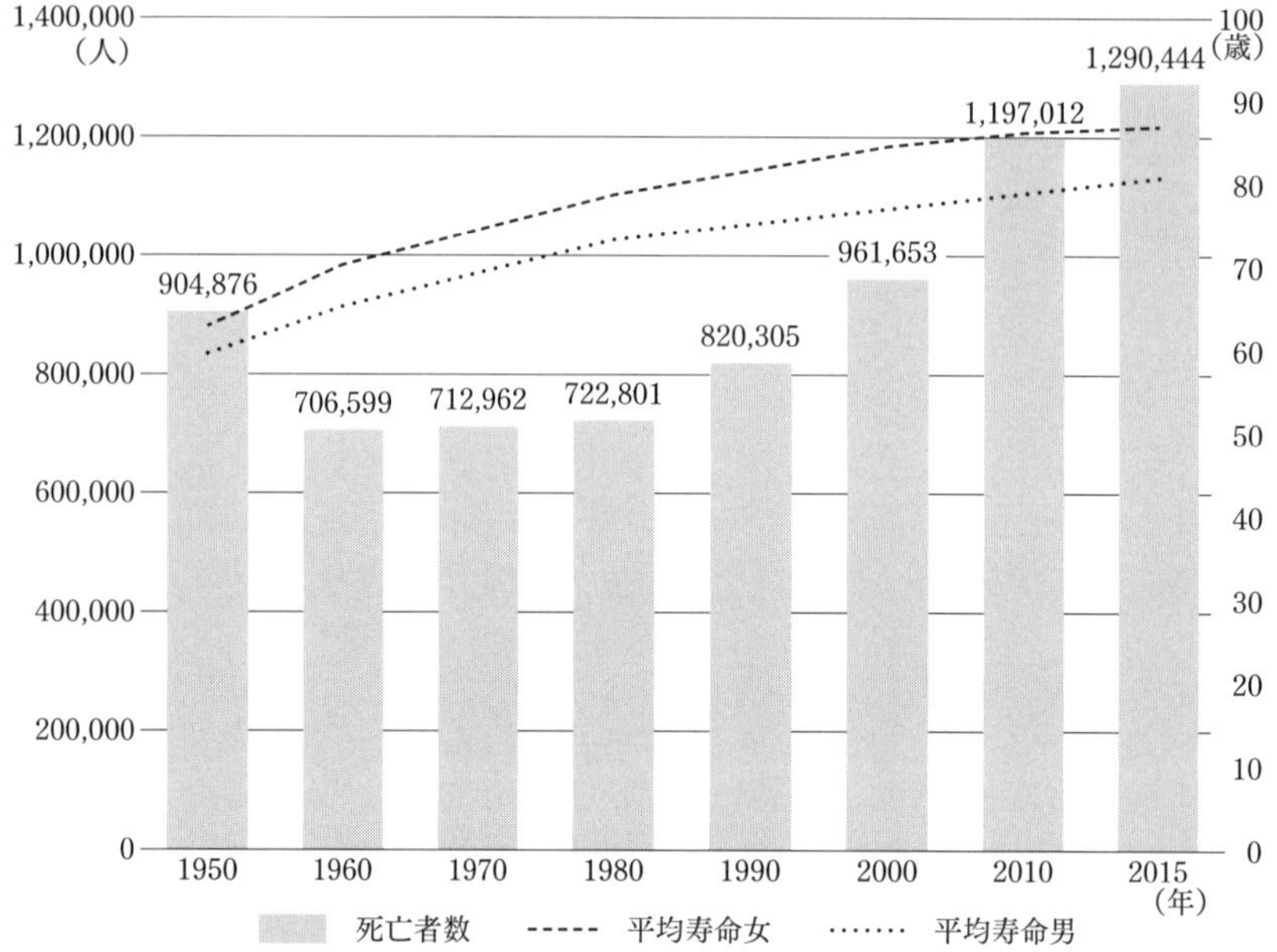

図5　死亡者数と男女別平均寿命
（出典：国立社会保障・人口問題研究所編『人口の動向 日本と世界――人口統計資料集2017』厚生労働統計協会、2017年、71、79ページから筆者作成）

となっていて、[5]サービス関係の消費支出も増えていく。

一九八〇年代以降、葬祭業者の増加を間接的に後押ししたのは、死亡者数の増加もあったと考えられる。四〇年の死亡者数は百十八万六千五百九十五人で、百万人を突破していたが、五〇年には九十万四千八百七十六人、六〇年は七十万六千五百九十九人、七〇年は七十一万二千九百六十二人と戦後、死亡者数は減少していく。八〇年にはまだ七十二万二千八百一人だったが、八三年に七十四万三十八人と増加したのを契機に、その後は死亡者数が増加に転じ始める。九〇年には八十二万三百五人、二〇〇〇年には九十六万一千六百五十三人、〇四年には百二万八千六百二人と百万人を突破した。[6]

全死亡人口に占める十歳未満の死亡者割合は、一九五〇年には二六・八%と二ケタ台だったが、七〇年代からは一ケタ台に転じ、その後一貫して減少していく。それと反比例するかのように、高齢者層の死亡者割合が伸びている。五〇年は乳幼児の死亡割合と約八ポイントの差にすぎなかったが、六〇年代に入ると四二・九ポイントに開く[7]。

　一九四七年の男性の平均寿命は五十・〇六歳、女性は五十三・九六歳で、男女とも五十歳前後だったが、五〇年から五二年には、男性五十九・五七歳、女性六十二・九七歳と男女ともに六十歳前後に延びる。六〇年になると、男性六十五・三二歳、女性七十・一九歳と延び続け、三十年後の九〇年には男性七十五・九二歳、女性八十一・九〇歳となる。二〇一三年には、男性八十・二一歳、女性は八十六・六一歳となり、男女ともに八十歳を超える[8]。

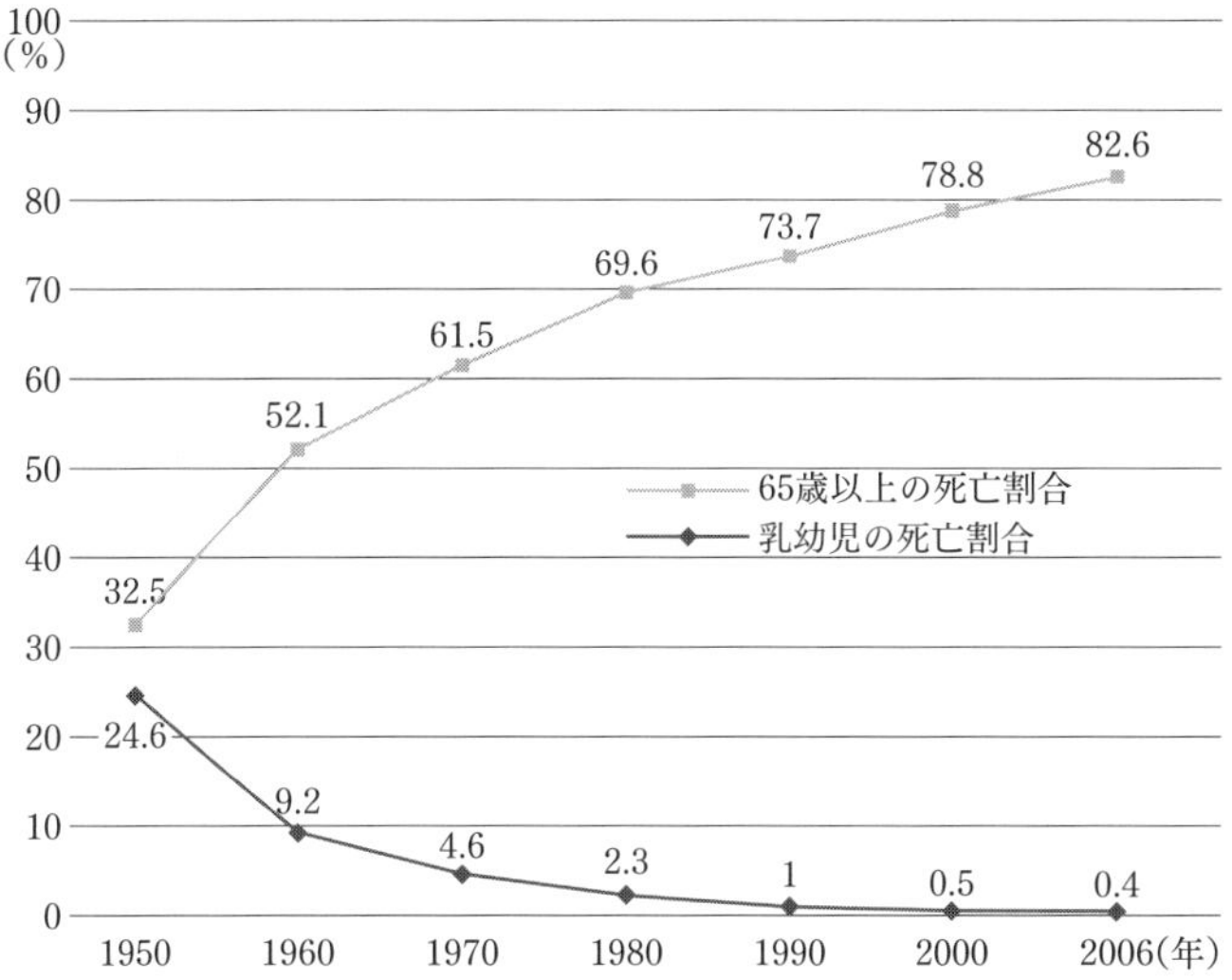

図6　全死亡者数に占める年齢別の死亡割合
（出典：平成20年人口動態調査「上巻5-15　性・年齢別にみた死因年次推移分類別死亡数及び率〔人口10万対〕」（https://www.e-stat.go.jp/stat-search/files?page=1&layout=datalist&lid=000001191145）［2008年7月16日アクセス］から筆者作成）

　このことは、近年、男性が死亡するときであれば会社をリタイアして年金受給者である可能性が高く、またその配偶者である女性が亡くなるとき、子どももリタイアしている場合があるということを示す。葬儀が小規模化し、直葬などを望む場合もあるというのは、こうした平均寿命の延びによる収入の減少といった経済的な影響もあると考えられる。

　前述したように、五歳未満の乳幼児と高齢者層の死亡割合は、一九五〇年にはそれぞれ二四・六%と三二・五%で約八ポイントの差しかなかった。しかし、二〇〇六年では、乳幼児の死亡割合が一

%未満なのに対し、八割以上が高齢者層で占められている。死は、年齢に関係なく訪れるのではなく、年を経るごとにその確率が高まるという認識を人々に与えていった。

2 戦後の葬祭業界

近年では、葬儀社を抜きに葬儀をおこなうことは困難なほど、葬儀サービスを受けることは一般化してきている。葬祭事業の種類は、大きく三つに分けられる。葬儀だけを扱う専業事業者、冠婚葬祭互助会、農業協同組合の葬祭事業である。[9] 序章でもふれたが、それらの市場占有率は明確な統計がない。

二〇〇二年度の「特定サービス産業実態調査報告書」によると、葬祭業に従事する人は、パートを含めて四万六千八百八十八人で、この調査が最初におこなわれた一九八六年度は二万三千六百八人なので、約十五年間でほぼ二倍に増えたことになる。[10] 葬祭業一事業所あたりの平均就業者数は、二〇〇二年度では十一人で中小の事業所が多い。[11] 葬祭業者が十五年で約二倍に増加した理由として考えられるのは、死亡者数の増加に伴う産業としての成長性と市場の拡大である。また、地域集団や職場集団が主導的に葬儀をおこなってきたが、死亡年齢が高齢化し、そのような助力が必ずしも期待できなくなったことも背景にあるだろう。

都道府県別で見ると、葬祭業の事業所数は、東京が四百九十六事業所と圧倒的に多く、次いで、北海道の二百八十六事業所、大阪の二百十五事業所、神奈川の百八十六事業所、福岡の百七十二事業所となっていて、大都市圏に集中していることがわかる。[12] ただし、葬祭業（葬儀業）専業事業者は許可事業制ではないため、前記数値は参考数値である。

こうした事業所が加入しているのが葬儀社の全国団体であり、全日本葬祭業協同組合連合会（全葬連）と全日本冠婚葬祭互助会（全互協）がある。全葬連の設立は一九五六年、全互協の設立は七三年である。全葬連の活動としては、葬儀に関する調査や葬祭ディレクター資格、事前相談員資格などを扱い、技能研修、広報活動、行政対応や災害時協定の締結、ｉｆ共済会という葬儀基本料金の一〇％を弔慰金として返金する会員登録制サービスなどを手がけている。全互協については、互助会事業に関する調査や互助会に従事する者への教育指導、互助会事業者の登録、行政対応、広報活動、災害時の自治体との連携などが挙げられる。

両団体とも一言でいえば、各葬儀社、各地域の葬儀団体（組合）をまとめている。ただし、事業そのものには地域性も反映されるため、各葬儀社ならびに冠婚葬祭事業の日常的な事業展開での両団体の影響力が顕著とはいえないだろう。本書で葬祭業界という場合、広義ではこの両団体に所属する葬儀社を中心とした葬儀を取り扱う事業者を指し、狭義には、長い歴史をもち専業の葬祭事業者が多く加入する全葬連を指すことにしたい。

全葬連の加盟業者は、各都道府県にある組合である「単組」に所属しているが、都道府県に一単組というわけではなく、二〇〇六年時点で東京都は東京都葬祭業協同組合、東武葬祭協同組合、山手葬祭協同組合、東都聖典協同組合、東京多摩葬祭業協同組合の五単組、愛知県では名古屋葬祭業協同組合と愛知県葬祭業協同組合の二単組、大阪では大阪葬祭事業協同組合、大阪市改革葬儀指定店事業協同組合、北摂葬祭業協同組合の三単組がある。

全葬連発足の前史を簡単に紹介しておこう。まず、戦時下の一九三五年の東京で商業組合法によって認可を受けた葬祭事業者の協同組合が作られた。組合員八百六十三人の東京葬祭具商業組合だが、その後、戦時体制が強化されるなかで、四三年、商工組合法の施行に伴い、戦時統制組合に改編された。当時は、配給制となったため、組合に加入しなければ、葬儀関連資材（木材、繊維、その他ほとんどの葬祭関連資材）が入手できなかった。[13]戦後、統制組合は解散された。東京では、四九年に中小企業等協同組合法の成立に伴い、東京葬祭業協同組合が創設された。しかし、賦課金の滞納、組合員の減少が続き、事実上運営不振となったこと、またこのとき協同組合の各支部を中心として山手葬祭業協同組合、東都聖典協同組合、東武葬祭業協同組合の独立なども起きた。五三年六月、東京都葬祭業協同組合は発展的解散を宣言した後、同年八月、新生組織として東京都葬祭業協同組合を設立し、これがのちの全葬連発足につながる。

東京都葬祭業協同組合は、現在も全葬連所属の組合として活動している。戦後の東京都葬祭業協同組合は、比較的安い価格で葬儀ができる都民葬の制度や消費者懇談会に力を入れてきた歴史があり、東京都区内の葬儀社が協力し、都民葬を引き継いだ区民葬(14)がいまなお残っている。

ところで、戦後の葬祭業は、葬儀に必要な棺や祭壇、身体作業、空間など商品の範囲をモノから人、空間へと順番に、ときには同時進行的に開発してきた。商品とその販売は、人々の購入・消費行動と不可分な関係にある。必要だから購入することもそうだが、ある程度生活に必要なモノが行き渡った豊かな社会のなかでは、人々は、自らを差異化する記号としての商品を消費するようになる。(15)葬儀は慣習であり、こうした人々の消費欲求とは異なる次元でおこなわれてきているように考えられていた。しかし、葬儀でも個性化や差異化が見られるようになる。近年に見られる例として挙げると、死生観や宗教的に意味づけられた白木の祭壇が主流だったが、大都市圏では、花祭壇と呼ばれる花だけで作られた宗教性を感じさせない祭壇が出回っている。

このような葬儀商品の販売／消費行動を、社会の転換点と照らし合わせながら描き出すうえで、戦後の日本社会を大衆社会史的に記述した見田宗介の時代区分を参照することにしたい。見田は、現実を組織化する反現実の様相として三つの水準を取り出し、高度経済成長期を機軸として、「理想の時代」（一九四五—六〇年頃まで）、「夢の時代」（一九六〇—七〇年代前半まで）、「虚構の時代」（一九七〇年代の中葉から九〇年まで）(16)として捉えている。見田によれば、「理想」に生きようとする心性と「虚構」に生きようとする心性は、現実に向かう仕方を逆転しているという。「理想」は現実化することを求めるが、虚構に生きようとする精神は、もう現実へと戻ってはいかない。(17)

戦後、国の豊かさという「理想」のために葬儀は簡素化が目指されたが、「生」と「幸福」に彩られた「夢」の時代には、浪費傾向が浮き彫りになる。このときは、死に関する話題はタブーとされ、ほとんどメディアで取り上げられなかった。しかし、一九八〇年代前半に映画『お葬式』（監督：伊丹十三、一九八四年）が公開され、九〇年代以降における死・葬儀に対するタブー意識が変容（ここでいう変容は、タブー意識がただちに薄らいだといいう意味ではない）し、「虚構の時代」へと入っていったといえるだろう。

本章では、見田の区分からは少々ずれるが、葬祭業界にも「消費者」概念が登場する一九六〇年代を境界として、四五年から六〇年代まで、七〇年から八〇年代、九〇年から二〇一〇年代まで、そして一〇年代以降の四つの時代区分をもとに葬祭業界について記述していく。これらの区分と関連した転換点を挙げておくと、次の五点になる。

第一は、一九六〇年代前後から祭壇の奢侈化とともに「消費者」というカテゴリーが登場したときである。第二は、七五年の全葬連の認可である。葬祭業がサービス業として新たに出発した時期である。第三は、九〇年代以降、マス・メディアで葬儀についての情報が取り上げられるようになり、葬儀で「自分らしさ」を表現するという個性化・差異化が見られるようになった時期である。また、葬祭ディレクター資格制度が導入され、葬儀の業務に対する統一的な規定ができた。第四は、葬儀会館での葬儀数が自宅での葬儀を上回った時期である。死は、病院（福祉施設）から会館へという、施設から施設を移動することになり、死者は生前に住んでいた家に戻るとはかぎらなくなった。第五は、二〇一〇年前後だが、〇八年に映画『おくりびと』が公開され、〇九年頃から「終活」という言葉が広まり、エンディングノートなど葬儀に関する情報がマスコミで取り上げられる傾向が強まった。エンディングノートや生前準備、生前契約などについてはすでに一九九〇年代に取り上げられていたものの、書店でもエンディングノートを見かけることは珍しくなくなった。さらに経済産業省が大規模な調査をおこなった時期でもある。

この時期区分で、その当時の葬儀や消費にかかわる状況にふれたうえで、全葬連がどうそれを認識していたのかということを、年一回開催される加盟葬儀社が集まる全葬連の全国大会で出される「大会宣言」「決議」「スローガン」を参照しながら記述していく。

それぞれの時代に、葬祭業界は行政に限らず様々なアクターとの関係のなかで自らの事業の正当性を主張してきた。自らの事業の社会的位置づけを模索しながら、大衆から受け入れられるような事業を目指そうとしていたと考えられる。大都市圏への人口移動や住宅事情、地域的な紐帯や寺檀関係の変化など社会構造の変容のなかで、事業の位置づけや地位向上を目指しながら、商品化を進めていくことになった。しかし、宗教的でローカルな文脈のなかでおこなわれてきた葬儀を商品として提示していくことは容易ではなかった。戦後、大衆からの批判的なまなざしをかわすのに、他の産業では類を見ないほど長い時間を要しているのである。

3　行政的な主導と葬儀の経済・文化的価値――一九四五―六〇年代

戦後から一九六〇年代頃は、葬祭業界が生成されていく重要な時期である。そのきっかけになったのは、政府が付加価値税の導入を検討したことや新生活運動であった。また、葬式無用論といった葬儀に直接関係する運動も登場する。ただし、こうした運動が社会に与えたインパクトを強調したいのではなく、こうした運動が葬祭業界の方向性を決定し、自らの事業の社会的な位置づけに影響を与えたという点に着目している。また、葬祭業者がそうした運動やアクターを重視しなければならなかった事情についても注目していく。

一九四六年の後半からインフレが始まり、生活苦に見舞われながらも戦後の復興が開始される。戦後の日本の民衆は、「アメリカの「物量の力」に敗けたのだという、強烈な印象から出発[18]」していた。この時代は、「生活の向上」、特に物質的な豊かさを「理想」として掲げるうえで、無駄や贅沢を排していかなければならなかったと考えられる。

戦後の新生活運動も「物量の力」と「理想」にかかわる運動の一つと見ることができるだろう。新生活運動は、片山哲内閣時代にその端を発し、一九五五年八月二十二日に鳩山一郎内閣の閣議決定によって推進された。このときの鳩山首相は、「物心両面にわたる生活の一大刷新の新生活運動を、国民の自発的・創造的な実践によって築き、個人の福祉、住みよい社会を総合的かつ有機的に展開しよう[19]」と挨拶している。豊かな国という「理想」

を描き、生活のなかでの無駄や贅沢を排して、それを実現していこうとする運動が行政主導で進められたと見ることができる。そのなかには、冠婚葬祭も含まれていた。

冠婚葬祭は、人々の「祝福」「不幸」などの感情や宗教的信仰によっておこなわれていて、本来、物量換算される対象ではなかった。しかし、国全体の物質的な豊かさという「理想」の前に無駄や贅沢として、あるいは合理的な生活の妨げになるものとして簡素化される。葬儀の簡素化の内容は、花輪の小型化、供花・供物の自粛、飲食の簡素化、香典返しの簡略化などである。

新生活運動には、時代と儀礼を結び付ける決定的に重要な社会的意味が含まれていた。それは、儀礼を人々の消費行動の一環とみなすという意味である。儀礼は、宗教的でかつ地域ごとにおこなわれていた慣習的な行事でもある。しかし、行政は儀礼での宗教的な意味や地域的な慣習としての「伝統」という文化的価値よりも経済的事情を優先することを間接的に示した。

新生活運動の波に乗るようにして、一九四八年には横須賀で冠婚葬祭互助会が立ち上げられる。「当会を設立したのは市民が協力して生活の改善を行うことが目的で生まれました」という設立趣旨を掲げ、普通会員掛け金月々十五円、特別会員二十円、期間が十年で、儀式が執行できた。

冠婚葬祭互助会は、すべての人々が平等に葬儀をおこなえるように、という扶助的な発想と物量換算がミックスしたまさに「理想」の時代の申し子でもあり、また、同じシステムのもとで儀礼をおこなうという合理性も備わっていた。葬儀での〈相互扶助〉を〈契約〉によって購入するという認識が大衆に広まり、葬儀が商品的な要素を帯び始めたと見ることができる。

一九五六年に入ると、東京や大阪、名古屋ブロックで八つの冠婚葬祭互助会が発足する。戦後の復興期を終え、「もはや戦後ではない」の言葉どおり「近代化」への道を歩み始めた時期と互助会の伸展とは、軌を一にしている。[20]

戦後の復興期に進められた新生活運動による簡素化と相互扶助的な発想によって、贅沢な葬儀は消滅したかの

図7　昭和の祭壇
（出典：「昭和の時代に用いられていた祭壇」、五〇年史編集委員会『東葬協五〇年のあゆみ』東京都葬祭業協同組合、2003年、巻頭写真2ページ）

ように見えた。しかし、敗戦から十年、一九五五年から高度経済成長期が始まり、こうした「理想」は変化し始める。

高度経済成長期は、人々の「夢」である「物量の力」を獲得していった時期である。戦後の復興期には、葬儀の簡素化が目指されたにもかかわらず、逆に「物量の力」の誇示として、贅沢さが競われるようになっていく。

このことは、葬儀の祭壇に現れている。戦後、白木祭壇が用いられるようになり、祭壇の大きさや豪華さで葬儀の規模が推し量れるほど、祭壇は葬儀の中心的存在になる[21]。地域社会学的に葬儀を研究している山田慎也によると、祭壇の豪華さは、死者や喪家の社会的位置づけと密接にかかわっていて、そのことは、喪家だけでなく祭壇を売る葬祭業者にとっても、また参列者にとっても関心を引くものになっていったのだという[22]。

一九六〇年代では、葬儀は、職場関係者などが参列する社交と義理の機会となり、派手な祭壇・葬儀での香典の金額が、その家の豊かさの象徴とみなされるようになった。経済力や地位の差異が葬儀で表示されるため、祭壇の豪華さを競う「誇示的（顕示的）な消費[23]」へと駆り立てられていくことになる。葬儀の商品的な性格は、人々の「夢」をかなえた消費行動として現れ始めた。

この時期、葬儀における「消費者」というカテゴリーが初めて登場する[24]。ただ、葬祭業界に限らず一九六〇年代は、「消費者問題」が急速に関心を集めた時期だった。この「消費者」の登場と前後して、冠婚葬祭互助会の数が増加している。札幌、仙台、東京、名古屋、大阪、広島、四国、福岡、沖縄での互助会数を調べたところ、六〇年には二十七の互助会だったのが、六五年になると六十一に増え、六七年には百二十七と、わずか七年の間に約五倍にも増えている。[25]互助会の設立数が伸びてくるにしたがって、その販売法に関して苦情も出てくる。

互助会への苦情と葬儀での「消費者」の登場は、おそらく関係していると考えられる。同時に、「消費者」は、一様に消費するという共通の特徴を有しながらも、そのカテゴリー内部では、地位や経済力による生活水準の差をかかえる。この時期、豊かな国と社会的な平等を目指す「理想」から、経済力を誇示する「夢」の時代へと転換したといえる。

さらに、一九六〇年代には注目すべき特徴がある。「昭和四十年代以降というのは死に対するタブー意識が増し、他界観念が薄らいでいった時期である。そのため死者をあの世へ送るための葬儀式が存在感を急速になくし、社会儀礼である告別式の比重が高まっていった[26]」。この時期以降、「葬儀の商業主義化」と葬祭業者を非難する論調が高まる。[27]

一九六〇年代後半に出版された、野坂昭如の小説『とむらい師たち』には、この頃の葬祭業の商業性とタブー意識を感じさせるような記述がある。

　およそきいたこともないような商売かて、なにかのことで世間の注目を浴びたりするのに、年商七百億円を超える業界だけは、まるでひっそりと息をつめて生きとる、いや別にそのつもりやないんやろうけど、とにかく表面に出てこん。棺桶づくり五十年いう職人が勲章もろてもええやろに、「私は千人の仏の祭壇をかざりつけました」いうおっさんがＮＨＫに出てもええはずやないか。

　「つまり怖いねんで、現代のタブーいう奴やねんなあ[28]」

「死」がタブー視されているため、メディアや社会から注目は集めないものの、確実に商売として成立しているだろう葬祭業について、皮肉交じりに描写されている。聞いたこともないような商売であっても、それが「生」

や「幸福」にかかわることであれば、社会の注目を集めるかもしれないが、「死」を商売にするかぎり、表面には出てこない。しかし、葬儀に対する注目が集まるような出来事が起きる。

一九六八年十一月十四日に、京都大学名誉教授の稲田務、医師で『葬式無用論』(葬式を改革する会、一九六八年)の著者でもある太田典礼、一橋大学教授の植松正ら三十二人が「葬式を改革する会」を結成する。「私たちが死んだ場合は、ただ死亡通知を出すだけに決めた。それを受け取られた人は、心の中で追悼してくだされば満足である。世間なみの葬式はしない」「残されたものは生活に少しでもお金がほしいときに、形式的な儀式のため、無駄な費用を使うのは本末転倒」という趣旨で結成する。太田らはテレビに出演して葬式無用論を主張した。(29)このとき、全葬連初代会長の小林總一郎もオブザーバーとして出演した。

その後、小林は、この討論番組に対し、「香奠の本来の意義は昔から物品でおこなわれていた、死者に対する気持ちから発したもので、必要のない人は現在でも出さない。金持ち階級の香典はこれを廃してもよかろう。しかし民生葬儀に該当しない一般庶民階級の葬儀に際しては、香奠のもつ意味はきわめて大きいことを忘れることはできない(30)」と主張した。

「葬式無用論」には、「因習打破」という大衆への啓蒙とともにそこに経済的な利益を見いだした宗教者、葬祭業者らへの批判が含まれていた。(31)しかし、そもそも葬式を派手にするというのは、宗教者や葬祭業者らが創造したものではなく、「家」の繁栄思想に基づく規範であった。(32)

山田が指摘したように、当時、経済力や地位の差異も祭壇で表示され、立派な祭壇かどうかは参列者にとっても関心の的だった。したがって、そこには普段は見えにくい「家」の経済的な格差が現れやすかったのではないかと想像される。小林が香典を必要なものと受け止めていたのは、「世間なみの葬式」という圧力のなかで、そのようにおこなえない人々、あるいは「一般庶民階級」の人々にとって、経済力と「世間なみの葬式」の落差を補う手段でもあったからではないだろうか。

このような傾向を葬祭業界と宗教界だけで歯止めをかけようとすること自体、無理なことである。小林は、

「葬儀は費用がかかるから無駄というが、葬儀をしなくとも長い人生の結末を処理するにはかなり費用が必要である」[33]とし、葬儀費用の出費がやむをえないことを説く。この時代、「死」と「不幸」は、費用がかかる贅沢なものとなったが、タブー意識や商業性への批判に見られるように、必ずしも大衆を味方につけたとはいえなかった。

全葬連大会に見る「葬祭文化」の意味

政府推進の新生活運動は、葬祭が物量に換算された運動であった。特に農村での合理的な生活を目指し、国民が豊かになっていくために冠婚葬祭の簡素化が図られた。新生活運動そのものは、葬祭業者たちを標的にした運動ではなかったが、葬祭業者たちは危機感をもった。このことが、葬祭業界が立ち上がる契機となった。

一九五〇年三月二十六日、のちに全葬連初代会長となる、東京葬祭業協同組合の小林總一郎は、かねてから交流を重ねていた大阪、神戸、横浜、京都、名古屋と東京をあわせた六大都市の業者代表者の集まりをもち、全国的な組織の必要性について訴えた。

全国的な組織が必要とされた理由は三つ挙げられる。一つは、終戦後、事業税に代わるものとして付加価値税という税制が実施されたが、葬祭業には高率の税金が課せられることから、政府に陳情するためだった。二つ目は、政府の提唱で推進された新生活運動が、いつの間にか葬儀の簡素化運動になり、経営が圧迫されてきたためである。三つ目は、これらの問題の解決を図るために政府などへ請願や陳情をおこなう場合、業界の位置づけがなければ効果が期待できないことから葬祭業界にも全国的な組織が必要だと考えたという[34]。

一九五六年十一月十九日に東京・築地本願寺で全国十都道府県十六事業者団体が集まり、全葬連の創立大会が開催される。このときの加入組合は十三、構成組合員数は八百五十一人だった。この大会での宣言の内容を見てみよう。

全国葬祭業組合連合会は、新生活運動の一環として葬祭文化の向上・発展に貢献するものである。そもそもわが国の葬儀形式は、日本古来の各宗派道から起因し、風俗・風習の美しい伝統によって今日の形をなしたものである。しかしながら、今日、政府が要望する新生活運動は、単に簡素化を啓蒙し、これがために美風良俗である形体の直接式典行事の簡略に流れ、葬祭文化の破壊をきたす恐れがある。もちろん間接費の冗費は声を大にして叫ぶものである。葬祭事業に携わる本業界は、数十年の豊富なる経験と衛生知識の涵養によって葬祭文化の一翼を担い、民生葬儀事業に各市町村の規格化に永年貢献してきた。（略）一方、庶民を対象とした市町村役場の官営は、一般高級葬祭業務に躍進し、民営を圧迫してきた。なお、農協、生協、購買組合、官公庁共済部等のアウトサイダーの進出もめざましく、業界安定に及ぼす影響大なるものがある。このときにあたり我々は、一層団結を強固にし、葬祭文化事業の正常化を図り、企業政策の確立を強く要望する。右、宣言する。[35]（傍線は引用者、以下同）

この団体は、新生活運動の主体である政府や行政に対抗するために発足したと理解することができるが、それ以上に重要なのは、この団体が自らの立場を「新生活運動の一環として葬祭文化の向上・発展に貢献するもの」として位置づけている点である。つまり、葬祭業界は、新生活運動の本来の意図——葬儀などでの贅沢や無駄の廃止——を読み替えることで、新生活運動に敵対しているわけではないことを主張したのである。この新生活運動に対する葬祭業界の意図的とも思える解釈は、葬祭業者たちの事業を正当化するための「葬祭文化」という語彙を創造していくことを可能にした。

加えて、この言辞は行政に抗っても抗いきれない業界側の苦渋を感じさせる。「葬祭文化」は、葬祭が生活の延長上にある「贅沢な消費行為」というより、慣習行為としての文化的な価値をアピールしたかったため用いられたと考えられる。

「日本古来の各宗派道から起因し、風俗・風習の美しい伝統」といわれる「葬祭文化」だが、一九五七年の第二回神戸大会での宣言を見ると、「そもそもわが国道徳の基盤をなすものは、敬神崇祖の理念を因し、伝統ある風俗風習の美しい形式から生ずるもの大であります。その一環とする葬祭の式典は、人生最終の儀式にして、極めて郷土色の強い習慣と形式の構えから、教えずして道徳高揚の重大なる使命を果たしております(36)」とある。また、「民衆の祖先崇拝の美風(37)」という言葉を用いていることもあって、「家」制度下に置かれた祖先崇拝の一つとして意識している。

「家」制度を母体とした祖先崇拝と仏教が分かちがたく結び付くことで、葬儀は民俗・風習といったローカルな文化と宗教が習合した「伝統」であるという見方を可能にした。彼らは、葬祭が単なる因習ではなく、宗教的にも文化的にも価値をもったものであり、自分たちは人々の間に根付いている「伝統」文化を向上させていくものだという立場を主張する。この時代は、仏教と習合した祖先崇拝が、葬祭の文化的価値を担保するものとして受け止められていたのだろう。

このような葬祭業の歴史的・文化的な立場の自認に加え、自らが民生葬儀事業として市町村の規格化に貢献してきたことも述べられている。しかし、今度は、市町村が運営する葬祭業務が、専業の葬祭業を圧迫してきたと訴える。この宣言では、行政・政府に対する業界の微妙な立場を物語っている。つまり、「新生活運動の一環」であり、また「民生葬儀事業に各市町村の規格化」に貢献したという行政・政府への親和的な姿勢を示しながらも「葬祭文化の破壊」や葬祭業の経営面では、行政・政府とは相いれない立場をとっている。業界では、こうした経営の圧迫に対して、葬祭業を許可事業にして職域を守ることを視野に入れている(38)。しかし、このとき実現することはなかった。

一九五八年の第三回大会の宣言では、以下のように行政とのつながりを意識した言辞を入れている。

本業界は、永年にわたり葬祭文化の向上と社会福祉のため寄与してまいりました。政府代行の民生葬儀は、公共福祉事業として、その顕著なものであります。都道府県において実施している規格葬儀は、利益の対象外に、あるいは、天地地変、大戦等には率先身を挺し、社会国家のため奉仕してまいりました。これらのことは、事業の本質が最も公共に近く、かつ、業界人の奉仕精神と業界の団結力によるものであります。我々は今次大会にあたり、ますます業界の団結を高め、葬祭文化の向上と社会福祉のため貢献するものであります。右、宣言いたします(39)。

葬祭文化の向上に加え、「社会福祉のため」に寄与してきたことを謳っている。ここには、自らの立場が葬祭文化の向上・発展に寄与しただけでなく、公共的で利他的な動機に基づくものであることが示されている。「規格葬儀は、利益の対象外に、あるいは、天地地変、大戦等には率先身を挺し、社会国家のため奉仕」というように、商業的利害ではなく、「奉仕」であるという表現が目立つ。

福祉的・公共的な表現を用いている背景には、生活保護法施行の影響もあっただろう。生活保護法は、一九五〇年に公布・施行された公的扶助立法である。この法律では、生活費の性質によって保護の種類を生活扶助、教育扶助、住宅扶助、医療扶助、出産扶助、生業扶助、葬祭扶助の七つに分けて規定している。「葬祭扶助」は、困窮のため最低限度の生活が維持できない者に対して、①検案、②死体の運搬、③火葬または埋葬、④納骨その他葬祭のために必要なもの、の範囲内で給付される。このように、生活困窮者のための「公共福祉事業」として葬祭が位置づけられているという点から、葬祭業界がアピールしてきたとも考えられる。

しかし、こうした福祉事業という位置づけは、葬儀の公共性や利他性をアピールできるメリットがある一方で、行政が進めた新生活運動とあわせて考えると、葬儀の簡素化を受け入れることにもつながりうる。「葬祭文化の向上」が言辞として残されていたのも、簡素化を全面的に受け入れたわけではないことを示す意図もあったのではないかと推測される。

ただし、葬儀の歴史的・文化的な背景に基づいてその必要性を説けば説くほど、経済的な価値と文化的な価値との間で引き裂かれるという事態に陥っていったと考えられる。なぜなら、一九六〇年代から販売されるようになった派手な祭壇は葬具業を兼ねた葬祭業者らが開発したものであって、それらは寺院で所有されているような聖性をもった祭具ではなかったからである。すでに政府や行政が、葬儀に対して経済的にも、日本の「伝統」文化としても価値を見いだせないと判断したことで、派手な祭壇は、簡素化できるはずの文化に対して、付加価値をつけて儲ける行為――営利目的の行為――だというまなざしを誘発していく。葬祭業者が主張する文化的な価値とその出費の正当性は、宙に浮いてしまったのである。

新生活運動とともにできた葬祭業界は、その運動を契機として葬儀での経済的・文化的価値が問われるような事態に直面した。こうした状況のなか、福祉的・公共的な事業という位置づけも視野に入れていたことがうかがえる。ただし、このことは、結果的に葬儀の簡素化へとつながりかねない危険をはらんでいた。葬儀の経済的価値を確立し、自らの事業の正当性を確保するためにも行政的位置づけを明確にする必要があったのではないだろうか。

管轄省庁の曖昧さ

戦後の葬祭業界の歴史は、全葬連の歴史に集約されるといっても過言ではないだろう。全葬連は、経済産業省に認可された日本最大の葬祭専門事業者組織となっていて、葬祭業の地位向上や競争力強化による経営の安定、葬祭文化の発展を旗印にしている。

いまでこそ、葬祭業がサービス業として経済産業省の所管になっているのは当然のことのように思えるが、最初から所管が定まっていたわけではない。ただし、死にかかわる事業すべてが、そのような曖昧な位置づけだったわけではない。すでに霊柩運送事業は運輸省が、火葬業は遺体を扱うという衛生的な観点と「墓地埋葬等に関する法律」の関係から、当時、厚生省が所管していた。火葬場に遺体を運ぶ以前の儀礼を扱う葬祭業は、その業務内容が曖昧だったことや届け出がなくても事業が始められることなどによって、所管が確定されていなかったのである。[40]

前述したように、戦後、事業税に代わる付加価値税導入にあたって、地方行政委員会で審議されていた。そのなかで葬祭業の位置づけについて野村専太郎委員は、「どういう部類に属するのですか、はつきりいたさぬようですが、おそらく私は、大体同種の性格を持つている浴場、理容、こういう関係のいわゆる第三種に属するものに該当する、これに行くのではないかとは考えております」と発言し、政府に回答を求めたところ、萩田保政府委員は、「物品賃貸業、あるいは二十一号の請負業、こういつたもののまざつた業態だと考えております[41]」と回答している。このように葬祭業の位置づけは、「身体にかかわる事業」なのか「物品賃貸業、あるいは請負業」かということで見解が分かれていた。

一九五七年五月二日、東京・渋谷で木村厚生省事務次官、岡崎英城代議士、全葬連から小林ら十人が出席し、葬祭業法制化のための懇談会が開かれた。このとき全葬連は、「死体取扱師ではなく、式典指導者としての資格[42]」を求めたという。所管を明確にしたわけではなかったが、遺体中心の仕事という位置づけを避け、儀式を扱う仕事と捉えることを模索し始めていた。六五年には、葬祭文化の向上に努めてきた功績によって、全葬連の代表九人に厚生大臣感謝状が授与される。こうした状況からすると、所管が厚生省になる可能性は濃厚だった。

ただ、一九六六年の全葬連東京大会で、小林は、「既に桶屋やカゴ屋の延長である「葬祭業」の事業内容を備えているのみでは現代に生きる事業者とは言えないのであって、多岐にわたる近代的な葬祭サービス業を完成させなくてはならないのである」とし、「「葬祭サービス業」Funeral Service として名称を改めることにした[43]」と述べていて、この頃にはサービス業であるという姿勢が見え始める。

一九七五年に通商産業省から全国団体として認可を受けるに先立って、管轄省庁をどこにするかという問題が持ち上がる。元全葬連専務理事のK氏（二〇〇七年のインタビュー時は全葬連専務理事）によると、省庁でも「墓地埋葬等に関する法律」との関係から厚生省か、サービス業ということで通産省か、見解が分かれたという[44]。一方、業界では、任意組合のときの厚生省との関係から、厚生省だと考えるのが自然だとされていた[45]。結果的には、小林が「葬祭業はサービス業だから通産省」と主張し、通商産業省からの認可を受けた[46]。小林は、全葬連が通産省によって認可されたことについて「ＳＯＧＩ」のインタビューのなかで次のように答えている。

葬儀屋というイメージが悪い。そこで葬祭業はサービス産業であるということで、厚生省所管だったものを働きかけて通産省にもっていった。今では税務署も政府も葬祭業をサービス業に位置づけ、イメージアップしたと思う。(47)

葬祭業は、遺体を扱うことで厚生省所管になる可能性が高かったが、通産省所管となったことでサービス業として定着した、ということが発言の趣旨だと考えられる。このことは、社会的に葬祭業が認められただけでなく葬儀の商品化にはずみがつく契機にもなった。

ただ、実際のところ、遺体なしにサービスが発生しているわけではない。葬儀会館では遺体を預かるし、儀礼は、遺体を前にしておこなわれる場合が多い。棺や骨壺も遺体や遺骨を納める物品である。とはいえ、所管の問題は、経済成長を見据え、「死」そのものを扱うのではなく儀礼にかかわるサービスを提供することを社会にアピールしていくための第一歩となった。

4　マナーの消費と葬儀サービスの開発――一九七〇―八〇年代

戦後の新生活運動や葬式無用論は、葬祭業界生成の契機となったが、同時に葬祭事業をどのように位置づけていくかという問いを投げかけた。これらの運動を通じて葬儀を簡素化しようとする意図や死や葬儀に対するタブー意識も高まり、葬祭業の経営を圧迫したかのようにも見えたが、高度経済成長期を迎えて葬儀が祭壇のランクなどで誇示的に消費されるようになっていく。

この頃から葬祭業のサービス業化が進められていく。そして一九七五年、ついに葬祭業がサービス業として管轄省庁から認められた。その後、バブル景気に乗って葬儀会館の建設とともに音楽や映像、照明を駆使することができるようになった。音楽葬、無宗教葬などが開発された。葬儀の商品化は、商品ではないように見える九〇年代の「心」の時代へと移る布石となっていた。

一九五〇年代には、葬儀は費用がかかる贅沢なものだったが、その出費の正当性を説くことも、文化的な価値を確立することも容易ではなかった。七〇年代でも、そうした傾向は続いていて、むしろ祭壇や霊柩車などで「見せる」要素が強まりさえした。全国的に宮型霊柩車が普及したのは八〇年以降で、「共同体参加型の葬列に取って代わって、葬儀の高級化、見せる要素が強まった一つの象徴的な出来事[48]」だとされた。霊柩車だけではなく、六〇年代から八〇年代にかけては「祭壇開発競争」とでもいうべきものが激しく展開されたという[49]。

このような「見せる」葬儀の背景には、職場集団との密接なつながりが挙げられる。葬儀には地域の人々だけでなく職場の人々も参列するようになり、会社内での地位や序列が反映された社交の機会ともなった。同時に、葬儀の参列者の数は、生前、その人がいかに慕われたかという「死者の人格」や「人徳」を示す指標とされた面もあった。多くの人に見送られる盛大な葬儀は、人々の「夢」をかなえた行動でもあった。

葬儀が社交の機会になっていくことで、そのマナーが問われ始めた。一九七〇年代から八〇年代には、塩月弥栄子の冠婚葬祭マナー本が流行する。都市近郊に居住する地方出身者たちは、それぞれのローカルな文化を背負っている。冠婚葬祭もローカルな文化の一つだったが、都市という多くの人々が交流する場で、ローカルな文化ではない、共通する文化としての冠婚葬祭が求められたのだろう。そして、冠婚葬祭が共通の文化として消費されるようになっていくなかで、物理的に地域社会からの葬儀の扶助が困難な場合にサービスを提供していく専門事業者としての葬祭業が七〇年代に誕生したといえるだろう。

マナー本ブームに乗るかのように、大阪にある大手葬儀社の公益社では、一九七五年に「葬儀の知識」という小冊子を企画・編集し、「週刊新潮」（新潮社）に隠れたベストセラーとして紹介され、評判を呼んだ。

この小冊子の序文には、「葬法に関しては他の行事よりも理解に困難な事が多く、古い慣習のみが伝承され常識化されています。しかし誰しもが生涯の最終を飾るにふさわしい荘厳味の調和する清浄・厳粛な儀式を望まれるものです。公益社では、更に簡素化を考え、現代生活にマッチした悔いの残らない葬儀、すなわちまごころ葬儀の創造に努力しています(50)」と書いてある。

ここでは、すでに葬儀を慣習として伝承するだけでなく、現代の合理的な生活に合わせたような形に葬儀社が変えていく可能性を示唆している。葬儀の文化的価値は、地域的な慣習や宗教が担保していたが、経済成長によるライフスタイルの変化によって揺らぎ始めた。葬祭業者らは、「生涯の最終を飾るにふさわしい」新たな文化を創造し、売るというイメージを作り出すために、小冊子というメディアを使って大衆に広めていくようになった。そのとき、「まごころ葬儀」という「心」が新たな葬儀のイメージとして掲げられていた。

こうした宣伝活動は、全葬連では、一九七九年から意識されるようになっている(51)。ただし、公益社の小冊子は、宣伝を兼ねてはいるものの、死に対するタブー意識が払拭されて商業的な広告として出しているというより、あくまでマナー本の延長として制作されている点が特徴的である。葬祭業者らが現代の生活に合わせた葬儀を創造していく姿勢を表明するには、宣伝活動よりもマナー本のような啓発活動という体裁をとったほうが都合がよかった面があるのだろう。

派手な商業宣伝活動が困難だったなか、映画『お葬式』が一九八四年に公開される。この映画の公開は、葬祭業界に二つの効果をもたらしたと考えられる。一つは、遺族らが葬祭業者に葬儀について尋ねるという形で葬祭業者が登場（たとえ、皮肉や揶揄が込められていたとしても）したことで、サービス業としての葬祭業者にスポットが当てられたことである。

もう一つは、死や葬儀が、人々の日常とはかけ離れたところにありながらも、いずれは訪れる人生の一部だということをリアルに再現した映画が大衆に受け入れられたことである。葬祭業界側にすれば、大衆に葬儀のことについてもっと知ってもらいたいと思っても、大衆が拒むかぎりアピールはできない。しかし、映画という形で

表2　1980年代と2000年代での葬儀サービスの比較

	1980年代	2000年代
儀礼にかかわるサービス	告別式の司会	通夜・葬儀・告別式の司会
	僧侶、神官、牧師の紹介	僧侶、神官、牧師の紹介
	告別式の写真撮影、録音	告別式の写真撮影、録音
	お布施などについての助言	お布施などについての助言
	葬儀式場の紹介	葬儀式場の紹介
		セレモニースタッフの手配
		葬儀形式の相談（無宗教葬、音楽葬、家族葬など）
		生前からの葬儀についての相談（事前相談）
移動にかかわるサービス	道案内の標示	道案内の標示
	ハイヤー、マイクロバス、霊柩車の手配	ハイヤー、マイクロバス、霊柩車の手配
	病院から自宅までの遺体の搬送	病院から自宅までの遺体の搬送
		火葬場までの同行
遺体にかかわるサービス	死装束の着装	死装束の着装・死化粧
	遺体の湯灌	納棺の立ち会い
		ドライアイスの処置
		湯灌業者への手配
		エンバーミングの手配
世俗的な手続き	役所への死亡届の代行	役所への死亡届の代行
	火葬の手配	火葬の手配

備考：1980年代に「ドライアイスの処置」はないが、ドライアイスはすでに販売されていた。
（出典：1980年代は国民生活センター『葬儀サービスの実情と比較』〔国民生活センター、1988年〕27ページから。2000年代は筆者フィールドノーツなどから作成）

あっても、死や葬儀について取り上げられ、そのとき葬祭業が必要になるだろうということがアピールされたのは願ってもない機会だったのである。葬祭業界では、この映画を契機に広告ができるようになったという[52]。

一九八〇年代後半に入ると提供する役務サービスの内容は、ほぼ現在に近い状態になってきた。これを主に「儀礼にかかわるサービス」「移動にかかわるサービス」「遺体にかかわるサービス」「世俗的な手続き」の四つに分けてみると、葬祭業者のサービスの基本的な構成は、この頃にすでに確立していたことがわかる。

表2は、一九八〇年代と二〇〇〇年代の葬祭業によって提供された葬儀サービスを比較したものである[53]。表を見ると、二〇〇〇年代には、儀礼にかかわるサービスと遺体にかかわるサービスが増えている。一九八〇年代に比べて二〇〇〇年代の葬儀は、葬儀サービスの消費者＝遺族を対象にして開発されていることがうかがえる。すでに大正期の東京で「死亡診断書等の役所関係の書類手続き」の代行は見られていたが[54]、「役所への死亡届の代行」「火葬の手配」という、本来、遺族らにとって重要であるはずの「世俗的な手続き」が、一九八〇年代のサービスのなかにも見いだされる。また、「僧侶、神官、牧師の紹介」や「お布施等についての助言」といった葬儀を宗教的に司る宗教者も、葬祭業者が仲介し手配するようになっている[55]。葬祭業者という商業的に死にかかわる人々を介して、葬儀の「宗教性」が担保されるという逆転した現象が、八〇年代にはすでに見られる。

宗教者にとって、遺族は「信徒」ないしは「信者」だが、葬祭業者にとって遺族は「消費者」である。この違いが少しずつ表面化してきている。日常的に宗教者との接触がなくても、葬儀をおこなうことが可能になることで、葬儀での遺族の立場は、信徒というより葬儀サービスの「消費者」となっていく。

また、葬祭業者は、物品の提供だけでなく、「葬儀形式の相談」など儀礼に介入するような業務も担うようになっている。表2にはないが、一九八〇年代には、大手の葬儀社では、無宗教形式などの葬儀をおこなうことも可能になりつつあった。八七年に発行されている『現代冠婚葬祭事典』では、「どの宗教にも属さず、既成の形式にもこだわらないで葬儀をしたい場合は、葬儀社に相談するとよいでしょう。大きな葬儀社は、企画から演出まで引き受けてくれます[56]」とある。八〇年代は、徐々に個性や差異化が現れるようになり、また、仏式だけではない葬儀を葬儀社側が開発し、提供できるようになってきた。このことは、大衆にとっての葬儀が、個人の一選択となり、社交の機会というイメージからも、ローカルで宗教的な文化的伝統のもとにおこなわれるというイメージからも少しずつ乖離してきたことを示しているのではないだろうか。

そして、最も先鋭的な形として現れたのがエンバーミングだろう。表2では、エンバーミングを施された死者は、長時間経過してもまるで生きたまま眠っているかのように見える。エンバーミングは、二〇〇〇年代の「遺体にかかわるサービス」として出ているが、この技術が最初に日本に導入されたのが一九八八年である。[57] 死者をあの世や他界に送り出すという宗教的なリアリティは、八〇年代において、虚構化された「生」と「消費」という世俗的な行為の境界上で変容していった。

一九五〇年代の新生活運動によって簡素化されたはずの葬儀は、六〇年代以降、「社交の場」になったことで、「見せる」葬儀という要素を強めた。遺族らにとっては、慣習からおこなうだけではない多くの出費や消費行動を伴う行事になった。

政府や行政からその経済的・文化的価値が問われた葬儀は、大衆消費社会の到来とともにマナー本や映画などのメディアに取り上げられるような文化として商品化されるという一面を顕在化させた。一九六〇年代には葬祭業は死に対するタブー意識から、マス・メディアなどによって取り上げられる機会はほとんどなかったが、八〇年代には、メディアに取り上げられるようになることで虚構化し始めていったといえる。宗教やローカルな文化によって作られてきた「伝統」としての葬儀は、個々人がショッピングをするかのように選択肢の一つを選べるものとなっていった。しかし、このことは皮肉にも六〇年代に端を発し、現在も残る根強い葬儀不要論にもつながっている。

一方で、選択される商品が純然たる商品として消費されるのではなく、共通のマナーといったローカルルールではない大衆にとっての伝統（「のようなもの」）や宗教的な秩序として消費されるという、商品化された価値と、まだ宗教や伝統（「のようなもの」）によって担保される文化的価値との狭間をさまよい始める。このような死や葬儀に対する曖昧な消費傾向は、葬祭業界側にとってみれば、戦後、葬祭業批判を繰り返してきた人々がやや接近してきたように捉えられたのかもしれない。

全葬連の認可

一九七〇年代は、業界の位置づけが確定した時代である。まず、七〇年と七一年の全葬連（前身）大会で、二年続けて、「葬祭事業の位置づけ」と「業界の位置づけ」という「位置づけ」がテーマとして提出された。七〇年の大阪大会は、全葬連十五周年記念大会でもあり、宣言と決議事項のなかには、行政所管を明確にしたいという意図が表れている。

我々は、激動する社会情報に対処し葬祭事業の公共的使命を達成するため、全国の事業者が一丸となって、事業の改善に努め、本大会のテーマである「葬祭事業の位置づけ」実現に向かって、我々の総力を結集することを、ここに宣言する。[58]

前記にある「葬祭事業の位置づけ」の具体的内容は決議事項のなかに書かれている。それは、「一、葬祭事業の行政所管を明確にするためあらゆる機会をとらえて努力する。二、本事業の公共的使命を自覚し、併せてこの事業に対する社会的偏見を打破する。三、新生活運動、互助会ブーム、葬式無用論の台頭など客観情勢の変化に対処するため本業界の体制強化を精力的に推進する[59]」の三点である。

一九七一年の岡山大会で全葬連は、「我ら業界人として現時代に適せる専門業者となる研修の積み重ねをはかり、過去の習慣を脱皮し、相互の力を結集し葬祭業者としての本旨をわきまえ、以て社会に貢献することを宣言する」としている。このときの大会のテーマは、「業界の位置づけ」だった。これは、任意組合から法的根拠をもった組合へ、そして葬祭業をサービス業へと脱皮させることでもあった。[60]

一九七二年の岐阜大会では、「業務の拡張と再開発」がテーマとして出され、小林会長は、業界が統一した葬祭サービスのパターンを形成し、専門事業者としての業務を確立することと、通夜・葬儀・告別式で業務を終了とするのではなく、その後の返礼品、法事、仏壇、墓、遺産相続などのアフターサービスについて再開発すべきことを主張した。今日、終活がブームになっているが、すでにこのとき遺産相続などを含めた、葬祭だけではないサービスを視野に入れていたともいえる。さらにこの年の大会の決議事項では、「消費者優先主義と法制化に伴う互助会の位置づけ等は必然的に大きく経営内容を変える結果となってきた[61]」とされていて、互助会の台頭という状況からも葬祭事業ないしは葬祭業界がサービス業として位置づけられていく布石が打たれていた。

以下では、通産省から認可を受けた一九七五年に出された、全葬連設立趣意書の「現在の状況」を一部抜粋する。

> 現在の日本に欠けているもの、それは道義であります。この道義の廃退がもたらすものが、すなわち社会道徳の欠如となって表現されるわけであります。我が国民が古来より美徳として誇ることの出来た祖先崇拝の高邁な精神は、この道義の低下によってうち砕かれ、この精神を基礎として執り行われてきた葬祭の観念も道義と共にますます低落していきつつあります。人は、葬祭の本旨を忘れ、儀礼を無視し、徒に合理化精神に基づいた安易な儀式を求める時代であります。言い換えるなら、人生最終の葬祭儀礼ですら、こうした考え方によって低落していくことは、ひとり葬祭文化のみならず、社会のあらゆる文化が忘れられつつあると言わねばなりません。それにも拘わらず、葬祭事業界およびそれを取り巻く関連事業体等にあっては、業務の本質を忘れ、製品の開発、価格の高低にのみとらわれた考え方で、これにあたってきたと申すことができます。(略) この全日本葬祭業協同組合連合会の活動は、時代に合った経済活動と合理的経営、あるいは、収益性の確保と同時に社会文化の一端を担うものであることは、我々専門事業者として当然と言わねばなりません[62]。

この趣意書では、まず、現在の日本に欠けているものとして「道義」という社会道徳を挙げている。この時代は、「人は葬祭の本旨を忘れ（略）安易な儀式を求める時代であります」と述べているように、葬祭文化が行政によって破壊されるのではなく、大衆による「合理化精神」が「安易な儀式を求める」としている。「人生最終の葬祭儀礼ですら、こうした考え方によって低落していくことは、ひとり葬祭文化のみならず、社会のあらゆる文化が忘れられつつあると言わねばなりません」という、大衆への警告のような言辞も並んでいる。

その一方で、「製品の開発」「価格の高低」といった葬儀の商品開発が進んできている様子も見える。事業としては、「時代に合った経済活動と合理的経営、あるいは、収益性の確保」が求められている。葬祭業の時代に合った合理的な発想あるいは大衆における合理化精神と「道義」や「古来よりの美徳」といった歴史的・文化的な慣習という、相反する価値をどのように両立させるのかということが、この時代の新たな問題として浮上している。

しかし、翌年の一九七六年の全葬連第二十一回大会の宣言では、以下のように「道義」や「古来よりの美徳」「祖先崇拝」といった言辞は見られなくなる。

　本連合会は初年度基礎づくりから、第一年度の成長準備過程に突入した。この時にあたり、われらは葬儀の本質を極め、形態を改革し正しいセレモニーの開発研究を行い、近代化を促進し、もって消費者の要望に応え、社会の公共福祉に貢献することを宣言する。

前年度にはまだ残されていた「道義」や「古来よりの美徳」にかわって、「セレモニーの開発研究を行い、近代化を促進」とあるように、「伝統」として守られる文化ではなく、「開発」されていく商品文化という姿勢が見られる。しかし、商品であるということは明言されず、自らの開発が「社会の公共福祉に貢献する」という公共的な事業であることを主張する。

一九七五年に葬祭業がサービス業として位置づけられたものの、まだ業界が一丸となってサービスを前面に打ち出すまでには至っていなかったが、八一年の大会の宣言には「サービス」という言葉が使われる。

我々は、事業の社会的使命を認識し、経営意識の高揚と企業体質の強化を図り、消費者の希求に応えるために公正妥当な価格を明示し、サービスの拡充に努め、もってその信頼に応え、事業を通じて社会公共の福祉に一層の貢献を果たすことを宣言する。(63)

「消費者の希求に応え」「公正妥当な価格を明示」という言辞からは、それまでの「道義」や「古来よりの美徳」といった歴史的・伝統的な文化の継承という葬祭業のスタンスが影を潜めたことがうかがえる。自らの文化的正当性を主張するのではなく、「消費者」という存在を梃子にして、その要求に応える商品を提示していくような事業としての姿勢が見える。ただし、単に利益を得るのではなく、「社会公共の福祉に一層の貢献」を果たすことも目的としている。ここには、サービス業として行政から認められるようになっても、業界自体に死や葬儀を商業的な対象とみなすことへの抵抗が感じ取れる。

しかし、葬儀の商品化は、他業界からの進出という思わぬ形で顕在化する。

新規参入に見る葬儀の商品化

この頃、葬儀の商品化という傾向は、異業種からの葬祭業界への参入に伴って現れている。一九七六年、大手デパート三越が日本橋本店に「葬祭承り所」を開設する。人々の「幸福」と「欲望」を視覚的に喚起させる百貨店(64)という空間で、「死」や「不幸」を扱う葬儀についての相談ができるようになる。しかし、全葬連は、これを他業界からの進出と受け止め、抗議活動を展開する。(65)

この件については、第七十七回国会衆議院商工委員会でも取り上げられる。通産省の天谷直弘審議官は、三越側の言い分について、「消費者といいますか、亡くなった場合にその喪主の方は葬儀屋さんとはふだんつき合いがないものですから、その際は非常にあわててしまってどうしていいかよくわからない、そういう場合に三越等でそういうなれない仕事を取りまとめてもらって、信用の置ける葬祭業者に取り次いでもらえるというようなサービスをしてくれれば都合がいいというような顧客の声もあったので、そういう仕事を始めた」と説明している。そして、天谷審議官は、三越が侵害しないような指導をすると答弁した。[66]

翌年の商工委員会でも、大企業の他分野への進出について議題にしていて、この一つとして、三越の葬祭業界への進出も話題にのぼっている。[67]中小企業が多い葬祭業界で大企業の進出は死活問題であり、全葬連は反対運動を展開したのである。この一件は、一九七七年「中小企業の事業活動の機会の確保のための大企業の事業活動の調整に関する法律」（いわゆる分野法）の成立と関連するケースとして取り上げられた。

一方で、三越の進出は、「顧客の声」や「消費者の声」に応える形で葬祭の取り次ぎを百貨店側が商品のように陳列するという現実を示した。このときから全葬連は、二つの方向性を打ち出していくことになる。

一つは、三越の進出をきっかけに、大企業やアウトサイダーと呼ばれる農協や冠婚葬祭互助会などの他業種からの進出を阻止する「闘う全葬連」[68]という方向、もう一つは、消費者のニーズをキャッチし、商品としてのサービスに力を入れる方向である。

前者に関していえば、三越以外に冠婚葬祭互助会もアウトサイダーとして挙げられる。もともと冠婚葬祭互助会は、割賦販売法上の前払式特定取引業者として通商産業大臣の許可を受けなければ事業をおこなうことができない。その点では、許可事業制ではない葬祭専門事業者とは異なる。互助会は、一九六〇年代から増加し始め、それに伴って解約のトラブルなど苦情が多くなる。こうした情勢から通商産業省では、割賦販売法改正案を提出し、七三年には可決された。七七年の標準約款の改訂では、クーリング・オフ制度が導入された。

一九七九年には、冠婚葬祭互助会の対策プロジェクトが全葬連で発足する。八一年の全葬連第二十六回大会では互助会問題が取り上げられ、「①解約の自由化、②不当表示、③大手互助会の寡占化、④前受金の運用」[69]などが問題点として共有された。その後、業界資格制度で統一化を図るまで、互助会はアウトサイダーとして位置づけられることになる。

後者に関していえば、全葬連が日本消費者協会に委託し、葬儀に参列した経験者を対象とした「葬儀についてのアンケート調査」を一九八二年から約三年おきに実施するようになる。これは、葬祭業界での消費者の意識調査と位置づけられている[70]。

さらに、これまで、「葬祭文化」という言辞が多く使われてきたが、高齢化社会の到来やサービス業としての位置づけを獲得していくなかで、その使われ方が変化している。頻発していた「葬祭文化」は「葬儀文化」と変わり、一九八〇年代の大会のなかで使用される言辞として登場頻度も減っている。

それは、葬祭業界による葬儀の文化的価値が確立されたから使われ方が変化したということではない。「葬祭文化」は、部分的には「サービス」という言葉に置き換えられることで影を潜め、消費者向けの冊子などで全葬連の文化的な役割をアピールするような限定的な使われ方になった。

しかし、いくら「サービス」という言葉に部分的に置き換えられたとしても、葬儀の出費の正当性を説くには、その内容が問題である。宗教が担ってきた葬儀の文化的価値がサービスにおいて代替可能かどうかは、一九九〇年代の「心」の時代の到来と資格制度の導入で少しずつ明らかになっていく。

5　「心」の時代の葬儀——一九九〇—二〇一〇年代

一九七〇年代から八〇年代は、葬祭業がサービス業と位置づけられ、葬儀の商品化が進んだ。この消費される葬儀の延長上に、「心」を消費する九〇年代が訪れる。

一九九八年の読売全国世論調査では、「世間並みの葬式をしてほしい」と答えた人が三六・八％なのに対し、「身近な人だけで形式にとらわれない葬式でよい」と答えた人は、六一・一％だった。[71]ここには、経済力を誇示するような葬儀のあり方が変わってきたことが示されている。

「身近な人だけで形式にとらわれない葬式」を志向するようになり、葬祭業界側も、家族葬という遺族・親族らだけでおこなわれる葬儀、無宗教形式の葬儀や音楽葬など「その人らしさ」を表現する葬儀を提案していくようになる。葬儀は、宗教的な象徴によって意味づけられるローカルで伝統的な文化というだけではなく、死者や遺族の「心」や「感情」を反映した儀礼として消費される。

一九九〇年代には、葬儀の個人化や個性化などの傾向とともにマスコミに取り上げられる機会が増えるが、それまではほとんど取り上げられないテーマでもあった。そうなった背景には、一般的には死や葬儀に対するタブー意識が薄らいできた――現実的には、タブー意識は、薄らいでいるというより複雑で見えにくくなっている――という見方ができるかもしれないが、高齢化が進み、自らの死について関心をもつ層が増えたともいえるだろう。

まず、一九九一年三月、「産経新聞」朝刊の社会面で著名人を主な対象としたコラム「葬送」がスタートする。このコラムは、死亡場所・日時・生前の肩書・死亡原因・葬儀場所・日取りなどを記した記事である。また、直接遺族に話を聞いたエピソードや弔辞の内容の一部なども紹介されている。ただし、「その故人のドラマの最後の舞台である葬儀をニュースとして提供しよう[72]」ということから始められたという。当初は賛否両論があり、「なかなか味のあるコラム」「トップ記事より読みごたえがある」というおほめのことばとともに、「朝から縁起が悪い。即刻中止すべき」とか、「毎日のように葬式の話を載せるとは何事だ。われわれ老人の気持ちにもなってみろ」といったお叱りの電話や投書をかなりいただいた[73]」という。

また同じく一九九一年、初の葬祭業界誌「ＳＯＧＩ」が表現社（現・表現文化社）から創刊される。この雑誌は、主に葬祭業界関係者や葬儀社を対象とした企業向けの雑誌であり、著名人の葬儀のレポートや葬儀の動向、宗教者との対談、海外の葬儀の事例、葬儀会館のレポートなどが掲載されている。こうした業界雑誌でも、遺族に対するサービスのあり方について言及している。

一九九〇年代以降、社会のなかで「心」が重視されるようになってきたことについて、間々田孝夫は、高度経済成長期に結び付いたモノと心の幸福な調和が崩れてきたためだと指摘する。

モノとこころという、本来自動的に結びつくとはいえないものが結びついたのは、急速な経済成長と所得平準化の同時進行という、歴史上稀にみる幸福な状況が生じたため、多くの人が新しく魅力的なモノを集中的に獲得できたからである。人々は、それらのモノに希望を見出し、それを順次獲得することによって幸福を感じ、苦労も悩みも忘れて、こころの充足を実現した。（略）生活の他の面ではどうであっても、モノを消費し続けさえすれば充実感をもち、悩みや心配事を忘れていられるという、「モノ教」とでもいうべき幻想が広まったのである。しかし、高度成長期が終わると、次第にそのようなモノとこころの間の幸福な調和がくずれ、不協和音が生じるようになった。(74)

幸福や充実感などを感じる「心」は、モノとは本来、結び付かないものだった。しかし、「「モノ教」とでもいうべき幻想」が広がったことで、「心」はモノの消費と等価であるかのように錯覚していた。この意味で、「心」が重視される時代でも、モノを大量に消費してきた消費社会の延長上に位置づけられるのである。

一九九五年には、業界最大手の公益社が高島屋大阪店に「仏事・葬儀相談コーナー」を開設する（二〇〇二年に閉鎖(75)）。七〇年代に三越が「葬祭承り所」を、八三年に長崎屋町田店が「葬祭相談」を開設したが、いずれも全葬連の反対運動にあい、閉鎖していた。すでに七〇年代から葬儀が商品として百貨店で扱われるようになってはいたものの、葬儀社による百貨店への進出は、葬祭業界側から消費者を開拓していこうとするものだった。百貨店での相談コーナーの開設は、葬儀が商品であることを示しながらも、「相談」という形で、葬儀が人々の「心」を扱うことを示した。それは、モノと心（こころ）との調和がくずれ、モノの商品価値を支えているのが「心」だということをあらわにした時代だったからこそ、可能だったともいえる。そして、「心」に関する知識が広く消費されるようになった一九九〇年代は、葬祭業界でも、葬儀での本質的かつ重要なテーマとして再発見された。

全葬連に関する報告書『これからの葬祭業、これからの全葬連』では葬祭業の仕事について次のように述べている。「葬祭業とは、大切な家族を喪い、悲しみの中にある遺族の思いを真摯に受けとめ、遺族のなす〈とむらい〉を、心をこめてさまざまな形で支援する仕事である」[76]。ここでも、「心をこめてさまざまな形で支援する」と「心」の重要性を謳い、グリーフケアやカウンセリングについての教育の機会を設けるよう促している。もっといえば、〈とむらい〉に付随する「心」には、宗教的意味も含まれるし、また福祉的・利他的な援助など複数の意味に解釈することもできる。

実際のところ、「遺族のなす〈とむらい〉」が、宗教にのっとった形式の場合もあれば、無宗教の場合もある。個々の遺族の要望に応じた葬儀をおこなえるようにすることが、「遺族のなす〈とむらい〉」に対する心を込めた支援であるならば、その要望を実現させればいいということになる。人々の〈とむらい〉の欲求を促し、商品化すること自体、消費社会の延長上におこなわれていることだといえるだろう。

ただし、まさに葬儀の交渉中の現場で販売されるモノ・サービスと、「遺族のなす〈とむらい〉」が一致するかどうかの判断はきわめて難しい。というのも、遺族側も誰かが亡くなってから葬儀を依頼することが多いため、自分たちがおこないたい葬儀のイメージを明確にもっているとはかぎらず、販売内容についても事前に情報を得ているわけではない。金銭と交換される内容について曖昧な認識のまま契約するため、サービスを受けた後、満足や納得がいかないという葬儀トラブルとして相談が寄せられる事態へとつながることもある。

国民生活センター PIO—NET（全国消費生活相談情報ネットワークシステム）によると、葬儀サービスに関する相談は毎年度寄せられ、一九九六年には八十三件、二〇〇〇年には百六十四件、〇五年には三百四十二件と増加傾向にある。[77] 葬儀は何度もおこなうものではないため、葬儀社のサービス内容について比較する機会自体もほとんどないなかで、消費者は葬儀社を選択せざるをえないこと、また、本章第2節でも述べたが、葬祭業に従事する人は、パートを含めて一九八六年度は二万三千六百八人だったのが、二〇〇二年には、約二倍に増えたことなどが原因として考えられる。

しかし、葬儀トラブルは、以前からあった。したがって、こうしたトラブルの増加傾向は、潜在的なトラブルが顕在化してきたと考えるほうが自然だろう。だとすれば、消費者が葬儀サービスを購入することに慣れ、他の様々な商品と同様、その商品への不満を消費者として相談することができるようになったことの表れと見ることもできる。相談内容で最も多いのが、強引な勧誘や見積もりと実際の請求金額が異なる、など契約に関するものである。他にも、価格やサービスについて検討する時間がないことや事業者による説明が不足していること、業界団体による指導などが十分でないことなどがある。[78]

国民生活センターからモデル約款や業界のガイドラインを設けるよう指導・要請されていた全葬連だが、公正取引委員会からも同様の要請を受けたこともあり、二〇〇七年「葬祭サービスガイドライン」[79]を作成する。詳細は後述するが、「料金体系の明確化」「商品・サービス等の商品目録および価格表の提示」など、事前に消費者に納得してもらうような価格提示について説かれている。また、「基本的人権の尊重および顧客情報の守秘義務」「情報開示・提供・助言」や「所属員の説明責任」といった情報にかかわる規定も挙げられているが、説明責任を怠ったかどうかを判断する基準や処分などの記載はない。

ここで注目するのは、葬祭業者の望ましい姿について書かれている部分である。たとえば、「これからの葬祭事業者は生活者に開かれた企業である必要があります。葬儀の知識や葬祭サービスの内容等について、積極的に生活者にアピールしていく姿勢が大切です」とあり、「葬祭サービスで最も必要なのは、お客様の声に熱心に耳を傾け「聴く」姿勢です」と明記されている。

この言辞の興味深い点として一つ目に挙げられるのは、サービスの対象者に対する名称が統一されていない点である。前者は「生活者」で、後者は「お客様」である。これら以外にも「消費者」がある。このような名称の多様性には、誰が葬祭業者と契約し、誰が消費するのか、ということを確定できない現代的な状況が表れている。というのも、遺族が契約した場合、消費者は主に遺族だが、死んだ本人が生前に契約した場合、消費するはずの当事者は死んでしまっていることになる。したがって、近年の葬儀では、契約者と消費者が一致するとはかぎらないのである。さらに、この「生活者」には、マーケティング・リサーチなどの実務家らが作り出している面もあるだろう。

天野正子によると、経済学の領域で「生活者」を「消費者」に対置される概念として初めて使用した経済学者は大熊信行だという。前者が生活における商品の「必要（ニーズ）」を確定する力をもつ（あるいは、もとうとする）人々を示すのに対し、後者は営利主義の客体であり「欲望」として自覚させられる人々を指すという。[80]しかし、多品種少産の「分衆」時代に「生活者」という言葉は、むしろマーケティング・リサーチの実務家などから出され、「「自分の感性や価値観を確立」した、「自ら情報の選択ができる」人びとなのだと、積極的に規定」し、「「生活者」という言葉がキーワードとして定着していく」[81]ことになったという。

ただし、天野は村上泰亮の「ゆらぎの中の大衆社会」[82]での「差異化と自律性」を取り上げ、「ライフスタイルの微妙な差異を競い、消費パターンがかぎりなく差異化されていくことは、むしろ自律性の退化であり、大衆消費社会への退行にほかならない。村上は、このように人々が欲望や利害をコントロールする自律的な判断パターンを維持しているかどうかという視点から、分衆時代の差異化がもつ問題状況を指摘し、批判的に問いかけた。この村上の問いかけは、大熊の生活者論の問題提起（生活の「必要」と「欲望」との識別の基準を自らの手の中におくという）と、その基底で響きあうものをもっている」[83]と指摘する。

二つ目は「生活者に開かれた企業」「積極的に生活者にアピール」「お客様の声に熱心に耳を傾け」といった、葬祭業者のあり方を書いている点である。「開かれた」「積極的にアピール」「熱心に耳を傾け」からは、大衆にはたらきかけようとする葬祭業界側の姿勢を読み取ることができる。これまで、その事業をアピールしにくかった状況からすると、こうした姿勢は、人々の葬祭業に対する抵抗感が薄らいでいることを業界側が感じ取っていることがうかがえる。つまり、葬祭業者がはたらきかけて、人々が日常的に葬祭業者にかかわるというイメージである。

ただし、葬祭業界側がそのようなはたらきかけをおこなうことを望ましい姿として規定しなければならないということは、想定される「生活者」が必ずしも自律的と考えられていないことを示す。つまり、大熊がいう「生活者」でもなく、マーケティング・リサーチの実務家らが規定した「生活者」でもない、どちらかといえば家族が亡くなってから葬儀社へと出向いて契約する「消費者」像である。その場合、生前に自らの葬儀や家族の葬儀について情報を集め、判断する自律的な「生活者」とはいえない。葬儀後に苦情や相談が持ち込まれることは、葬祭業界側から見れば、事前に情報を求め、自らの葬儀について具体的に自覚していないような「消費者」として映る。したがって、「生活者」という言葉とその含意には、その用いられ方とは裏腹に、葬儀に関して自律的とはいえない大衆という業界側の認識もあるのではないだろうか。

消費の貫徹した社会のなかで、これまで宗教的でローカルな文化だった葬儀が商品化され、それらにおいて「私らしさ」「遺族のなす〈とむらい〉」「心」などの微妙な差異を記号的に消費する傾向は、今後も進んでいくだろう。ただし、弔うことの「必要（ニーズ）」から契約するのか、弔いたいという「欲望」から契約するのかということは確定されない。

資格制度を契機とした宗教者との棲み分けの問題

資格制度そのものは、一見、「心」や利他性とはかけ離れた制度のように思われる。その導入の動機を探ってみても、利他性が見えてくるわけではない。しかし、導入時の宗教者の反応からは、業界が意図した方向性だけではない資格制度の別の側面が浮き彫りになった。さらに、この制度は、葬祭業者の人材確保や「心」に着目した葬祭業者教育ともかかわっていて（第4章を参照）、葬儀に携わる者に与えた影響力は看過できないものがある。

まずは資格制度導入の経緯について追ってみたい。

厚生労働省が認定している葬祭ディレクター技能審査は、一九九五年に葬祭業界で働く人々の技能振興を目的として設立され、一級と二級の資格認定がある。現在の葬祭ディレクター資格は、厚生労働省認定資格だが、当初は、労働省認定資格であった。全葬連と全日本冠婚葬祭互助協会（全互協）の葬祭サービス技能審査協会が九五年六月に資格名称を「葬祭サービス士」から国際的に共通の名称となる「葬祭ディレクター」に変更することを決定して、九六年に労働省から認定を受けたからである。[84]

一九九五年当時、葬祭ディレクター技能審査協会理事を務めていた勝見賜一によると、全葬連が「国家資格制度を導入しよう」と組織決定したのは八四年であり、八五年に通産省、厚生省、労働省に出願するものの、「葬儀は宗教が絡むので問題が出てくる」ことから「資格制度にはなじまない」と取り上げられなかったという。[85]

葬祭業界側は、「宗教的儀式は僧侶、神父など宗教者の方が行うものであり、葬儀社はどんな宗教で営まれるにせよ、あくまでサービスを提供しているのであって宗教行事を執り行っているわけではない」と反論するも取り上げてもらえなかった。[86]すでに一九七五年にサービス業として行政から位置づけられているにもかかわらず、彼らがおこなっていることがサービスであるという認識は、行政側に薄かったといえるだろう。

葬祭ディレクター技能審査協会会長（一九九五年時点）の吉田二朗は、制度の目的について、「葬祭業界に働く人々のいっそうの技能向上を図ることと併せて経済的、社会的地位の向上を図ること」であり、葬祭業界の課題を「社会的認知を得ること」としている。[87]とりわけ重要なのは、「従業者の資質の向上」であり、そのためには「働く人々がプライドをもってこの仕事に従事できるようにならなければならない[88]」という。それまで、全葬連と全互協はそれぞれ別々に業界内資格を有していたが、業務基準の統一に取り組み、ようやく共通の資格制度が生まれることになった。資格制度で、葬祭業界が一つにまとまった。

葬祭ディレクター技能審査協会副会長（一九九五年時点）の竹内恵司は、次のように述べている。

経営者の立場では、葬儀という仕事は社会にとって必要な大切な仕事であると認識しておりますが、これを従業員に私が口でいくら説明し、意識づけしようと努力しても難しいんです。これは実感です。私もいろいろ努力したのですが難しい。実際の社会の中で葬祭従事者が何らかの形であれ、客観的に認められることがないことには仕事に誇りをもつことが難しい。特に長い間、死や葬儀は社会的に忌避されてきて、葬祭業そのものが強い偏見の下に置かれてきたということがあるので難しい。今回の資格制度は、業界の外からだけではなく業界の内部からも一部批判があるようにけっして充分なものではありません。しかし、不充分かもしれませんが、「この制度によって初めて葬祭業で働く人々に対する社会的位置づけができた」という点ではエポックメイキング（画期的）な出来事であると思っています。[89]

社会にとって必要な仕事であることを従業員に認識させるだけでなく社会からも認知されるようにすることが、資格制度導入の目的だった。社会的に忌避されるせいもあってなかなか就業する人もいなかったため、人材確保という点からも地位向上が求められていた。また、どこがいい葬儀社かというような選択の目安がないため、その一つの目安にする意味もあったという。[90] ただし、この資格は、ライセンス資格ではない。

元全葬連専務理事のK氏によると、全葬連設立以来、資格を「業を行うライセンス」にしたいという願いがあるものの、ライセンス制は、現在の規制緩和の流れに逆行しているという省庁の判断によって保留されているという。ライセンス制にすれば、現在、把握しきれていない事業者数がわかるというメリットがある。[91] 業界としては、アメリカの funeral director のようになることが悲願でもある。

アメリカでの葬祭業者の職業的地位も undertaker と呼ばれていたことからもわかるように、非常に低いものだった。メトカーフとハンティントンは『死の儀礼』のなかで、「葬儀屋が用いる職業上の肩書きは、ますます婉曲的になってきている。すなわち、「眼鏡技師」のような医療専門家を思い起こさせる「葬儀技師」。ビジネスや、ことによると舞台監督を思わせる「葬儀ディレクター」。そして最近では、終末期の結婚カウンセラーともいうべき「悲しみのカウンセラー」などである」と述べ、「これらの肩書は、彼らの職業に対する通常の暗いイメージを払拭し、むしろ医療専門職としての名声を獲得したいという願望のあらわれなのだ[92]」と指摘している。

日本の葬祭業も、同様の面がある。葬祭業は葬儀に関する知識を保有していても、医師のような専門職として認められておらず、専門知識としてアピールしにくい。資格制度は、宗教者らとは異なる形で、葬祭業者たちを権威づける方法だったと考えられる。この制度の導入を契機として、宗教者側の一部から批判が出てくる。

日本の葬儀の宗教的・文化的な正統性を保証してきたのは、多くの場合は僧侶であった。葬祭仏教と揶揄されることはあっても、仏教が葬祭にかかわってきた歴史は長く、またどんな地域にも入り込んでいた宗教という点では、他に類を見ない。

本来、葬祭業者と僧侶は、葬儀で全く異なる役割を担っていた。千葉の天台宗長福寺住職の今井長新は、「もともと葬儀業者と宗教者とは死者へのアプローチの仕方が異なる。葬儀業者は死者を種に利益を上げることが目的だった。そのこと自体は決して悪いことではない。ただ葬儀業者の扱う商品は人間存在のあり方の根本に関わっているということを忘れてはならないのである[93]」と進言する。

しかし、葬祭ディレクター制度導入を契機として、「葬儀社主導」の葬儀が増えるのではないかと懸念する声が一部の宗教者たちからあがる。この点について、前出の勝見は、「歴史的に見れば葬祭業者は後から出てきた存在です。遺族、地域の人、僧侶など宗教者の方によって葬儀は営まれてきたのですから。後から出てきた者がどんどんいつのまにか分野を広げてきたという思いはあるかと思います。私どもには葬儀の宗教的儀式については、お手伝いすることはあってもこれをどうこうするという気持ちはないのですが、お互いにその仕事の範囲について合意、理解がないために誤解を受けることが多いのだと思います[94]」と述べている。「宗教的儀式については、（略）お互いにその仕事の範囲についての合意、理解がない」ということは、葬祭業者の提供するサービスと宗教者が導く儀式的領域との境界がすでに曖昧になりつつある状況をふまえての発言だとも考えられる。とはいえ、役割が異なることは、お互いに認め合っているはずなのに、葬祭ディレクター制度の導入が、宗教者にとっての危機感へとつながったのはなぜなのだろうか。
吉田と竹内の会話にあるディレクターの役割に注目してみよう。

吉田氏：今の葬儀の進め方を見て「全て葬儀社が進めている」という誤解が僧侶や宗教者の方におありかもしれませんが、私どもが基本としているのは「喪家（遺族）の意向」です。喪家から仕事を依頼されるという私どもの仕事の性格があるからです。しかし、とかく〈喪家の意向と宗教者の意向との間の接点作り〉ということについては欠けていた面があるかもしれません。これは反省すべき点でしょう。
竹内氏：そうですね。〈接点作り〉ということは重要ですね。お寺さんと喪家の間に〈檀那寺と檀家〉というしっかりした日常関係が築かれている場合には問題ありませんが、最近は必ずしもそうでない、極端に言えば〈葬儀だけの関係〉というのも増えてきています。この関係が弱まっているため、喪家とお寺さんの関係も疎遠になっているケースが少なからず見られます。するとどうしても喪家の意向と僧侶の方の意向とが対立してしまう、ということが起こりますね。
　私どもが僧侶のご意向をうかがって喪家の方に「ご葬儀は大切な儀式である」と代弁したり、あるいは喪家の葬儀に対する希望をうかがって僧侶の方に代弁し、どうしたらいいご葬儀ができるか、三者で調整するということも必要になるでしょうね。まさにこれはディレクターの役割ではないでしょうか。(95)

この談話からは、葬祭ディレクター制度そのものというよりも葬祭ディレクターの役割についての認識と葬儀社のスタンスが明らかにされている。つまり、基本的に遺族の意向で仕事をしていることを、吉田は語っている。そして、遺族と僧侶との関係が日常的ではない場合、両者の意向が対立することも起こりえるため、その調整役を務めること、これがディレクターの役割でもあると指摘している。宗教的な意味秩序にのっとって儀礼がおこなわれるものだと考えられているかぎり、そのようなことは起こりえないはずだが、実際の葬儀場面ではどうなのか。
大手葬儀社に勤務するある葬祭業者は、遺族の要望と僧侶との間で困ったことがあると語っていた。

仏式のご家庭だったんだけど、賛美歌流したいっていうんですよ、キリスト教の。それはたぶん、お寺さんが怒るだろうなって思ったんですけど。でも、「流したいんだ」と。だから、お寺さん（が）、お経読んで、一回着替えに退席する時があるんですよ、その間をぬぐって《ママ》一曲三分ぐらいあるから、時間稼ぐために、お部屋にスタッフ一人案内させて、お茶を出したり、おしぼり出したり、時間稼ぎして、（お寺さんが）来る時間を遅らせて。亡くなった人が、賛美歌好きで、音楽的に結構、聞いてたみたいです。(96)

言い添えておくが、前記のようなことはまれである。だからこそ、印象に残ったのだろう。仏教式でおこなわれている葬儀の宗教的な意味秩序に従えば、賛美歌を流すことはありえない事態である。しかし、「故人の好きだった音楽」である賛美歌を流したいという遺族らの要望は、葬儀における宗教者が与える導きと同様、葬儀を遺族のための儀式であると考える葬祭業者側から見れば聖なるものである。葬儀社は、信仰を諭す対象として遺族らを見ているわけではなく、納得する（葬儀を執行してよかったと思える）葬儀をおこなう消費者として見る。この意味で、葬儀社が考える調整とは、宗教者と信仰者の間を取り持つことではなく、宗教者と「聖なる消費者」との間を取り持ち、消費者にとっての儀礼的意味を支えることでもある。
しかし、宗教者側からすれば、仏式で葬儀をおこなう遺族は「聖なる消費者」ではなく、仏教の「信仰者」である。資格制度同様、このような傾向に対しても、一部の宗教者たちが危機感を抱く。優良葬儀社を紹介する会社と僧侶との共同勉強会で、檀家ではない人の葬儀の依頼をシミュレーションしたときの様子について、天台宗幸福寺の須藤大恵住職は、次のように述べている。

通夜、葬儀での法話とコミュニケーションの大事さが、何度も指摘されました。お檀家ではない方の葬儀こそ、心のこもった儀式が必要であり、信徒さんの気持ちをひきつける、真摯な対応がわれわれに必要であると思います。現在の葬儀は、葬儀社の司会進行に従って導師は登場し、読経し、そして下がっていくだけです。本来ならば、僧侶がやるべき、悲しみからの救済も葬儀社が代行しています。今後ますます葬儀は簡素になると思います[97]。

檀家ではない人の場合、僧侶との日常的な接点がないために、信徒とのコミュニケーションは法話のときなどに限られる。「心のこもった儀式」の必要性を感じているとはいえ、儀式の型そのものを宗教者が変えることはできない。

儀礼をめぐる葬祭業者と宗教者とのスタンスの違いは、本来、儀礼の宗教的意味を危うくするものではなかった。しかし、宗教的救済として意味づけられるはずの儀礼に対して、葬祭業者は遺族らの要望に応える儀礼を提供する。葬儀といえば仏式というように、すでに宗教的・文化的正当性が確立している仏教だが、葬祭業者が提供する儀礼には、そうした正当性が確立しているとはかぎらない。そのため、葬祭ディレクター資格は、宗教とは異なる形で遺族らにとっての儀礼を提供するときの正当性を担保するための制度だったといえるのではないだろうか。

二〇〇五年、「望まれる良い葬儀を実現するために葬祭業界と意見交換を」という声を受けて、全日本仏教会[98]と葬祭業界の全国レベルでの対話が初めて実現した。社会一般の人たちに対して葬儀のあり方についての誤解を解き、建設的な提案をおこなっていく必要があるとの認識を共有するに至ったという[99]。

「心のこもった儀式」を、葬儀サービスの消費者である遺族の要望に置き換え、遺族らを消費者として扱う商業的領域からアプローチする。ただし、葬祭業者らが提供する葬儀が消費者の「心」を表象するものであると言ってしまったとたん、宗教者とどのように棲み分けていくか、そして、扱われているモノやサービスは「商品以上でも以下でもない」と言い切れるのか、また消費者は、それらを「商品以上でも以下でもないと考えていない」のか、が問われることになる。

メディアでは、二〇〇八年『おくりびと』という映画が公開された。『おくりびと』の主人公は、遺体の着替えや化粧を施す納棺師である。一九八四年公開の『お葬式』では、葬儀をおこなう遺族が右往左往する様子がユーモアを交えて描かれ、登場した葬儀社の社員は、そのなかでもやや暗い印象を残し、かつ主人公ではなかった。それに対して『おくりびと』の主役は、厳密には葬儀社の社員ではなかったが、『お葬式』に登場したときのイメージとは異なっていた。納棺師の仕事は、厳粛な死を扱う者として描かれていて、まさに「心」を扱う職業というイメージを構築していた。その一方で、主人公の妻からはその仕事への理解がなかなか得られず、仕事を辞めてほしいと懇願されている様子も描かれていた。

原点としての「葬祭文化」

初期の全葬連の大会でたびたび登場していた「葬祭文化」という言辞は、一九八〇年代の大会からあまり使われなくなっていく。九五年の四十周年の大会のときにもこの言辞は見当たらない。そのときの宣言を見てみよう。

我々は今日まで、葬祭事業の真の担い手としてその事業を通じ社会的使命を果たしてきた。高齢化社会を迎えた現在、葬祭サービスへの社会的関心は一段と高まっており、葬祭事業者の役割と責任はますます重大なものとなっている。我々は今、創立四十周年を契機として、更に一人ひとりがその使命の重さを再認識し、常に自らを律し、たゆまぬ研鑽を積み、厳粛なる儀式の執行に携わる者としてよりふさわしい人格と識見をみがき、公正かつ秩序ある葬祭サービス事業の確立を図り、もって、生活者の期待と要請に応えるとともに社会・公共の福祉により一層の貢献を果たすことを宣言する。(100)

「高齢化社会」と「葬祭サービス」という表現がセットになっている。全葬連では、たびたび「公共」「福祉」という言辞を使ってきたが、「高齢化社会」とともに使ってきたわけではない。自らの事業の正当性を社会や行政へ訴えるための必死のアピールだった。一九九〇年代には、高齢化社会という現実のなかで葬祭への「社会的関心」が高まり、葬祭サービスは、「福祉サービス」に近い事業であるという自らの事業の正当性を主張する機会に恵まれた。したがって、ここでの「社会・公共の福祉」はかつてのような意味とは異なると考えられる。このことは、「葬祭サービス」という言辞は登場するが、「葬祭文化」は登場しないことからも見て取れる。

ただし、二〇〇五年の五十周年記念大会では、「葬祭文化」ではなく「葬儀文化」とリニューアルして使っている。以下に抜粋してみる。

戦後、六十年を経過し、日本社会は大きく変化し、家族のありよう、精神文化、ライフスタイルのありようも大きく変容しつつあります。おかげさまで全葬連は創立五十周年を迎えました。これを機に、日本の葬儀文化の健全な形成のために、生活者の方々の信頼に応えて、真に生活者の身になる葬儀サービスの提供のために、所属千五百三十五事業者とともに、組織を挙げて取り組んでまいります。(略)私ども全葬連は、いのちの尊厳、ご遺族の悲しみ、一人ひとりの生活者の身になったサービスを何よりも大切に考える葬儀社の全国ネットワークでありたいと考えております。これを今後の指標にして次の時代へ向かっていきたいと考えております。生活者お一人おひとりの声に耳を傾け、宗教者の方々のご意見もちょうだいし、お一人おひとりに合った、いいご葬儀を支援できるよう努めてまいります。(101)

「いのちの尊厳、ご遺族の悲しみ、一人ひとりの生活者の身になったサービス」のなかにもある「生活者の身」という言葉に象徴されるように、大衆の「必要(ニーズ)」に応じるという一九九五年の宣言にも登場した公共的・福祉的な事業としてはたらきかけることの重要性がより強く認識されるようになったと考えられる。

　また、この大会では「葬祭文化」ではなく、「葬儀文化」という表現が用いられている。五十周年という全葬連の位置づけを対外的にアピールするような機会で使われたわけだが、それは、かつてのように行政に抵抗して、自らの歴史的・文化的立場を主張するための「葬祭文化」としてというよりも、サービス業として「葬儀文化」の形成に取り組むことが意識されているようだ。したがって、葬祭業界は、ローカルで宗教的な「伝統」としての「葬祭文化」からある一定の距離をとっていると考えられる。

　二〇〇五年の五十周年記念大会では、組織として取り組む課題十二項目を明らかにしている。以下、そのまま抜粋するが、そのなかの項目に、「人々が育んできた葬儀文化を大切にする」とある。サービス業として行政から位置づけられた葬祭業界にとって、「葬儀文化」は確固たる「伝統」として存続していくものではなく、宗教と折り合いをつけながら新たな文化装置として育まれていくものと捉えられるようになったといえるだろう。

①葬儀をとおして〈いのち〉の大切なことを訴える。
②人々が育んできた葬儀文化を大切にする。
③地域の生活者に対して葬儀に関する情報を積極的に公開し、よき相談相手になる。
④それぞれの遺族の想いを大切にした葬儀を行う。
⑤生活者個々の事情に合ったきめ細かいサービスを提供する。
⑥伝統文化を大切にすると同時に、多様なライフスタイルに合った葬儀スタイルの開発に努める。
⑦生活者の視線でわかりやすい価格表を作成し、葬儀費用で不信感を抱かれない、明朗な価格表示を行う。
⑧ご自分の葬儀の心配をなさる方のために、お一人おひとりの意思を尊重した生前予約制度を確立する。
⑨大規模災害に対して緊急に支援できる態勢を整える。
⑩葬祭ディレクター技能審査制度を生かし、葬祭従事者の一層の資質の向上に努める。
⑪遺族の心のケアのために研究、教育、支援を行う。

⑫生活者の方々、遺族の立場に立った安心のサービスに努める。[102]

社会の心理主義化とともに「心」に注目してきたことが、組織として取り組む課題として、明確に「遺族の心のケア」という言辞に示されている。これまでも遺族への心理的なケアをおこなうことを漠然と意識していたのだろうが、五十周年記念大会での宣言のなかに課題として出したことで、戦後すぐの頃に意識されていた福祉的な事業とは異なる意味で福祉やケアへの意識が顕在的になったと考えられる。つまり、事業における公共性というよりも、「個々の」や「お一人おひとりの」といった表現に見られるような個別的なケアへの意識である。このことは、遺族が葬儀を執行するというだけでなく個人が自らの葬儀を考えるという「生前予約制度の確立」に現れている。個人化した社会のなかでの葬儀という方向性が見て取れる。

一九九〇年代から二〇〇〇年代には、こうした公共的・福祉的な事業という側面から考えるうえで欠かすことができないシステムが整い始める。それが葬儀の「生前契約」である。一九九三年にNPOりすシステムが、九五年に東京海上火災の関連会社と全国の葬儀社十社でこの分野に参入した。また、全葬連もif共済会をスタートさせた。冠婚葬祭互助会は、葬儀の生前契約といえるが、葬儀料金のオプションや飲食費用などの変動費用を除いた基本葬儀料を積み立てて準備するのであって、葬儀費用全額を積み立てるわけではないため、「生前予約」と捉えられている。[103]しかし、二〇〇五年の全葬連全国大会で出された課題にもあるように「生前予約」と「生前契約」は、明確に使い分けられているとはいえない。

本章では、葬儀の準備をおこない、契約を結ぶという意味で「生前予約」と「生前契約」を便宜上、ほぼ同じものとして扱い、文献などの引用以外のものは、一括して「生前契約」と呼んでおく。

「生前契約」は、もともとアメリカで広まっていた。高齢期での葬送の生前契約について研究した北川慶子によると、北川が生前契約を紹介した一九八九年には日本でその言葉自体がほとんど認知されておらず、日本でもそうした動向が見られ始めたのは九〇年代だという。さらに、アメリカでの生前契約の担い手と日本での担い手について北川は調査していて、アメリカのフューネラル・ディレクターに関して「フューネラル・ディレクターは葬儀社になくてはならない専門資格であり、葬儀式をおこなうばかりでなく、葬送に関する相談、生前契約の締結ができるという役割をもつ。かつて、生前契約が銀行口座を用いた信託契約が全盛の頃まではフューネラル・ディレクターだけでなく、無資格者で通常カウンセラーと称するスタッフが生前契約を扱ったりもしていたが、保険利用の生前契約が主流になるにつれて、保険利用の生前契約は、葬儀社でフューネラル・ディレクターしか扱えなくなってしまった。それによりフューネラル・ディレクターはより専門性の高い専門職と認識されるようになってきたのである」(104)と述べている。

北川の調査によると、実際に日本で生前契約の担当者を配属している会社では、その担当者の人選をおおむね「①葬儀の専門知識を有するもの、②金融知識（保険、金銭信託など）をもつもの、③カウンセリングの教育を受けた経験があるもの、④冷静に消費者の意見を聞くことができるもの、⑤相手の要望を正確に理解できる者、⑥穏やかな性格のもの、⑦営業手腕のあるもの、⑧地域の葬儀に精通したもの、⑨現在の葬儀や宗教に疑問をもつもの、⑩葬送の意義を理解しているもの」(105)としていると報告されている。②③④⑨などは、葬儀は、宗教的な儀礼というよりも消費者にとっての儀礼という立場に立てるような人材を想定していると考えられる。

現在、会社単位だけでなく事前相談員資格制度などを作り、日本でもアメリカと同様のことが進行しているといえるだろうが、現時点では、葬祭ディレクターにおいてアメリカのような専門性が獲得されているというよりも消費者重視の方向が打ち出されているにとどまっている。

消費者重視は、「全葬連　葬祭サービスガイドライン」が二〇〇七年に制定されたことからもわかる。この「葬祭サービスガイドライン」は、①消費者向けの「葬祭サービスガイドライン（消費者に向けて）わたしたちの誓い　葬祭サービスをご利用になる皆様へ」と、②葬祭事業者向けの「葬祭サービスガイドライン」、そして③「葬祭サービスガイドラインの実践にあたって」、④「葬祭サービスガイドライン生活者への宣言」とがある。「消費者」と「生活者」というどちらも遺族になりうる可能性がある人々をわざわざ分けてあるが、生活者はおそら

図8　東京の増上寺でおこなわれた東日本大震災犠牲者合同慰霊祭会場を案内する看板

く葬儀で遺族になっていない場合も想定してのことだと考えられる。このうち、注目されるのが、①の消費者向けと②の葬祭事業者向けである。①と②のガイドラインには、「1．はじめに」という項目があるが、③と④にはない。この①と②の「1．はじめに」に書いてある内容について簡単にふれておこう。

まず、①消費者向けのものには、次のようなことが書かれている。「私たちは、葬儀において最大限に尊重されるべきことは、故人の尊厳、ご遺族の悲しみ、集う人々の想いであり、それぞれの信仰・信条の自由であると考えます。私たちは、何よりもまず、それぞれの故人の意思、ご遺族の想いに耳を傾けたうえで葬祭サービスを提供します。関係法令を遵守し、ご遺族・消費者の皆様にとって必要な情報を積極的に提供し、ご遺族の消費者としての権利を擁護します。葬儀は、亡くなった方を弔い、惜別し、いのちの尊厳を確認するために行われるものです。人類の歴史で、死者を弔うために人々が心を尽くし、葬送文化を育んできました。私たちは、葬送文化を正しく継承するよう努めると同時に、葬儀に対する個々の多様な価値観を尊重し、それぞれに適応した葬祭サービスを提供します」[106]。関係法令の遵守とは、景品表示法、刑法、墓地・埋葬などに関する法律、消費者契約法、個人情報保護法である。ここからわかるのは、遺体と遺族の消費にかかわる事業者として、故人の意思を尊重し、「遺族の消費者としての権利」を擁護するということである。「葬送文化」の継承は表明しているが、現実的なトラブルでの情報提供と消費者権利の擁護が念頭に置かれている。

②葬祭事業者向けの「1．はじめに」では、「近年、テレビや新聞などにより葬祭サービスに係る消費者トラブルや苦情が増加していることが相次いで報道され、葬祭事業者の信憑性が問われている。公正取引委員会は、

こうした状況を踏まえ葬儀の取引実態を調査し、平成十七年七月「葬儀サービスの取引実態に関する調査報告書」を発表し、葬祭関係事業者に対し適切な対応と公正かつ自由な競争の促進を求めている。また、平成十八年六月、独立行政法人国民生活センターから、業界ガイドラインなどの整備、消費者トラブルに関する相談窓口の整備、葬儀知識・情報の提供に関する環境の整備等に努めるよう要請されている」(107)と書かれている。

ところで、二〇〇五年の五十周年記念大会時、大規模災害時の体制を整えることを課題としていたが、その六年後、一一年に東日本大震災が起きた。全葬連や全互協は、自治体と災害協定を結んでいて、木棺の供出などで協力している。また、図8にあるように合同慰霊祭も執行している。さかのぼること一九九五年の阪神・淡路大震災でも、現場で棺を作るなど協力していた。死者を出さない防災はもちろんだが、実際、多数の死者が出たときの対応についても考える必要がある。ただ、いつ起きるかわからない災害よりも目の前に迫ってくる高齢期から死までをリスクとして考えるように煽られている面がある。

6　リスク消費としての終活ブーム――二〇一〇年代以降

公正取引委員会の調査によって、葬祭サービスガイドラインが作成され、消費者重視の方向性は鮮明になった。こうした消費者重視の傾向とともに生前契約や事前相談が近年増加しているといわれている。

二〇一七年発行の「第十一回「葬儀についてのアンケート調査」報告書」によれば、「葬儀社に事前に相談して」葬儀を決めていた人は全国平均で一七・三%、「その時になってから初めて相談した」人は六七・六%、「仲介業者（インターネットなど）に事前相談していた」は〇・四%だった。(108)ただ、死亡時期が予測しにくい葬儀で、事前に葬儀社に相談する人が一七・三%もいるということは決して少ないとはいえない。今後、事前相談や生前契約が着実に増えていくと予測される。

この事前に相談する動きに呼応するかのように、事前相談員資格制度が葬祭業界でスタートしたのである。葬儀サービスの「購買」には、一般の商品やサービスのそれとは決定的に異なる要素があるという。それは、「消費者は、見積に先立ち、葬儀の施行を依頼する葬祭業者をすでに決めている。つまり、見積の結果に応じて葬儀業者を決めるわけではないのである」[109]ということである。したがって、「見積時の打ち合わせは、葬儀サービスの内容や料金を決めるための重要な実務でありながら、自らの意思を表明する余地を狭めざるを得ないような状況に消費者を置いてしまっているかもしれない」[110]と指摘している。

現時点では、多数派である「その時になってから初めて相談した」という人々は、どのような消費傾向にあるのだろうか。価格と時間に表れる葬儀消費の特徴としては五点を挙げることができる。①消極消費、②緊急消費、③経験消費、④間接消費、⑤長間隔消費である。[111]

現代の日本でも、生きているうちに葬儀を決めるのは「縁起でもない」という見方が根強い。しかも、確実な死亡時期が予測できるわけでもない。したがって、死亡が確認されてから準備をおこなうことも多く、事前に葬儀社を比較して選ぶとはかぎらない（＝①消極消費）。

また、死亡から葬儀終了まで遺族の要望などを聞きながら時間をかけておこなうというよりも、火葬場の予約日と時間に従って通夜・葬儀の日時のスケジュールが決定されることも多い。筆者がフィールドワークをおこなっていた会社では、個人葬の場合、死亡してから一週間以内におこなわれるケースが多かった。したがって、現在のところ少ない時間のなかで葬儀についての選択を迫られ、判断している（＝②緊急消費）。

さらに、葬儀をどのようにおこなうかを決定するとき、死者の生前の社会的地位や交際範囲を考えて、どこまでの人々に知らせるかが会葬者の人数などを左右することになる。これらについては、経験を通してはじめてわかることも多いものの（＝③経験消費）、何度も経験するようなものではない（＝⑤長間隔消費）。このことは、葬儀費用を出す遺族がどのような葬儀をおこなうかなどの決定権をもっていてもそれを十分行使できる状況とはかぎらないことを示す。そのため、遺族だけでなくその関係者や葬祭業者のアドバイスに左右される場合もあるだろう（＝④間接消費）。

このように葬儀は、生涯何度もおこなうものではなく、また長時間かけて判断・決定することができないため、遺族らがおこないたいと思っていた葬儀と実際の葬儀が違うということも起こりうるだろう。

家族が亡くなってから葬儀社を決定し、見積もりが出されるということはそれだけ選択の余地を狭める。他の葬儀社でおこなっていれば、別の葬儀ができたかもしれないということを消費者は考えてしまうだろう。しかし、生きているうちから複数の葬儀社から見積もりをとって比較すれば、葬儀は緊急消費ではなく、「予測可能な消費」であり、長間隔消費ではなく、「長期間消費」となる。

終活と葬儀不要論の再浮上

二〇一〇年、ＮＨＫであるドキュメンタリー番組が放映され、話題となる。単身世帯が増え、孤独死、無縁死も増える『無縁社会――〝無縁死〟三万二千人の衝撃』である。このドキュメンタリーでは、死後の遺品を整理し清掃する「特殊清掃業」という業者も登場する。孤独死の不安を煽ることと呼応するかのように、近年では、「終活」という言葉が浸透し、もはやブームとさえいえないところまできている。終活カウンセラー協会もあり、認定資格までできた。クラブツーリズムという旅行社は一二年から終活をテーマにした講座をおこない、終活カウンセラー協会監修のもと『迷惑をかけない死に方・終わり方の準備』[112]を出版している。また、「終活読本　ソナエ」という雑誌が二〇一三年に産経新聞出版から創刊され、散骨や供養など様々な特集記事を組んできた。出版物だけにとどまらず、産経新聞社では、墓地紹介サイトまで運営している。巷は終活情報であふれている。

二〇〇九年頃、大手スーパーマーケットのイオン（イオンライフ）は葬儀社と提携して葬儀の窓口受注を始めた。これは、いわゆる葬儀社を紹介する紹介事業である。しかし、イオンは、それだけではなく終活セミナーや相談会を開催している。かつてデパートが葬儀の相談コーナーを設けたのとは異なり、葬儀だけではなく相続、保険、仏壇・仏事、遺品整理、葬式、供養とまさに死に伴って発生する実務を含む全般的な相談ができると謳われている。[113]

他分野からの参入は、祭壇や棺桶などの原価償却による利益率の良さや葬儀社側と遺族側との情報の非対称性への着眼にある。『「葬儀」という仕事』を書いた小林和登は、葬儀の価格は同業他社と似ているが、基本的にはそれぞれの会社で決めていることを明かし、例を挙げながら祭壇の原価とその利益の仕組みについても述べている。さらに、葬儀社は遺族と通夜・葬儀について決める際、遺族から依頼されれば僧侶を紹介することもできるが、そうした葬儀社から紹介される僧侶の何人かにキックバックはいらないからお布施の額を安くしたらどうかと提案したところ、僧侶からは「お布施の額を安くすると他でも安くしなければならなくなる」[114]と断られたという。率直に書いているといえるが、これらを読むと僧侶と葬祭業者が結託しているというイメージを読者に抱かせかねない。ただ一方で、この書籍には、消費者側の批判が事業者に向けられていることをよく知ったうえでの啓蒙になっている面がある。つまり、葬祭業者自身による事業者批判を展開し、賢い消費者になるための広報活動ができるのは宗教者ではなく葬祭業者であることを示し、お布施の価格を決め、自らキックバックを申し出る宗教者とは一線を画し、遺族側に近い立場にあることを伝えているのである。こうした消費者側に立った広報活動という点で紹介事業などの参入の余地が生まれる。

ところで、一般的に終活という場合、葬儀ばかりを指すわけではない。「ライフエンディング」という時期を指す言葉が本書でも何度か登場しているが、実際、その時期に発生する高齢期の当事者の身体的・経済的・精神的な諸問題について、事前に準備する活動全般を「終活」と称している。こうした今日の終活ブームを支えるうえで欠かすことができないものになっているのがエンディングノートである。

一九九三年にエンディングノート（マイ・エンディング・ノート）を紹介した家族社会学者でNPO法人エンディングセンター理事長の井上治代によると、特に葬送に関して書き込むように作られたノートで、葬祭業者向けの情報・企画提供や商品を開発して卸している名古屋のセキセーという会社が葬祭業者向けに作っていたという。[115]

現在、書店で売っているものからインターネットでダウンロードできるものまであり、葬送についてだけでなく、様式などは異なるものの、自分史、がんや脳死のときの対応、介護の準備、財産目録、葬儀形式、死亡を知らせる人、墓、遺産相続の分配（分配の希望）などの項目が挙げられる。つまり、自らの死と死後をデザインし、法的効力がない遺言を書くという行為である。エンディングノートの記述内容は、自らだけで遂行されるわけではない。つまり、エンディングノートを見た家族や事業者・専門家などがそれらを遂行していくのだが、法的効力がないため、必ずしもノートどおりにおこなうことは約束されていない。にもかかわらず、なぜ、こうしたノートを書こうとするのか。

『エンディングノートのすすめ』の著者である本田桂子は、エンディングノートを書いた人の事例を挙げ、「四十代、五十代の方も多い」と述べている。それらの事例を読むと、親や友人など身近な人が亡くなったことや自分の病気、仏壇会社のセミナー受講がきっかけの場合もあれば、また国際結婚など特殊な事情によるものなどがある。自らの病気をきっかけに親子で書いた事例も紹介している(116)。

本田は四十代、五十代も多いと指摘しているが、経済産業省の調査によると、エンディングノートの認知度と作成経験は、年代が上がるほど割合が高くなっている(117)。本田の事例や経産省の調査から見えてくるのは、エンディングノートに興味をもっている人々は、年代に限らず自らの死を予感しやすい人々ということなのだろう。本来であれば、家族や遺された人々が考えることを、自らが「死」に向かいつつあると感じたとき、死にまつわる実務的なことを考えることで安心して「死」を迎えられる準備ができたかのように思えるのではないか。

エンディングノートは家族に読まれることを想定しているが、その想定そのものが家族とのつながりを感じることでもある。むろん読まれたくないこともあるだろうが、基本的には家族や誰かに読まれることにこそ、エンディングノートを書く目的がある。自分の死後をデザインするが、それは自分のためというよりもそれを託すのが自分以外の他者であるからこそ、ノートが作成される。

エンディングノートには自分の葬儀形式や関係者への連絡などについて書く欄があるが、葬儀そのものを不要とする人々も一定数いると考えられる。二〇一〇年には、島田裕巳が『葬式は、要らない(118)』という本を出し、葬式仏教や葬儀の簡略化、直葬などの傾向について紹介した。直葬は、死亡後、二十四時間は安置しなければならないが、その後通夜や告別式などをおこなわず、火葬するにとどまる場合をいう。火葬場で僧侶に読経などしてもらう場合もあるが、必ずしもそうとはかぎらない。実際、この直葬を選択する人がどのくらいいるのかというと、正確なところはわからない。

ただ、先述した「第十一回「葬儀についてのアンケート調査」報告書」では、家族葬（親族だけ、あるいはごく親しい人だけ）や直葬について尋ねている。「一般葬（近所・友人・勤務先関係なども参列）」は五六・六%、「家族葬（親族のみ、あるいはごく親しい人のみ）」が三五・四%、「直葬（通夜・告別式をしない葬儀）」が占める割合は二・〇%だった。このアンケート調査は、一九八〇年代からおこなわれているが、今回の調査で初めて直葬について尋ねている。このことは、葬儀の簡素化の流れが止められないところまできているという認識によるものだろう。葬儀の簡素化という点でいえば、葬儀一式費用についても尋ねていて、二〇一七年で回答率が最も高かった平均金額の価格帯は「九〇万一円～一〇〇万円」の一一・九%で、次いで「四〇万一円～五〇万円」の七・六%であった。[119] 一四年の同調査で回答率が高かったのは、同じく「九〇万一円～一〇〇万円」の四・五%で、次いで「百四〇万一円～一六〇万円」の四・三%だった。[120] この平均額の回答率からいうと、葬儀一式にかける費用は抑制的になってきていて、簡素化という流れも首肯できる。

戦後、葬式無用論が出た後、葬儀が簡素化するどころか逆行してしまうような方向へと進んだが、現代の直葬といった葬儀の簡素化の流れに葬祭業界はどう対応していくのだろうか。

紹介事業という新規参入と実態把握――二〇一〇年以降

近年では、イオンなどの大手スーパーが参入したことにふれたが、それに対して全葬連はどう対応したのか。葬儀紹介業務をおこなっているファミリーマートやイオンリテールに対して参入を断念するよう要望書を送っている。全葬連としては、葬儀は公共的・公益的な仕事であり、葬送儀礼文化の重要性から営利目的の小売事業者の参入は葬儀業界を混乱させるということであり、この要望書には、そうした葬祭事業の特性と新規参入業者の営業での違和感が書かれている。

要望書には、まず「お葬式は日本全国、それぞれの地域で古くから続く慣習やしきたり、その地域で受け継がれてきた伝統・文化等格式のある儀式であり、しかも社会的にも公共性・公益性が高い業種です。また、社会的に必要不可欠なもので、命の大切さや尊厳を実感する意味合いから現代の社会教育、家庭教育の一端を担っていて、人が奉仕することではじめて「葬祭サービス」は成り立ちます」とあり、新規参入業者への違和感については、「従って、貴社の店舗の端末機或いはネットショッピングを利用しての葬儀発注は極めて現実離れしたものであり、葬祭業界全体を混乱させる以外の何物でもありません[121]」としている。つまり、地域に根ざした文化であること、儀礼に関するサービスは対面的な相互行為によって成立すると指摘している。

たしかに、インターネットを介した紹介事業は、そうした対面的相互行為を変える可能性がある。インターネット経由で葬儀社のウェブサイトからアクセスし、依頼することで可能になっていて、「人が奉仕する」こととインターネットを介した紹介事業自体の問題とを結び付けられるかどうか、批判の根拠となりえているかどうかはわからない。

結果的にはイオンは葬儀社紹介事業を始めたわけだが、スーパーマーケットという小売事業が庶民に近い感覚で参入することの意味は、葬儀の価格設定を変える可能性があること、そして経済的合理性が推進される懸念が生じることにある。こうした小売事業の参入は、葬祭事業の転換点になりうるだろう。

事業が転換点を迎えたなかで、二〇一一年、東日本大震災が起きた。それを受けて全葬連は棺、水や食料などの支援物資を送る。このとき、経済産業省サービス産業課との連携のもと、全国の各単組が木棺、納体袋を供出し、納棺、棺の組み立て、遺体の搬送補助、遺族対応などをおこなった[122]。公共性・公益性はどの事業でもある程度意識されるかもしれないが、災害という死が多く発生する事態では、遺体の搬送や遺族への対応という事業そのものの公共性が認識される。これらの諸対応は、自治体レベルでは手が回りにくい分野でもある。災害時に公共性が発揮されることは葬祭事業の特性でもあるが、そのことが取り上げられ、アピールされることは少ない。また、防災などで、死者数を想定しても遺族対応について事前に考えることは難しいのが現状である。

二〇一一年、経済産業省からライフエンディングについての調査報告書が刊行された。調査の詳しい内容は、別の章でふれているので言及は避けるが、この点について、葬祭業界ではどう受け止められたのか。

葬祭業は、事業者を規制する法律がなく、モラルに欠ける一部の悪質業者によるトラブルが報道され、生活者の不安や不信を招いている。また、経済産業省から発表された安心と信頼のある「ライフエンディング・ステージ」の創出に向けた研究会の報告書からも見てとれるように我々葬祭専門事業者は社会的使命として、生活者が安心して葬祭サービスを受けることができる環境を整備し、生活者の信頼を確保しなければならない。(略)我々は、この「全葬連　葬祭サービスガイドライン」を誠実に順守・実践し、生活者の要請に応えることをここに宣言する。(123)

「生活者が安心」して葬祭サービスを受けることができる環境整備は何を意味するのか。ここでは、最後に「全葬連　葬祭サービスガイドライン」を挙げているが、経済産業省の調査と同時期、葬儀の生前契約に力を入れる動きとして、「全葬連事前相談員資格」という業界内資格が二〇一二年にスタートしている。「葬祭サービスガイドライン」を全葬連の所属員に徹底し、事前相談ができるようになることで、イオンなどの新規参入による厳しい業界状況を改善し、また悪質な業者によるトラブルを防ぐことが目指されている。一二年の大会の宣言を見てみよう。

このたび、事前のご相談に対してより的確に対応し、ご満足をいただくと同時に、葬儀に対する安心と信頼を提供するための資格として、「全葬連葬儀事前相談員」制度を創設した。また、葬祭サービスの安心度を評価した「葬祭サービス安心度調査二〇一二」を実施した。（略）我々は、この「全葬連　葬祭サービスガイドライン」を誠実に順守・実践し、生活者の要請に応えることをここに宣言す。(124)

「全葬連葬儀事前相談員」の第一回の実施要項では、事前相談が増えていることが資格導入の背景にあるが、この資格の実技試験を受験後の認定資格になっている。事前相談は、接客サービス（接遇）中心の講習を受け、筆記試験と接遇がアメリカのような専門職化に一役買うのか、生前契約を扱う際の登録資格制となるかどうかは、現状では不透明だ。生前から死後までのトータルなサービスを提供し、金融知識などを提供する専門職化の方向と接遇やグリーフケア中心の方向、それらをあわせて認定していく可能性もあるだろう。

近年の終活ブームとともに葬儀の事前相談や生前契約も注目されているが、それについて具体的な言辞として現れた二〇一四年の大会の宣言を見てみよう。

私たちの葬祭業界は現在、異業種からの参入に加えて、インターネットを活用した葬儀仲介業者の台頭が勢いを増している。また、地域によっては参列者の少ない身内を中心とした「家族葬」が大きなウエイトを占める等、ここ数年で私達を取り巻く環境は大きく変化している。

このような時代だからこそ、全葬連では生活者からの事前の相談に対して真摯に対応し、葬儀に対する「安心」と「信頼」を提供するために「全葬連葬儀事前相談員」資格制度を創設した。

また、葬祭業界の健全な育成・発展に寄与するための業界の自主ルールとして「全葬連　葬祭サービスガイドライン」を定めるとともに、生活者に対してよりわかりやすく解説した「葬祭サービスを利用される皆様へ　わたしたちの誓い」を制定し、継続して生活者への普及・浸透を図った。(125)

それまでの大会でも決議事項で異業種からの参入にふれていたが、前記からは、そうした業界の危機感が如実にうかがえる。かつて新生活運動による葬儀の簡素化やアウトサイダーとして冠婚葬祭互助会、三越などの他業種からの参入などへの危機感について大会の宣言でふれていたが、二〇一四年の大会でふれているのは、遺族から電話を受けるという直接的なやりとりを変えるようなインターネット上の仲介業者への危機である。また、「家族葬」という身内や親しい人だけでおこなう葬儀形式が定着しつつあるが、それを環境の変化と捉えている。

戦後の新生活運動の際は、政府が葬儀を簡素化できる儀礼と判断し、業界にとって対抗的アクターでもあったが、「家族葬」の場合、葬祭業者が消費者の声を汲み取った結果として一般葬をしのぐ勢いになった。したがって、消費者や遺族が家族葬を求めることを業界側が否定することはできないが、業界側が考えたこととの間に齟齬が生じているからこそ環境の変化という認識を示したといえる。

さらに、二〇一六年の全葬連全国大会では、次のような宣言を出している。

近年、実態がない葬儀紹介事業者が台頭し、消費者が葬儀を依頼した窓口と実際の施行業者が異なることがあり、しばしばトラブルに発展している。消費者保護の観点からも行政等が葬儀を施行した業者を把握することが重要であると考える。

一方、グローバル化が進展し、日本国内でもこれまで経験のない感染症の拡大等が懸念されている。また、一部地域では死亡者数の増加等によって火葬までの日数がかかり、ご遺体の保管が長期化している。知識を持った事業者の育成、公衆衛生面や従業員の安全確保の観点からも早急な対策が望まれる。

全葬連ではこうした問題に対処するため、「全日本葬祭業政治連盟」(葬政連)、「葬祭業の健全な発展を支援する議員連盟」他関係機関と連携のもと、法制化を目指し、消費者に開かれた透明性の高い業界を確立することをここに宣言する。[126]

「実態がない葬儀紹介事業者」という対抗的アクターだが、この葬儀紹介事業は、別の大会でも指摘されていた、インターネットの紹介事業などが主に考えられる。

これへの対策として「行政等が葬儀を施行した業者を把握することが重要である」と述べている。葬祭事業者の実態を行政などが把握するためには、「法制化を目指し、消費者に開かれた透明性の高い業界を確立」することと書かれていて、全日本葬祭業政治連盟、「葬祭業の健全な発展を支援する議員連盟」の組織化などもこうした事業者の実態把握を目指すものであり、もしこれが実現すれば、既存の葬儀社だけでなく葬祭業界への新規参入自体が把握されやすくなる。

繰り返しになるが、葬祭業を許可登録制にすることは、これまでも何度となく議論されてきているものの、いまだ実現しておらず、冠婚葬祭互助会のように実態把握ができていない。そのため、中段にも書かれているが、従業員が何らかの感染症に罹患した場合でも、会社内では把握できたとしても、そうした情報が行政機関などに集約されるわけではない。こうした実態把握について、全葬連大会で言及することは、これまでにはなかった新しい傾向である。

また、ｉｆ共済会は生命保険会社と連携して葬儀の事前準備や契約、葬儀時の弔慰金を出すというサービスだが、葬儀にとどまらず、二十四時間三百六十五日対応の相談ダイヤルサービスがあり、健康のことから相続まで相談できるようになっている。さらに、オプションとして家事代行紹介サービス、定期的に安否確認ができるサービスなど生活にかかわるサービスを提供している（一部有料）[127]。こうしたサービスを通して、葬儀の生前契約だけでなく老いと生にかかわる事業へと拡大していく。戦後とは異なる意味での公共・福祉を掲げ、葬祭業界の福祉サービス提供を推進し始めたのである。

まとめ

戦後の葬祭業界の歴史を振り返ってみると、葬祭業界は対抗的なアクターと葬祭サービスの消費者によって、サービスの開発と福祉的な側面の両輪を動かしてきたといえる。同時に葬祭業の行政的位置づけと社会的な地位を向上させるという、自らの事業の両義性をいかに正当化していくかという伏線を張っていた。ひとまず、次の二点が指摘できるだろう。

一点目としては、戦後一貫して葬祭業界は、葬祭事業の行政的位置づけを模索し、かつ許可・登録制事業にしようとしていたことである。許可・登録制については、様々な新規参入事業との関連でより強く意識されることが多い。また、葬祭業の行政的位置づけと現在の社会的地位は不可分な関係にある。冠婚葬祭互助会がサービス業であったことから葬祭業がサービス業として行政的に認められることが当然のように思われるが、遺体にかかわる事業という点で、厚生労働省（当時、厚生省）所管という可能性もあった。一見、その地位をおとしめかねないサービス業として認められることさえも、当時は、むしろ地位向上のために強く望まれていたことがわかる。

二点目としては、「消費者」の存在と商品開発との関連である。地域的慣習や伝統の継承と新たな葬儀商品の開発という一見、伝統を自ら壊すような事態を招きかねないことを、「消費者」「生活者」「遺族」という顧客を指す言葉の多様な使い分けによって着実に商品開発を進めてきた。さらに、葬祭だけではないサービスの開発は、全葬連大会の宣言などに鑑みると、一九七〇年代頃から考えられていたのではないかと推測される。

一九六〇年代には葬祭業の商業主義が批判され、七〇年代からは大衆消費社会の到来とともに葬儀の商品化がいっそう進み、見せる葬儀が盛んになる。そして、多くの人々に参列してもらう葬儀は、「死者の人格」や「人徳」の象徴とされていた。つまり、戦後の新生活運動によって商品化された葬儀が社会のなかに浸透していくことで、人格や徳（利他性）を表現するような葬儀という認識が生み出されていた。さらに、八〇年代には、商業的に死にかかわる葬祭業が宗教者を仲介し、宗教的な儀礼を担保するという逆転現象が見られた。一九九〇年代以降、「人格」や「心」に注目が集まったように、葬祭業界でも「心」が重要なテーマとして受け止められるようになった。この「心」は、「癒やし」や「ヒーリング」という言葉とともにそれを謳った商品が消費される傾向としても表れている。こうした社会の心理主義化によって遺族の心理的ケア、グリーフケアへの注目も高まった。

葬祭事業が公共的・福祉的な事業であることを主張することは戦後から意識されていたが、それらを用いる意図や意味にはその時々の社会状況を反映した変化が見られる。戦後、生活保護法での「葬祭扶助」や都民葬のように都民のための安価な葬儀をおこなう意味での公共的・福祉的事業という位置づけを図っていた状況とは異なり、現在は葬儀自体をおこなうことさえ消費者に委ねられ、逆に葬祭業者が介護事業に参入して行政やほかの事業者と連携するといった葬儀の前後を結び付けるような形での福祉的な事業という位置づけを示し始めている。また、こうした流れは、近年でも他業界の新規参入とともに起きていて、葬祭業界も行政による葬儀施行の実態把握を目指している。

乳幼児の死亡率が高かった時代の死は、医療の未発達によるものであり、個人的な責任ではなかった。高齢期での死がすでに一般化した社会では、本来、個人的な責任ではないはずの死を個人的な責任として引き受ける「質的に新しい死」となり、リスクの結果としてだけではなく、ある一定規模で生じるリスクそのもの（確実に死に至るリスク過程）とみなされる。

つまり、「高齢期の死」を生物学的で自然な現象と考えれば、致命的な損失という不安を抱えずにすむが、確率論的なリスクとみなされることで、できるだけ避けたい、寿命を延ばしたいと考えてしまうことになる。老いや死が社会のなかで盛んに取り上げられる一方、それらは避けたい不幸やリスクそのものとみなされ、排除される。この排除される時期をライフエンドという時期として再構成し、確率論的なリスクの損失や不幸を専門家・

事業者が提供するサービスを消費者が買う消費行動によって回避させるというのが、経産省のライフエンディング調査の意図だろう。今後、介護から死後に至るまでのプロセスは、まさしくシームレスになり、ケアや福祉的な領域と商品的な領域が曖昧になっていくと考えられる。

注

(1) 前掲『モラルとマーケット』一七—三六ページ
(2) 中村政則『戦後史』(岩波新書)、岩波書店、二〇〇五年、一六九—一七五ページ
(3) 経済企画庁編『国民生活白書 昭和48年版』大蔵省印刷局、一九七三年、四三一ページ
(4) 同書三九二ページ
(5) 国立社会保障・人口問題研究所編『人口の動向 日本と世界——人口統計資料集2017』厚生労働統計協会、二〇一七年、一四一ページ
(6) 同書七九ページ
(7) 平成二十年人口動態調査「上巻5—15 性・年齢別にみた死因年次推移分類別死亡数及び率(人口10万対)」(https://www.e-stat.go.jp/stat-search/files?page=1&layout=datalist&lid=000001191145)[二〇一八年二月二十七日アクセス]から筆者作成の図6を参照。
(8) 前掲『人口の動向 日本と世界』七九ページ
(9) 前掲『現代日本の死と葬儀』一八六ページ
(10) 一九八六年度のデータは、通商産業大臣官房調査統計部「昭和六一年特定サービス産業実態調査報告書 葬儀業編」(一九八七年)、四ページ参照。二〇〇二年度のデータは、経済産業省経済産業政策局調査統計部「平成十四年特定サービス産業実態調査報告書 葬儀業編」(二〇〇三年)、一〇ページ参照。
(11) 前掲「平成十四年特定サービス産業実態調査報告書 葬儀業編」一〇ページ

(12)同報告書一五ページ
(13)五〇年史編集委員会『東葬協五〇年のあゆみ』東京都葬祭業協同組合、二〇〇三年、一五ページ
(14)区民葬は、東京都から補助金が出ているわけではなく、葬祭業者の社会貢献としておこなわれている。
(15)ジャン・ボードリヤール『消費社会の神話と構造』今村仁司/塚原史訳、紀伊國屋書店、一九九五年
(16)見田宗介『現代日本の感覚と思想』(講談社学術文庫)、講談社、一九九五年、一〇ページ、島薗進/石井研士編『消費される〈宗教〉』春秋社、一九九六年、二二ページ
(17)前掲『現代日本の感覚と思想』一〇―一一ページ
(18)同書一四ページ
(19)東京都新生活運動協会編『東京都新生活運動十五年のあゆみ――沿革と展望』東京都新生活運動協会、一九七三年、三―六ページ
(20)全日本冠婚葬祭互助協会十五周年記念事業特別委員会編纂委員会編『冠婚葬祭互助会四十年の歩み』全日本冠婚葬祭互助協会、一九八九年、三―六ページ
(21)前掲『現代日本の死と葬儀』二九一ページ
(22)同書二八五ページ
(23)ソースティン・ヴェブレン『有閑階級の理論――制度の進化に関する経済学的研究』高哲男訳(ちくま学芸文庫)、筑摩書房、一九九八年
(24)碑文谷創『死に方を忘れた日本人』大東出版社、二〇〇三年、一四〇―一四一ページ
(25)前掲『冠婚葬祭互助会四十年の歩み』五五ページ、通商産業省産業政策局サービス産業官編『サービス産業年鑑1986』東洋法規出版、一九八七年、七二九ページ
(26)前掲『死に方を忘れた日本人』一三九―一四〇ページ
(27)同書一四四ページ
(28)野坂昭如『とむらい師たち』(岩波現代文庫、「野坂昭如ルネサンス」第五巻)、岩波書店、二〇〇七年、二〇ページ

(29) 全葬連五〇年史編纂委員会編『全葬連五〇年史』全日本葬祭業協同組合連合会、二〇〇六年、七三ページ
(30) 同書七三ページ
(31) 太田典礼「葬式無用論、その後」では、会の結成後の反応について、葬儀を簡素化する傾向が現れたが、一方で、「これを営業とする葬儀屋は喜んで手をゆるめないし、それとタイアップする坊さんは、葬式仏教の非難を知らぬげに平然として祖先供養を強調し続けている」と批判している(大法輪編集部編『仏事葬儀の常識と問題』〔大法輪選書〕、大法輪閣、一九八六年、一四七ページ)。
(32) 柳田国男『明治大正史世相篇』(東洋文庫)、平凡社、一九六七年、二一一ページ
(33) 前掲『全葬連五〇年史』七三ページ
(34) 同書四五ページ
(35) 同書四八―四九ページ
(36) 同書五〇ページ
(37) 同書五一ページ
(38) 同書五一ページ
(39) 同書五二ページ
(40) ただし、火葬業に含まれていたという見方もある(同書一六四ページ)。
(41) 「昭和二十五年四月十三日　地方行政委員会議録」第二十号、一二ページ
(42) 前掲『全葬連五〇年史』五一ページ
(43) 同書七五ページ
(44) 二〇〇七年三月九日、全葬連専務理事(当時)のK氏へのインタビューから。
(45) 前掲『全葬連五〇年史』一六四ページ
(46) 同書一六四ページ
(47) 「SOGI」第三号、表現文化社、一九九一年、八三ページ
(48) 碑文谷創『「お葬式」の学び方』講談社、一九九四年、一五六―一五七ページ

(49) 前掲『死に方を忘れた日本人』一四〇ページ
(50) 公益社創業70周年記念誌編纂委員会『まごころの軌跡――公益社創業70周年記念誌』公益社、二〇〇二年、五九ページ。ただし、公益社はそれまで全く宣伝・広報活動をおこなってこなかったわけではなく、すでに一九三四年の室戸台風の折には、「お見舞い」という趣旨で「朝日新聞」に広告を掲載し、五〇年代（昭和二十年代後半）から地下鉄や市バスなどに弔句入りポスターを掲示していた（前掲『まごころの軌跡』四五ページ）。
(51) 前掲『全葬連五〇年史』九六ページ
(52) 前掲『全葬連五〇年史』一六九ページ
(53) 一九八〇年代のほうは、国民生活センター『葬儀サービスの実情と比較』（国民生活センター、一九八八年）、二七ページを参考にした。この報告書に記載されている役務は、札幌、仙台、東京、名古屋、大阪、広島、松山、福岡などの都市部の一般業者と冠婚葬祭互助会四十九社の葬祭業を対象とした調査に基づいていて、うち四十社以上が扱っている役務を本表では記載した。また、報告書では、「商品」として扱っていた「霊柩車」と「火葬」の手配は、役務サービスとして本表では含めた。二〇〇〇年代のほうは、筆者が東京都内でフィールドワークをした葬儀社で扱っていた役務を記載している。論文中の表にある「遺体にかかわるサービス」では、一九八〇年代のほうには「ドライアイスの処置」はないが、実際はおこなわれていたのではないかと推測される。
(54) 前掲「大正期東京における葬送儀礼の変化と近代化」四六ページ
(55) ただし、二〇〇〇年代での「お布施等の助言」については、筆者がフィールドワークをおこなった葬儀社の社員に聞いたところによると、具体的な金額の助言はしないとのことだった。むしろ、遺族に対してはお布施を渡すタイミングの助言をするにとどめていて、「お布施（の金額）について、僧侶に直接、尋ねても差し支えない」という趣旨の助言だけだった。
(56) 三省堂企画編修部編著『現代冠婚葬祭事典　特装版』三省堂、一九八七年、二三七ページ
(57) 公益社葬祭研究所編著『エンバーミング――新しい葬送の技術』現代書林、二〇〇五年、三四ページ
(58) 前掲『全葬連五〇年史』七六ページ
(59) 同書七六ページ

(60) 同書七八―七九ページ
(61) 同書八〇ページ
(62) 同書八七ページ
(63) 同書一〇〇ページ
(64) 鹿島茂『デパートを発明した夫婦』(講談社現代新書)、講談社、一九九一年
(65) 前掲『全葬連五〇年史』九一ページ
(66) 「昭和五十一年七月二十六日 第七十七回国会衆議院商工委員会議録」第十七号、七ページ
(67) 「昭和五十二年四月二十六日 第八十回国会衆議院商工委員会議録」第十七号、三七―三八ページ
(68) 前掲『全葬連五〇年史』九三ページ
(69) 同書一〇一ページ
(70) 同書三四ページ
(71) 読売新聞「読売全国世論調査」、内閣総理大臣官房広報室編『世論調査年鑑――全国世論調査の現況』所収、大蔵省印刷局、二〇〇〇年、四六二ページ
(72) 産経新聞社会部『葬送――時代をきざむ人生コラム』(現代教養文庫)、社会思想社、一九九六年、三四二ページ
(73) 同書三四二ページ
(74) 間々田孝夫『消費社会のゆくえ――記号消費と脱物質主義』有斐閣、二〇〇五年、二四七ページ
(75) 前掲『まごころの軌跡』七七ページ
(76) 全葬連ビジョン策定準備委員会『これからの葬祭業、これからの全葬連』全葬連ビジョン策定準備委員会、一九九九年、三〇ページ
(77) 独立行政法人国民生活センター「増加する葬儀サービスのトラブル 平成十八年六月二十二日」(http://www.kokusen.go.jp/news/data/n-20060622_2.pdf)[二〇〇七年十月十三日アクセス]二ページ
(78) 同ウェブサイト七ページ
(79) このガイドラインは、全葬連の所属員に適用され、ガイドラインを遵守した所属員は、「ガイドライン遵守事業者

名簿」に登録・公表される（平成十九年五月十五日制定「全葬連葬祭サービスガイドライン」二ページ）。

（80）天野正子『「生活者」とはだれか――自律的市民像の系譜』（中公新書）、中央公論社、一九九六年、一二八―一二九ページ

（81）同書一六三ページ

（82）村上泰亮「ゆらぎの中の大衆社会」「中央公論」一九八五年五月号、中央公論社

（83）同論文一六五―一六六ページ

（84）前掲『全葬連五〇年史』一二九ページ

（85）「SOGI」第三十四号、表現文化社、一九九五年、三二ページ

（86）同誌三二ページ

（87）同誌三〇ページ

（88）同誌三〇ページ

（89）同誌三一ページ

（90）二〇〇七年三月九日、全葬連専務理事（当時）K氏へのインタビューから。

（91）全葬連専務理事（当時）K氏が二〇〇七年九月十三日に配布したレジュメによると、六千六百程度と推計されている。

（92）前掲『死の儀礼』二八〇ページ

（93）「SOGI」第二十八号、表現文化社、一九九五年、三四ページ

（94）前掲「SOGI」第三十四号、三六ページ

（95）同誌三七ページ

（96）二〇〇六年八月十九日の二〇〇六年度専修大学文学部社会学専攻社会調査論・実習の調査時、A社の葬儀会館内でおこなわれたBさんへのインタビューから。ただし、このようなケースは珍しいことであり、日常的にこういったことが起こるわけではない。

（97）「SOGI」第八十七号、表現文化社、二〇〇五年、三五ページ

(98) 全日本仏教会は、そのなかの主要な五十八宗派を中心に、都道府県仏教会・各種仏教系団体が加盟している、仏教界の唯一の連合体である。現在、全日本仏教会に加盟している百二の宗派・団体のいずれかに所属する寺院は、全国寺院数の九割を超えている。加盟団体相互の連絡・情報交換・研修・親睦などを図り、人権問題や災害発生時の被災者支援などをおこなったり、地域社会でのお寺の役割を宗派や都道府県の地域性を超えて話し合う場を作っている。また、神道・キリスト教・新宗教の連合体とともに日本宗教連盟を構成し、仏教界を代表して他宗教との連絡に当たり、平和促進へのはたらきかけをおこなっている。さらに世界仏教徒連盟（ＷＦＢ）の日本センターとして、海外の仏教徒との交流を推進する窓口にもなっている（「全日本仏教会」〔http://www.jbf.ne.jp/a00/index.html〕［二〇〇八年五月四日アクセス］）。

(99) 「ＳＯＧＩ」第八十八号、表現文化社、二〇〇五年、五八ページ

(100) 前掲『全葬連五〇年史』一二八ページ

(101) 同書一五二―一五三ページ

(102) 同書一五三ページ

(103) 碑文谷創『新・お葬式の作法――遺族になるということ』（平凡社新書）、平凡社、二〇〇六年、一八四ページ

(104) 北川慶子『高齢期最後の生活課題と葬送の生前契約』九州大学出版会、二〇〇一年、一三四ページ

(105) 同書二二七ページ

(106) 全葬連「葬祭サービスガイドライン（消費者に向けて）」（http://www.zensoren.or.jp/ssg/ssg_02.html）［二〇一七年九月十二日アクセス］

(107) 全葬連「葬祭サービスガイドライン（事業者に向けて）」（http://www.zensoren.or.jp/ssg/ssg_03.html）［二〇一七年九月十二日アクセス］

(108) 日本消費者協会「第十一回「葬儀についてのアンケート調査」報告書」日本消費者協会、二〇一七年、九ページ

(109) 今井孝平「公取委の「葬儀サービス取引実態調査」を読んで」「公正取引」第六百五十九号、公正取引協会、二〇〇五年、二二ページ

(110) 同誌二二ページ

(111) 同誌一九ページ
(112)『迷惑をかけない死に方・終わり方の準備――終活の教科書』の「終活って何?」の項目には、「モノの整理、財産の管理、想い・思い出の整理、「行動計画表」の作成、終末期の意思表示、「遺言書」の作成、介護の準備、供養スタイル、葬儀スタイル、死後に必要な諸手続き」といった十一項目が挙げられている(終活カウンセラー協会監修、クラブツーリズム編『迷惑をかけない死に方・終わり方の準備――終活の教科書』〔タツミムック〕、辰巳出版、二〇一三年、一六―一七ページ)
(113)「イオンライフ」(https://www.aeonlife-shukatsu.jp/)［二〇一七年九月二十九日アクセス］
(114) 小林和登『「葬儀」という仕事』(平凡社新書)、平凡社、二〇〇九年、一五三―一六二ページ
(115) 井上治代『いま葬儀・お墓が変わる』(WACシニア・シリーズ)、三省堂、一九九三年、一八二―一八三ページ
(116) 本田桂子『エンディングノートのすすめ』(講談社現代新書)、講談社、二〇一二年、二二二―二二九ページ
(117) 前掲「安心と信頼のある「ライフエンディング・ステージ」の創出に向けた普及啓発に関する研究会報告書」一六ページ
(118) 島田裕巳『葬式は、要らない』(幻冬舎新書)、幻冬舎、二〇一〇年
(119) 前掲「第十一回「葬儀についてのアンケート調査」報告書」一二、三八ページ
(120) 日本消費者協会「第十回「葬儀についてのアンケート調査」報告書」日本消費者協会、二〇一四年、二五ページ
(121) 全日本葬祭業協同組合連合会「葬祭界」第五百四号、全葬連広報委員会、二〇一〇年、一ページ
(122) 全日本葬祭業協同組合連合会「葬祭界」第五百八号、全葬連広報委員会、二〇一一年、二―四ページ
(123) 全日本葬祭業協同組合連合会「葬祭界」第五百十五号、全葬連広報委員会、二〇一一年、四ページ
(124) 全日本葬祭業協同組合連合会「葬祭界」第五百二十七号、全葬連広報委員会、二〇一二年、四ページ
(125) 全日本葬祭業協同組合連合会「葬祭界」第五百五十一号、全葬連広報委員会、二〇一四年、二ページ
(126) 全日本葬祭業協同組合連合会「葬祭界」第五百七十五号、全葬連広報委員会、二〇一六年、四ページ
(127) 全日本葬祭業協同組合連合会「ｉｆ共済会　相談ダイヤルサービス」(http://if-kyosai.com/sodan_dial.html)［二〇一七年九月二十八日アクセス］

第3章　商品としての儀礼空間——景観と住空間から排除された死

1　葬儀場所の変化

本章では、葬祭業者たちが日常的に働く場としての儀礼空間を取り上げる。死者の家（＝自宅）で葬儀がおこなわれていた時代には、葬祭業者たちが各家々に移動していた。しかし、葬儀会館が建設されるようになって、彼らが働く場所は固定されるようになった。そのような儀礼空間の変遷からは、郊外化という戦後の社会変動との関係が明らかになる。

戦後の日本社会には、郊外というローカルな風景とは異なる空間が生み出されてきた。[1] この郊外化は、住空間や地域の風景を変えただけでなく、儀礼空間をも変えた。ただし、全国的に家での葬儀が葬儀会館での葬儀を下回ったのは、一九九〇年代後半以降である。これは死亡年齢との関係で考える必要があるだろう。つまり、郊外化が進み、そこに居住する人々が高齢になって亡くなるタイミングの問題が挙げられる。しかし、それ以外の要因もあるだろう。

家は、人間存在の最初の世界として原初的な経験を記憶した場所[2]であり、家族の歴史をイメージさせる空間である。家から死者を送ることが人々にとって特別な意味をもっていたのではないかと考えられる。
終戦後も葬儀は、死者と遺族の住まいでおこなわれることが多く、地域に溶け込むローカルな風景の一つでもあった。家の内部には、宗教的経験と日常の生活経験が共存していた。葬儀のときに神棚は閉じられ、亡くなった後、仏間に置かれた仏壇では先祖となった死者と生者が交流していた。ローカルな慣習の一つである葬儀は、家の内部とその外部へと直結している地域社会と仏教が作り上げた「伝統」だったが、戦後の社会構造の変化によって大きく変わった。

高度経済成長期以降、就業構造の変化と大都市圏への人口移動に伴い、都市近郊には、集合住宅が建設されるようになる。一九五五年、第一次鳩山内閣で住宅事情が取り上げられた後、住宅建設十カ年計画が発表され、日本住宅公団が発足した(3)。都市部の住宅不足解消のため、五八年には、関西で香里団地、五九年には、ひばりヶ丘団地が建設される。これらの団地のサイズは２ＤＫで、核家族以外の家族のサイズは想定されていなかった(4)。

したがって、２ＤＫという住空間のなかで「死」が生起することは、当然想定されていなかっただろう。ただし、人口増加に伴う墓地や火葬場の必要性についてはある程度想定されていた。たとえば、一九五九年の『国民生活白書』には、次のようなことが書いてある。

墓地については、わが国は古来、寺院の境内に設けられていたが、都市の急激な発展により、そのまま市街地に残存している。現在都市に存在している墓地面積は三三六ヘクタールであり、うち三分の一以上の一二〇ヘクタールが市街地に存在しているが、これを環境整備上市外に移転する必要がある。そして、都市の死亡者数は年間約五〇万人あり、既存の墓地では限界に達しているため、これを含めて納骨堂、公営墓地の建設が望まれている。これも十年計画がたてられ、所要墓地面積および新規必要量を一〇〇ヘクタールとして、市外に墓地にふさわしい静粛な環境を作ることになっている。東京都雑司ケ谷には新しいものとして鋼鉄製ロッカー十二万の納骨所のアパートができている(5)。

墓地不足の解消のための公営墓地建設が望まれている状況にはあるが、都市部の葬儀をどこでおこなうかということは問題にされていない。この頃は、まだ葬儀は住宅でおこなわれることが多かったのだろう。先ほどの公団住宅が核家族を想定したものだったために比較的若い夫婦と子どもであり、死亡はまだ先だった。

葬儀会館は、そうした家族の歴史的な文脈のなかに組み込まれにくい死を扱う施設である。また、不特定多数の死者を扱うため、その施設が立地する地域以外からも死者は搬送される。郊外の集合住宅の間取りは、死を住居の内部から葬儀会館へと移動させたが、葬儀会館が立地する地域では、その景観や環境を損なう施設として住民から忌避されることになっていく。

一九六〇年には日本住宅公団によってニュータウン計画が決定され、六三年には新住宅市街開発法の公布によってニュータウン建設が実施されることになった。そして、千里ニュータウンと多摩ニュータウンが建設された。七〇年代になると、ニュータウンへの本格的な入居が始まる(6)。

「幸福」や「理想」を反映した住空間、特に団地やマンションなどでは、そのスペースの狭さからいっても葬儀をおこなうことは想定してはいなかっただろう。このように、元来、家でおこなわれていた結婚式や葬儀といった儀礼は、住宅から別の場所へと移動していった。では、この頃、葬儀はどこでおこなわれていたのだろうか。『新建築学体系』のなかでは、一九五〇年代までは葬儀は、住宅でおこなわれることが多かったと指摘している。しかし、家族の日常生活を重視し、プライバシーを尊重するために部屋がきっちり区分けされ、婚礼や葬式はしにくくなっている(7)。そこで、住宅機能を社会化したコミュニティーセンターを葬式に利用することが増えるのではないか、と予測している。この時点で、結婚式はすでに結婚式場へと移っていて、コミュニティー施設の利用はほとんどなかったようである。葬式は、たとえば愛知県春日井市にある高蔵寺ニュータウンの例では、その地域の集会所で、八一年十月から八二年二月の間に四件の葬儀がおこなわれた(8)。

また、近隣の葬儀についての協力関係について、新興住宅地では割合が低く、都市近郊の農村地帯における新興住宅地では高い割合で見られることを指摘している。そして、「葬式に近隣の協力が得にくくなって専門事業者に依頼するケースが増えつつあると見ることができよう[9]」と述べている。

これまで葬儀会館の増加の理由としては、住宅事情、寺院との関係の希薄化、地域コミュニティーの変化の三つが挙げられてきた[10]。特にニュータウンのようなある一時期に大規模な住空間が建設された地域では、これら三つのすべてがそろいやすく、いずれ死を扱う施設が必要になる。一九七一年にオープンした大阪公益社の千里会館は、ニュータウンでの葬儀の需要に応えるために建設されている。千里会館がある千里ニュータウンは日本初のニュータウンであり、大半が高層住宅だった。そのため大阪府からの協力要請によって「自宅でできない葬儀を斎場で」ということから建設に至ったという[11]。

ニュータウンは、人々のライフスタイルを合理的に変え、「夢」のような住空間を実現した。その一方で、ニュータウンや郊外という歴史性をもたない作られた空間は、ある共通の特徴を有している。

社会や地域社会の明確なカテゴリーやイメージにうまく収まり、すでに正統化された文化や伝統、価値観を示すという意味で、都心や農村や地方も、現実にはさまざまな矛盾を抱えているとしても、中心的な価値の場所である。それに対して都市周辺にたかだか十数年から半世紀くらいの間に形成された新興の住宅である郊外は、その地理的な位置においても、文化や社会の根の浅さ、いわゆる「歴史と伝統」の不在においても、都心や農村、地方からみるとどこか胡散臭い、周縁的で両義的な場所なのだ[12]。

郊外という景観に見いだされる「文化や社会の根の浅さ」は、葬儀会館の成立とも通じるところがある。もともと農村社会の構造と一体化したなかで檀家制度によって寺院との関係が築き上げられ、葬儀の手伝いがおこなわれてきた。高度経済成長期以降、都市近郊に出現した郊外では、農村社会のようなローカルな伝統もなく、また都市のような先端的でグローバルな文化の発信地でもない、中心的な価値とは隔たりがあるライフスタイルが

表3　葬儀場所の変遷

	1983	1986	1989	1992	1995	1999	2003	2007	2014
自宅	54.7	58.1	56.7	52.8	45.2	38.9	19.4	12.7	6.3
葬儀専門の式場（斎場）	5.2	5	10.5	17.8	17.4	30.2	56.1	64.9	81.8
寺、神社、教会	31.7	28.1	28.7	21.4	24.4	23.5	16.4	15.6	7.6
その他（集会所を含む）	8.4	8.8	4.1	8.1	12.9	7.4	8.1	6.8	4.4

備考：1983年、86年、89年、92年は複数回答。小数点第２位以下は四捨五入

（出典：第1回〔1983年〕から第8回〔2007年〕は、全日本葬祭業協同組合連合会「「葬儀についてのアンケート調査」報告書」〔調査委託日本消費者協会〕、第10回（2014年）は、日本消費者協会「葬儀についてのアンケート調査報告書」〔日本消費者協会〕から作成）

生み出された。都市近郊の人口流入に伴って開発され、歴史と伝統が不在の地域では、ライフスタイルや建物の構造上においても死を託す一定の場所が必要になった。団地やニュータウンなどの住空間では扱えない死を扱う施設として必要とされた葬儀会館にもまた、その成立の経緯から「文化や社会の根の浅さ」という特質が見いだされるだろう。

表3で、年次別の葬儀場所の全国平均値を確認しておこう。ただし、全国とはいっても、地域によって回答数に差があるため、あくまで年次的な傾向を把握するという程度で見ておくことにしたい。一九八〇年代までは、まだ家（自宅）での葬儀が多かった。家で葬儀をする割合が葬儀会館を下回ったのは、二〇〇〇年以降のことである。自宅で葬儀をおこなっていた割合は、九五年時点では四五・二％だったが、九九年には三八・九％、二〇〇三年になると一九・四％に落ち込む。これに対し、葬儀専門の式場での葬儀は、九五年は一七・四％だったのが、九九年には三〇・二％、二〇〇三年には五六・一％に上昇している。[13]

二〇一四年（調査時期二〇一三年）の葬儀場所の全国平均値は、葬儀専門式場八一・八％、自宅が六・三％である。一七年（調査時期二〇一六年）の「葬儀についてのアンケート調査」では、調査票から葬儀場所に関する質問項目自体が削除[14]されていて、地域差はあるものの、葬儀専門式場で葬儀をおこなうことがほぼ全国的に定着したと一四年時点で考えられたのではないだろうか。

葬儀会館の数に目を向けてみると、一九八〇年代以前は八百八十一軒だっ

たが、九〇年には九百四十九軒、二〇〇〇年には二千五百三十四軒と増加している[15]（表4を参照）。約十年後「フューネラル［ビジネス＆マーケット］データファイル　二〇一二」に掲載された全国葬祭会館一覧での会館数は、六千八百四十五軒である[16]。

会館数が多い都道府県は、一位が福岡県の四百十三軒、二位が愛知県の三百八十六軒、三位が大阪府の三百十軒、四位は神奈川県の三百六軒、五位は千葉県の二百九十三軒である。主に福岡、名古屋、大阪など都市を抱える県、ないしは東京などにアクセスしやすい周辺県に会館が多いといえるが、建設するための土地などの確保しやすさ（土地価格、賃料や反対運動が起きにくい）なども関係しているかもしれない。

先に葬儀会館が増加してきた三つの理由を挙げたが、他の理由としては、会葬者数の増加が挙げられる。一九六〇年代頃から自宅葬は、地域住民だけでなく職場の関係者も葬儀を手伝い、会葬するようになる。家の外では、新たに増えた職場の関係者など一般会葬者のための告別式もおこなわれていた。ここには、葬儀が職場関係者の義理と社交の機会として変質していく様子が見えてくる。

碑文谷は、「自宅葬の場合には、家の中では旧共同体の成員を中心とした葬儀式、外ではさまざまな関係の一般会葬者による告別式と分離していた。それが、斎場となると、その式場は一〇〇人、二〇〇人……五〇〇人収容と一般的に広いため、式場に会葬者のほとんどを収容できる」と指摘し、「さまざまな関係者が一堂にそろって葬儀・告別式に参列するので、空間的に分離されていた葬儀式と告別式とが改めて一体化したと言える[17]」と述べる。実際は、自宅で葬儀がおこなわれていたものの、潜在的に葬儀会館のニーズが高まりつつあったことがわかる。

高度経済成長期に都市部と郊外の集合住宅に移住した人々の死亡時期を見据えたかのよう

表4　葬儀専門式場の施設数

1980年代以前	1990年	1995年	2000年	2001年
881	949	1,581	2,534	2,649

＊施設実数

（出典：「FUNERAL　BUSINESS」2002年4月号〔綜合ユニコム〕から作成）

に、一九八〇年代後半以降、葬儀会館の建設ラッシュが始まる(表4を参照)。高層マンションやプライバシーが重視されるようになった住空間は、家族のためだけの空間として機能し、多くの人々が参列するような儀礼空間ではなかった。さらに、八〇年代の大都市圏では、葬儀時の協力関係も地域だけではなく職場集団へと部分的に移ったことなどによって、家での葬儀も減っていく[18]。

地域集団と宗教者が介在しておこなわれていた葬儀は、喪家にとって費用や手間がかかるものだったとしても、それ自体はローカルな風景の一部だった。しかし、近代的で合理的な住空間は、死をそうした風景から切り離していく。死は、住空間や宗教施設、地域施設という宗教的でローカルな空間から徐々に葬儀会館という儀礼を専門的に扱う空間へと移動していった。

一方で、その建設には地域からの反対運動が起きることもあった。この運動は、死を扱う葬儀会館の地域的な定着への抵抗であり、抵抗のレトリックとして「景観」が使われ、やはり死は排除の対象になっていた。

2 死の排除をめぐる「景観」というレトリック

住宅事情などによって家での葬儀が減少するとともに、人々の日常生活から死が徐々に姿を消していくことになる。死亡のときには葬儀会館が必要になるものの、いつでも必要な施設ではなく、また不特定多数の死を扱うために葬儀社側と地域とで軋轢が生じる場合があった。

地方都市の事例では、一九八九年に長野県松本市で葬儀会館を開業した葬儀社S社でも、当初は「縁起でもない迷惑施設」として地域からは歓迎されなかったという。職業の性格からセールスに歩くわけにもいかず、広告を載せられるような雰囲気でもなかった。しかし、多目的ホールとして宣伝したことが功を奏し、また、料理や花などは地元の店をできるだけ利用するようにして「地域を大事にした」ことから、口コミで利用者が増加したという。[19]死だけを扱う施設ではないこと、そしてできるだけ地域社会に還元するような商業的な契機を確保することで地域のなかに溶け込もうとした。「地域を大事にした」というのは、「地元の店をできるだけ利用する」という地域経済への還元である。ここには「縁起でもない迷惑施設」という言葉に隠された経済的な価値判断を読み取ることができるだろう。

とはいえ、このようにうまくいくケースばかりではない。二〇〇四年の東京高等裁判所での判例によると、宗教法人が控訴人の一人が所有する土地を貸借し、そこに葬儀場を営業したところ、控訴人に健康被害が出たり、別の控訴人が営む音楽教室に悪影響を与えたこと、そして通路の通行妨害、騒音発生、葬儀場のため借地権価格が下落したなどの事由を挙げ、葬儀場を運営していた宗教法人側が訴えられたケースがある。[20]これは、住環境の悪化や住民への悪影響、また借地権というその地域の経済的な価値の変動によって起きた反対運動のケースである。結果的に控訴は棄却された。

他にも学校の通学路の途中に葬儀会館が建設予定になったことで、「隣に斎場ができたら、小学校の子供たちは毎日毎日明けても暮れても、お葬式の服装をした人たちや、死体運搬車や霊柩車と付き合っていかなければなりません。それでは幼い子供たちが心楽しく勉学に勤しめるはずがありません」といった教育問題に絡めて陳情される例も見られるという。[21]ここには、住環境や景観の問題に置き換えて、死を排除しようとする動きがあることがうかがえる。

二〇〇五年には景観法が施行された。景観法とは、建造物や景観整備、景観地区について定めたもので、地区計画などの区域内での建築の形態意匠が制限されたりする法律である。神奈川県鎌倉市ではこの法律施行後、鎌倉市都市景観条例を〇七年に定め、住民と市が協議して景観づくりの方針や基準などを決めた。

そして鎌倉市の由比ガ浜では、葬儀会館建設の反対運動が起きた。[22]景観形成地区では、建築をおこなう場合、場所や施工方法、予定日などをあらかじめ市長に届け出なければならない。由比ガ浜中央地区は、法的拘束力をもつ「景観計画地区」でもあるが、建物の用途は制限できないため、葬祭場については、法的規制ができないという。[23]

望ましくない用途と考えられている葬儀会館だが、土地価格といった地域の経済的価値に加えて、住環境や景観の問題という観点から住民によって反対運動が起きている。景観は、居住する地域の文化的価値の総体であり、その景観の価値が葬儀会館という「伝統」的ではない施設によって損なわれると考えられている。毎日のように葬儀会館へと入っていく死者や遺族、会葬者らの姿は、そこに居住する人々にとってみれば、町の景観や住環境を損なうものとして認識される。したがって、葬儀会館を建設する場合、なるべく死を扱う施設であるというイメージを払拭し、地域に還元されるような配慮をおこなったり、「心」が表象される施設であることをアピールしなければならなくなる（次節を参照）。

図9　葬祭場建設反対運動
（出典：佐藤夏生「町ぐるみ反対の葬祭場ついに着工　鎌倉・由比ガ浜」2007年9月8日〔http://www.news.janjan.jp/area/0709/0709071947/1.php〕［2009年9月29日アクセス］）

高度経済成長期以降、近代的で合理的な生活・住空間が実現される一方で、生活空間から排除された儀礼空間が住宅の外に求められるようになった。しかし、町の景観を損ない、没場所的[24]に葬儀が日常化していくことへの抵抗があった。葬儀会館は、近代的な住空間のなかに取り込まれなかった儀礼をおこなう空間として求められながらも、地域社会からは忌避されるような周縁的で、両義的な空間でもあった。

不特定多数の死によって成立する葬儀会館は、地域的な景観やそこに居住する人々だけでなく、そこを利用する遺族らも肉体がない他者の死に出合う場合がある。葬儀会館は、住空間や景観に取り込まれなくなった死を引き受ける場所であるにもかかわらず、葬儀会館で生起する死には、分断され排除される機制がはたらいている。

したがって、その空間が不特定多数の死を引き受けながらもそうではないかのようなイメージを提示しなければならなくなっていく。

3　葬儀会館の商品価値

前節で見たように、儀礼空間が家から地域施設、そして結婚式場や葬儀会館といった施設へと移っていったのは、地域的な相互扶助を期待できなくなっただけでなく、合理的な日常生活を優先させるため、住空間のなかに儀礼を取り入れるような構造ではなくなったからだと考えられる。このような空間の変化は、戦後の社会変動と深くかかわっている。

住空間から儀礼が排除されたことで、儀礼は別の施設でおこなわれるものだということを人々はどこかで了解していた。しかし、地域の景観というレトリックが用いられ、葬儀会館はやはり排除されやすい施設だった。このような矛盾は、「幸福」を扱う結婚式では、それほど表面化していない。

葬儀会館の場合、不特定多数の死が扱われる。このことで、地域の土地価格の下落を招く可能性がある。地域の景観を守ることは、一見すると文化的価値を重視しているように思えるが、経済的な価値判断による死の排除の問題とつながっているのではないだろうか。このような葬儀会館の建設反対に対して葬儀社側は、どのような対応をとるのだろうか。

筆者は、地域社会からの反対などに対応するような姿勢が葬儀会館のデザインや建築コンセプトなどに表れていると考えた。そこで、本節では、このデザインやコンセプトについて探ってみることにしたい。これらは、通常であれば、商品を売り込むための戦略となるが、目立ちすぎる外観や地域住民を無視した葬儀会館のあり方は、マイナスになる場合がある。

つまり、葬儀会館の外観やコンセプトは需要のある商品としてアピールするための戦略というだけでなく、地域社会から反対されないようにすることも求められる。そうした、葬儀会館の戦略のもとにおこなわれる葬儀について、自宅でおこなわれた葬儀との共通点や相違点などからも考えてみる必要があるだろう。

商品であることの条件――デザインと個別的な消費

葬儀会館は、葬儀をおこなう人々に「消費される」空間である。葬儀会館で一定の時間と空間を購入する遺族らは、日常生活を送る住空間をそのままにしながら、死という「別れ」を経験するためだけに葬儀会館を利用する。この空間が家（＝自宅）と異なるのは、その場所が死者や遺族らに、死を介した特別な空間と時間を「消費する」という地位を与える点である。家は住むための場所であり、そこは生や健康や安心を保証するが、死を扱うための場所ではない。葬儀会館は、遺体を安置し、葬儀をおこなうのにふさわしい機能を備えた商品化された空間である。

さらに、この空間が特定の宗教施設とも異なっているのは、信仰を必要としないという点である。実際、宗教者側も特定の宗教施設で葬儀をおこなうよう強制はせず、むしろ宗教者が葬儀会館を訪れ、葬儀をおこなうことが一般化している。葬儀会館では、信仰をもたずとも、儀礼をおこなうことができ、またそこを訪れる遺族らがその空間に意味を与え、消費する。

寺院などの宗教施設は聖なる空間であり、祭具や宗教画などによって神聖さが演出され、空間全体が人々に啓示や信仰体験を与えてきた。家は、死者や遺族らがその歴史を形成してきた、いわば歴史性を帯びた場所であり、そこは愛着や家族の記憶が表象される空間でもある。そしてそれらを保証してきたのは、地域的なローカリティーである。

このローカルで宗教的な文化であった死にまで商品化が及んだことについて、内田隆三は、「花嫁や死者はもともと全体的な社会的事実に属し、土俗的（local）な共同の生活世界における象徴的な意味＝感覚の対象であった。だが、普遍主義的（global）な生活世界の成立とともに、それらは個人的でパーソナルな意味＝感覚において消費される記号として商品化されていく[25]」としたうえで、「消費社会変容以降の局面では、それらの商品は製品差別化などデザイン／モードの論理を通じて、恣意的な差異をどんどん付加されていく[26]」と述べている。

葬儀会館は、宗教的な意味も死者や遺族らの歴史性をも表象されない空間である。そこは、いわば多くの人が儀礼をおこなうためだけに訪れる、没場所的に建てられる空間でもある。

したがって、葬儀会館は外見的なデザインとともに内部も消費者の視線を意識した建造物になっている。アーヴィング・ゴッフマンは、葬儀会館が自宅同様のところ（a home away from home）であるという感情が損なわれないようにするため、同日におこなわれる二組の葬儀のオーディエンスが交錯しないよう施設内の順路が定められる[27]、と指摘する。この場合、葬儀会館は、「自宅同様のところ」という記号が付与された商品である。そして、「自宅」という記号は、それぞれの遺族によって個別的に消費されるため、通夜葬儀が同日に二件以上おこなわれる場合、開始時間をずらすなどして他の遺族らと施設内で交錯しないよう注意が払われる。

儀礼空間が消費される商品であるためには、多くの人々に利用されることが意図されると同時に、そこが特定の人々のための空間である、というイメージやメッセージも提示しなければならない。その空間の目的とは矛盾したメッセージは、商品コンセプトを練り上げる段階から見られる。

外見的なデザインと商品コンセプト

葬儀会館は、その機能からいえば、自宅に帰ることができない多くの死者を預かって葬儀をおこなう施設といえる。葬儀会館が消費される商品として提示されるには、機能性ばかりが追求されるわけではない。建築の構想段階では、商品コンセプトやデザインイメージが練られる。人々がそこを利用したいと思うような、あるいはその空間を使用したいと思うような商品／消費記号＝コンセプトを練り上げ、建物として具現化する。葬儀会館のコンセプトは、それを練り上げる段階で建築家や設計士がかかわる場合もあるが、いずれにしても、発注・運営するクライエントである葬儀社側からの提案や意見が反映されている。

「SOGI」は一九九一年から隔月刊で発行され、毎号、全国各地の斎場や葬儀会館を二館から四館、紹介する記事を掲載している。記事は、葬儀会館外部と内部の写真、スタッフへのインタビュー、会館内部の案内図と所在地、創設年月、所有・運営、規模、使用料などの情報から構成されている。このレポートを参考に葬儀会館の外見的なデザインとコンセプトについて記述していく。ただし、葬儀会館を紹介する目的で書かれているため、コンセプトについて必ずしもふれられているとはかぎらない。ただ、九〇年代からこれだけのレポートを毎号おこなっている資料は、他に見当たらないこと、また全国各地の葬儀会館をレポートしていることから、これらを事例分析の手がかりとした。今回、商品コンセプトを明確に掲げている事例として確認できたのは九例であり、それらを取り上げる。

まずは会館の外観についてのケースを取り上げ、続いてコンセプトについて見ていく。そのとき、会館名は〈 〉で表し、商品コンセプトは《 》で表す。

葬儀会館の外観

「景観」というレトリックを使い、地域から排除されやすい葬儀会館は、地域に溶け込むような、そして景観を損なわないような外観にする必要がある。しかし、一方で、そこが商業的であるがゆえに、全く目立たない外観では困る。

たとえば、一九九二年にオープンした〈前橋メモリードホール〉の斎場レポートでは以下のように紹介している。

劇場を思わせるような円形の外観。内部も曲線を生かした設計で、暖かさとやわらかさを感じさせる。色調も明るい。(略)「従来の斎場コンセプトとは違うものを考えてみました。遺族や関係者の悲しみの想いが温かい雰囲気の中で自然に中和されるようにとの考えからです。特に遺族となられた女性に対して配慮したつもりです。ホテルに匹敵するような高級感も心がけました」……[28]

「劇場を思わせるような円形の外観」と「ホテルに匹敵するような高級感」は、そこが葬儀会館であるということを忘れさせるような雰囲気と心地よさが建物のデザインで表現されていることを示している。そして、これは、「遺族や関係者の悲しみの想いが温かい雰囲気の中で自然に中和」されるようにというコンセプトから作られているのだという。こうした建物の外観は、遺族らにとってはもちろんだが、周囲の環境との調和も重視される。「劇場を思わせるような円形の外観」は、周囲から見てそこがすぐに葬儀会館であると思われないような配慮もなされているのではないだろうか。

そこで、葬儀会館の建築構想のなかでは、外観についてどんな配慮がされているのか、高知市内に建設された葬儀会館〈心月記〉から見てみたい。この〈心月記〉は、葬祭業界誌「ＳＯＧＩ」の「斎場建設とコンセプト・ワーク」の特集で取り上げられていた会館であり、建築段階からの詳細なレポートが掲載されている。斎場建設のコンセプトについて知るため、この会館を取り上げる。

〈心月記〉の開発テーマは、「深い静粛にひそむ豊かさと厳粛さ」であり、デザインイメージとして「自然回帰」が挙げられている。また、この会館に関しては、地域住民の反対運動は全くなかったという。ただ、道路との距離を取り、障壁で外界と葬祭場を区分している。さらに、「壁をバックにした緑による地域環境への寄与」が「構想」のなかに盛り込まれていて、環境面で地域との調和を図っていた。[29]この「自然回帰」というデザインイメージと地域環境への寄与はどのように図られていたのか、プロジェクトマネージャーの前田氏は次のように話している。

地域に対してボリュームを持つものほど地域にどう貢献するか、が社会的に問われて当然のことだと思い

図10　〈心月記〉外観写真
（出典：寺村葬儀社「葬祭会館心月記」〔http://www.teramura.co.jp/contents/hall/shingetsuki.php〕［2017年5月30日アクセス］）

ます。だからどう貢献できるかということで、視覚をある程度遮ってあげないといけないだろう、ということから、高い壁になりました。喪服を着た人たちが行列をなして通るのを目の当たりにするというのは嫌な印象を地域に与えるでしょうし、ですからこの敷地内のことはできるだけ遮蔽するのがよいという考えですね。すると今度は、その壁でうっとうしさが出ると問題だから植木を前に植えて、通りがかりの人が気持ちよく歩けるようにしようとか、そういうことがすべて関連し合って出てくるわけです。[30]

　建物の構想の段階で、「塀による外部との遮断／線による緩和／公共施設であることの表現／美術館のような外観」という課題が挙がっていた。[31]この外部との遮断は、前田氏が指摘した「喪服を着た人たちが行列をなして通る」さまを遮るためである。そして、「美術館のような外観」は、いわば葬儀会館らしくない建物であり、景観上、望ましい建物の代名詞でもあるだろう。葬儀会館は、望ましくない建物として排除されやすく、美術館を模すことで、なるべく周辺環境との調和を図ろうとしている。「通りがかりの人が気持ちよく歩ける」ように植木を植えることで、建物のボリューム感を軽減させると同時に「自然回帰」や環境への配慮をイメージさせることもできる。

　また、美術館のような建物であれば、開発テーマである「深い静粛にひそむ豊かさと厳粛さ」のイメージと調和しやすいのではないだろうか。このような外観を備えた建物ばかりではないが、葬儀会館であるがゆえに、開発テーマや商品コンセプトで、特有の傾向が見られる。それは、「心」や「厳粛さ」など心理的・非日常的なイメージが用いられることである。〈心月記〉のなかにも「心」が使われ、コンセプトは《心象》であった。[32]《心象》は、誰もがそこで宗教性や信仰を問われずに儀礼をおこなえる施設のコンセプトとして練られていると考えられる。したがって、「静粛」や「厳粛さ」も儀礼での宗教的なイメージを備えながらも必ずしも宗教だけに付随した言葉ではないのである。

建設コンセプト

ここまで主に葬儀会館の外観について述べてきたが、建設前に開発テーマや商品コンセプトが練られ、そのコンセプトには、ある一定の傾向が見られる。それは、《地域密着型多目的空間》《多目的ホール》など葬儀に限ら

図11　〈心月記〉アプローチとモニュメント
（出典：同ウェブサイト）

図12　〈心月記〉ロビー
（出典：同ウェブサイト）

ない地域との日常的なかかわりという観点からのものと、《心》《安心》《いたわり》などの利他的・人格的な観点からのものがあることである。

たとえば一九九一年、東京都葛飾区にオープンした〈ライフ堀切〉では、《今までにない地域密着型多目的空間》をコンセプトに掲げている。レポートでは、「地域の反対感情を緩和するために対策的に「多目的」をうたうのとは根本的に異なる」[33]と述べている。これは、死だけを目的とした空間ではないため、死を意識しなくてもすむような空間という意味だろう。それくらいに死と日常が共存しているともいえる。

ただし、このようにわざわざ言わなければならないことの意味を考えなければならない。通常、スポーツ施設や病院、結婚式場など、他の施設が建設される場合、《地域密着型多目的空間》というコンセプトからだけでは、反対感情の緩和対策とは結び付かないだろう。しかし、葬儀会館が《多目的》というコンセプトを掲げることは、「反対感情を緩和」するための対策になってしまうと例証しているようである。《多目的》であることが、葬儀だけを扱う商業施設ではないことをアピールし、地域のなかに溶け込むための戦略であるかのように見えているのである。

葬儀会館として全く忌避されなかったという一九九二年創設の〈サンレー宮崎・紫雲閣〉の事例を見ると、建設前にお客の要望を聞き、「葬儀会館らしくないものにしてほしい。暗くなく、明るい、多目的ホールという感覚で」を具現化したことで、「葬祭文化会館」というイメージで歓迎されたという[34]。「葬儀会館らしくない」という「葬儀会館らしさ」の否定は、そこが死と葬儀ばかりが扱われる施設なのではなく、本来の目的で利用しない人々にとっても開かれている「地域施設という感覚」につながっている。多目的というコンセプトどおり、この会館の駐車場の一角にゲートボール場が設けられ、老人会に月一、二回開放しているという[35]。他にも建設コンセプトの確認はできなかったが、神奈川県横浜市にある〈シティホール江田〉は、看板に「イベント」の文字を入れ、葬儀以外の用途にも使えることをアピールしている。

多くの死者を扱うだけではない、というアピールは、《多目的》というコンセプトとして表現されるだけではない。《いたわりの空間》をコンセプトに掲げる〈セレモール仙台〉のレポートでは、「故人、哀しみの中にある遺族、追悼に集う会葬者の三者へのいたわりを融合的に構築」し、「手の温もりをもって故人を送ってあげ、遺族を遺族の気持ちになってフォローして、遺族がゆっくり故人の追悼に専心できるような空間づくり、サービスを心がけたい[36]」としている。

また、《安心して利用できる》という群馬県前橋市の〈典礼会館〉では、「自宅葬感覚で利用できるための最大限の配慮[37]」を実現している。「住まい」としての家は、「安全と安心の中心」であり、「存在と個人の中心[38]」である。この意味で「安心」と「自宅」はまさにセット化する。こうしたコンセプトを提案するのも、葬儀会館に最も長く滞在し、そのサービスを主に購入・消費するのが、遺族だからだろう。〈セレモール仙台〉と〈典礼会館〉のいずれも遺族にとっての空間であることが第一義とされていて、死別を経験しショックを受けたことへの

図13　〈シティホール江田〉の記事　看板には「イベント」の文字が見える
（出典：「SOGI」第48号、表現文化社、1998年）

「いたわり」や「安心」といった表現が使われる。

一九九三年に建設された〈前橋ライムホール〉は、《心がかよい、魂とふれあえる儀式を》をコンセプトに掲げる。社員の談話によると「ソフト（ウェア）とかハード（ウェア）とか言われますが、マインドウェアという概念が今後必要です。この場所が、心の問題を核とする情報の受発信基地になればと思います[39]」という。

これらのコンセプトには、葬儀会館の機能性、つまり不特定多数の死者と会葬者を扱うことは表現されない。実際、葬儀会館の本来の機能性を否定するような《多目的》というコンセプトが採用されていることから考えても、コンセプトが独立していることがわかる。

また、「心」が多く使われているのは、葬儀がもともと利他的・宗教的現象であるという面もあるが、社会の心理主義化のなかで「心」に着目する必要性と正当性が見いだされてきたためとも考えられる。葬儀会館のコンセプトから見えてくるのは、宗教施設や家とは異なって、不特定多数の死を扱う場所であるからこそ、「多目的」や「心」といった様々な形で「商品的ではないもの」も成立させなければならない両価的な状況である。

「心」というメッセージ

コンセプトは、葬儀会館を商品として開発・企画するときのイメージを言語化したものだが、通常、消費者がそれを知ることはない。ただ、葬儀会館のパンフレットには、コンセプトを反映させたようなメッセージが記載されることがある。ここでいうパンフレットは、葬儀会館の全体構造について書かれていて、その会館を訪れ、消費する可能性がある人々が目にする案内書を指す。したがって、パンフレットには、明示的／非明示的にせよ、コンセプトが消費者の視線を意識したメッセージとして再編され、商品イメージが伝えられていると考えられる。ここでは、葬儀会館のパンフレットを読み解く作業をしたい。

都内にある大手葬儀社の葬儀会館パンフレット[40]を例にとって見てみよう。A社のS会館は、東京都A区内に一九九七年に開設された五階建ての建物である。開設当時はブルーの外観だったが、現在は白を基調としている。

交通、徒歩ともに至便であり、東京都内居住者や近隣住民だけでなく神奈川県在住者の利用もある。また、道路を挟んで向かい側には大きな看板も掲げられている。最寄り駅の改札口正面にもA社の看板が出ている。開館にあたっては、住民との話し合いをもったという。(41)

パンフレットの表面には、「まごころ葬儀を花で彩る　A社S会館のご案内」と書いてある。なかには、式場や会席室、親族控室、安置室など各部屋の写真と紹介、さらに花で飾られた祭壇の写真なども見ることができ、葬儀をおこなうときの参考になるような情報を掲載している。施設概要として、各階のフロア案内図、裏面には、会館の住所や交通の案内もあり、初めて葬儀会館を訪れる人にもわかりやすい紙面構成になっている。

ただし、施設の使用料金については明示していない。おそらく有料だろうというのは、わざわざ各種無料サービス／施設について案内されている部分を見たときにわかる程度である。

各種無料サービス／施設
A社S会館は、仏事や葬儀に関するあらゆるご相談を承る相談室、さらに地域の方々のサークル活動にもご利用いただける談話室など、多様なスペースを備えています。葬送に関するあらゆる情報の拠点、それがS会館のもうひとつの役割です。(二〇〇六年発行A社S会館パンフレット)

先ほどのコンセプトのところでもふれたが、地域住民の活動の場を提供することも葬儀会館が地域のなかに溶け込む戦略だろう。「多様なスペース」という葬儀のためだけではないスペースが提供できると謳っている。では、商品として提供される施設には、どのようなフレーズが並んでいるのだろうか。

「まごころ葬儀を花で彩る」
故人とのおごそかな別れの儀式、葬儀。

> そこでは、何より人の心が大切です。
> 緑豊かなAの地にたつA社S会館は、まごころのこもった葬儀ができる本格的な斎場です。
> A社六十有余年の歴史のなかで培ってきたノウハウ、時代にマッチした感性、充実した施設や設備、そして美しい花々に彩られた格調高い雰囲気。
> A社S会館では、まごころのこもった葬儀をお手伝いします。
> A社S会館は、これまでに例のない新しいタイプの斎場です。
> ビデオプロジェクターを備えた八十席の式場二ホールをはじめ、遺族の方々にご自宅のようにお使いいただける親族控え室、通夜ぶるまいや精進落としなどにご利用いただける会席室、密葬も行える安らぎの雰囲気にあふれた安置室など、さまざまな施設が充実しています。（A社S会館パンフレット、二〇〇六年取得）

「おごそかな」や「格調高い雰囲気」は、儀礼に付帯された言葉である。葬儀会館でおこなわれる儀礼は、宗教・宗派を問わない「別れの儀式」でもある。「別れの儀式」を執りおこなうことは、「不幸」なことではあるが、そのような不幸を感じさせないような「おごそかな」や「格調高い雰囲気」という言葉で儀式の「厳粛さ」を表現している。さらに、「まごころのこもった葬儀ができる本格的な斎場」として、他の葬儀会館との差異化を図っている。

「ご自宅のように」や「安らぎ」という言葉は、主に遺族が使う「親族控え室」や「安置室（霊安室）」に付帯する言葉である。安置室は「故人と最後のひとときをお過ごしいただくためのスペースです」、その上部には、「保冷庫」は「最新鋭の設備でご遺体を保全します」と書いている。「ご遺体」といった身体的な機能停止を想起させる言葉を使っているのは、この安置室についてだけである。

「まごころ」は、儀礼空間と親族控え室、あるいは安置室といった機能性が異なる空間を統合するイメージとして掲げられる。さらに、「まごころのこもった葬儀をお手伝いします」という表現は、「奉仕的な精神」を示していて、利他的な動機に基づく仕事としてアピールしている。葬儀会館での「別れ」は、儀式の厳粛さだけでなく「安らぎ」や「まごころ」に満ちていることを謳っている。

葬儀会館が宗教的意味秩序に基づいた儀礼執行のための空間なのであれば、商業性が意識されることはない。しかし、無宗教形式でもおこなえるというように宗教的な意味を排し、かつ儀礼を扱う正当性を遺族らの「心」や「感情」に求めたとき、その感情と相いれない標準的でパッケージ化されたサービスを多くの遺族に提供するという商業性の問題が浮上する。

葬儀会館の機能性に着目して商品をアピールするならば、「いつでも死者を預かる」という安心感をメッセージとして送ることができる。しかし、そのことをダイレクトにアピールしたとたん、遺族らの私的感情に配慮する空間というより、多くの死者を預かるための空間というメッセージが提示されてしまう。葬祭業者によって提供されるサービスが、「葬儀をお手伝いします」という奉仕的な表現に置き換えられるのも商業性を前景化しないためだろう。したがって、パンフレットでの「まごころ」は、葬儀の商品イメージであると同時にその商品性を薄める役割を果たすことになる。

この点については、「ＳＯＧＩ」第十七号の「斎場時代の経営学」のなかでも指摘している。

> 忘れてはいけない課題に、「死」に係わる儀式としての複雑さや煩雑さを、サービスの提供により解決する一方、死の尊厳、故人への愛惜や惜別といった『心』『感情』の領域に対し、斎場経営・運営という商業主義をどう調和させていくか、ということがあります。葬儀は『商品』であると同時に、それと相容れない性格をもっています。(42)

死にかかわる儀式としての複雑さや煩雑さをサービスの提供によって解消するという商品としての葬儀が定義される一方、「死の尊厳」「故人への愛惜や惜別」が伴う儀礼であると位置づけている。結婚式場のように商品化された儀礼空間は人々に容認されるような儀礼のスタイルとして浸透・定着していたが、「祝福」を象徴する結婚式と「悲しみ」を象徴する葬儀では、価値として等価ではない。葬儀会館の場合、それが儀礼をおこなう場所を商品化したのではなく、「心」が表象される空間であるというメッセージをわざわざ送る必要がある。

遺族らの「心」に寄り添うことが求められているにもかかわらず、葬儀会館は多くの死者と会葬者を扱うよう機能的にできている。逆にこの機能性や商業性を前面に出さないレトリックとしても「心」は用いられる。

4 人々の視線と行為を意識した死の管理

前節では、葬儀会館のパンフレットで用いられる「心」は、商品でありながらも商品ではないというメッセージが付託され両価性をもつことを指摘した。また、第2章で、「心」という見えにくいものを葬祭業者自身の身体によって可視化する教育がおこなわれていることについて示した。つまり、葬儀会館での商品性と葬祭業者自身の身体の変化は、「心」という商品コンセプトでつながっていると考えられる。

葬儀会館が仕事場となる葬祭業者は、葬儀会館内のすべての部屋を横断できる唯一の人である。葬儀会館内ではいくつかの部屋があり、葬祭業者たちはそこで儀礼だけでなく別の作業もおこなっている。その部屋に現れる死は、その空間的な区切りとともに人々の行為によって産出され、意味づけられている。たとえば、会議室では葬祭業者と遺族の相互行為が見られる。そこでは、葬儀の日取りや費用の決定といった死に対する世俗的な話し合いや儀礼への準備に関する会話が交わされる。また、儀式会場では、宗教者、葬祭業者、遺族・親族、参列者などが集まって儀礼的所作にのっとった死者を宗教的・人格的に表象する相互行為が成立している。

このような空間的区切りによって、そこに集まる人々が何をおこなうかは違っている。これら人々の視線と行為を管理するのが、葬祭業者の業務の一つである。そして、葬儀会館の各部屋に現れるそれぞれの死の姿とそれに対する人々の視線・行為の管理が、葬祭業者が実践的におこなっている死の隠蔽の技法だといえるだろう。この技法は、「心」とセットになった儀礼を扱うという葬儀会館のイメージと遺族らに配慮する葬祭業者の身体によって可能になる。

ここでは、葬祭業者の業務にスポットを当て、葬儀会館内で生起する様々な死――二人称の死や三人称の死など――に対して注がれる人々の視線や行為をどのように管理しているのか、という点について記述する。

葬儀会館の機能性

葬儀会館は、葬儀をおこなう目的で建てられた施設である。しかし、その施設で儀式会場以外の部屋がないというのは、おそらくまれだろう。多くの葬儀会館には、営業所と兼用される事務室があり、そこでは、顧客データや葬儀に必要な物品の発注などをおこなっている。また、ミーティングや遺族ならびに客との面談・交渉をするために使用される会議室、霊安室、警備室などもある。さらに、親族控え室と呼ばれる宿泊できるような部屋も備え付けられ、遠方から来た親族や遺族らが靴を脱いでくつろぐことができるスペースも用意されている。これらの空間のすべてを把握し、複数の葬儀がおこなわれる場合やそこを利用する人々をどのように配置し誘導するかという管理をおこなっているのが、葬祭業者である。遺族は、空間の一部を利用しているにすぎない。

葬儀会館には、死者や遺族らの日常生活の場である家と決定的に異なる点がある。それは、死者を預かるという機能性が備わっていることである。つまり、①一日に複数の遺体を預かり、複数の葬儀がおこなわれること、②一カ所に集まる遺族同士や会葬者同士の視線や行為が交錯したり混乱を生じないようにすること、③葬祭業者の作業のしやすさ、の三点が挙げられる。

①は、葬祭業者にとっては運営上メリットがあるが、遺族側には「自分用に使うことができるというのがメリット」[43]である。この対立する利害を調和させるために、たとえ同日に二件以上の葬儀を葬儀会館でおこなうことがあったとしても、同一時間帯に複数の葬儀が重ならないよう葬儀執行の時間帯が決められている。このことは、

特定の遺族のための特別な葬儀という側面を損なわないように配慮することでもある。

②の視線や行為の交錯の回避は、儀礼空間としての秩序を保つような空間的統制でもある。たとえば、葬儀会館の出入り口は会葬者らを「集める」と同時に「分散させる」という機能をもち、その位置によって建物外から内部へと会葬者らを誘導する流れが左右されるという[44]。一方向に人々を誘導しなければ、出入り口付近では混乱が生じる。たとえば、出棺時には出入り口付近に多くの人々が集まる。そのとき、自動ドアが開いたり閉まったりするようでは、スムーズに出棺できない。したがって、自動ドアは、開放状態のままにされる。また、別の葬儀に訪れる会葬者と交錯してしまうと出棺の流れが滞る可能性があるため、葬祭業者は注意を払う。これら以外にも儀式と食事が決められた時間内で決められた場所でおこなわれるよう、案内看板などを設置して人々を誘導する。

③の葬祭業者の主な作業としては、儀式会場に必要な物品の移動と式場内で使用する祭壇や椅子の移動、遺体の搬送・管理などが挙げられる。こうしたいわば舞台裏の作業は、遺族や会葬者らに気づかれないようにおこなわなければならない。これらの作業を見られないようにするため、安置室（霊安室）が儀式会場から離れて作られているところや、逆に儀式会場と同じフロアにして他の遺族や会葬者が入り込まないよう設計されている葬儀会館もある。

葬儀会館は、多くの人々が集まる場所である。そこを訪れる人々の目的は、ある特定の家の葬儀、すなわち特定の死者の関係者として葬儀に参加することである。したがって、二組以上の葬儀がおこなわれる場合、それぞれの葬儀に参列する人々の視線や行為が交わらないようにする管理が必要である。こうした管理は、死が誰にでも訪れるものでありながら、その葬儀は特定の遺族のためにおこなわれているというイメージを損なわないようにするためである。遺族のための時間と空間は、他の遺族や参列者との時間差を作ることによっても保たれている。

こうした葬儀会館内での時間と空間の様々な区切りを横断できる唯一の人が葬祭業者である。空間管理者として、儀礼を滞りなくすませるという表向きの役割をこなしながら、葬儀会館を利用する人々の行為や視線に注意をめぐらせ、その運営上、気づかれたくないことを気づかせないようにする管理をも同時におこなう。

このことは、儀礼をおこなう空間と遺体を預かる／移動する空間では種類の異なる管理がおこなわれていることを示す。儀礼空間では、多くの人が同じ時間と同じ空間で、同様の雰囲気を共有するよう管理される。すなわち、人格が表象された遺体に対して、人々は、たとえ信仰する宗教が違っていても死者とその家族が遂行しようとする儀礼に従って一定の所作でもって敬意を払い、それにより「厳粛さ」や「格調」に包まれた雰囲気が醸し出される。

一方、遺体を預かる／移動する空間は、そこでの人々の所作というよりも、誰がそこに居合わせるか、ということに気を配る。そこでは、雰囲気が人々に共有されるというよりも、より個人的な死者という式場内の死者との対照性が露呈しないように管理する。たとえば早めに一般の会葬者が到着したとしても、遺体安置室に招き入れることはしない。遺体安置室に出入りできるのは家族・親族などの近い関係者と葬祭業者ぐらいである。

以下で、葬儀会館での時間と空間の管理について確認するために葬儀会館内部の構造と行為者について、筆者が二〇〇二年十月から〇三年三月までフィールドワークをおこなっていた葬儀社でのフィールドノーツなどをもとに記述していく。ここでは、A社での筆者の主な仕事についてふれておく。葬祭業者とセレモニー・スタッフを補佐する仕事だった。儀礼の準備、たとえば看板に使う文字の印刷、焼香台や香典返しのセッティング、受付の準備、親族控え室の清掃や後片付けなどだった。儀礼にも何度か立ち会っている。

A社の場合、全体の葬儀の約八割から九割を葬儀会館でおこなっていた。残りは、寺院や火葬場、自宅などでの葬儀だった。

儀式会場内での配置——都内A社S会館の場合①

ワンフロアに儀式会場と親族控え室があるS会館では、通夜と葬儀・告別式の間、そのワンフロアが貸し切り

図14　A社式場内（筆者撮影）

状態になる。そこでは、死者と遺族・親族、彼らと関係がある人々と葬祭業者、セレモニー・スタッフ、仏式の葬儀であれば僧侶が出入りするだけである。宗教的な施設ではない葬儀会館——つまり、遺族が変われば、神式、キリスト教式、無宗教式でもおこなわれる——へと僧侶自らが出向く。

先ほどパンフレットで挙げたA社S会館でおこなわれている仏式葬儀を一例に挙げて、儀式会場（以下、式場と略記）内の様子について記述してみよう。

入り口から正面に最も遠い位置で、床に比べてやや高くなっているところに祭壇がセッティングされ、祭壇の上方——座っている人々を見下ろすかのような位置——に死者の遺影が飾られる。祭壇の両脇は花で飾られ、儀礼装置としての祭壇を際立たせている。祭壇前には、棺、僧侶が使う経机と椅子が置かれる。僧侶のすぐ後方に遺族・親族席が設けられている。式場入り口から入ってすぐの左脇に司会台がある。ここは、祭壇から最も遠いところにあるが、式場全体が見渡せる位置でもある。葬祭業者は、ここで照明や音響を調整して、全体の進行を司る。

図14には写っていないが、前述のように入り口左側には司会台があり、そこにはオーディオ機器類が備えられ、音楽や照明などの調節ができるようになっている。司会台で機器を操作するのは、その日の司会を務める葬祭業者である。

開式前には、式場内にヒーリング系の音楽を流してリラックスしたムードを演出し、儀礼開始直前にこの音楽を止めると、式場内には緊張感が走る。そして儀礼終了後には、再びヒーリング系の音楽を流す。音楽を効果的に使いながら、儀礼の「厳粛さ」を演出している。

座席は、何人の親族がいるか、会葬者はどれくらいかによって葬祭業者があらかじめ配置を考えている。会葬者が多い場合は、祭壇に向かって遺族・親族席を左右に分けて座らせる場合が多い（図15を参照）。会葬者が多い場合は祭壇を正面にして遺族・親族を座らせ、会葬者と同じ方向を向くというケースが多い。これらのことは、葬祭業者たちにとっては、式場スペースの問題として捉えられている。式場内のスペースが狭ければ、遺族・親族を向かい合わせにするとはかぎらない。逆に会葬者の人数に対してスペースが広すぎる＝寂しい葬儀、というイメージがどこかにある。そこで、会葬者が少なく、スペースが広すぎる場合は、狭く感じさせることで、遺族・親族らの「顔が見える」アットホームな雰囲気を心がけている面があるだろう。

一方、会葬者席は、常に祭壇方向に向いている。したがって、遺族・親族らが向かい合わせで座る場合、会葬者席からは、祭壇だけでなく遺族・親族らの横顔も見える。座っている人々の視線は、正面か、うつむきかげんで下のほうに向けられている。

葬儀に参加する人々は、個々の座席に、誰がどのような順番で座るかを把握しているわけではない。そのため、どこに座ればいいかをセレモニー・スタッフや葬祭業者は尋ねられることがある。そのとき、彼らは「喪主様が先頭で、血の濃い方よりご順に……」と答えている。遺族・親族らは、自分たちが死者とどんな関係かは熟知しているが、葬儀での自らの位置関係については、葬祭業者の指示を仰ぐことがある。

ところで、式場内で制服を着用しているのは、葬祭業者とセレモニー・スタッフだけである。セレモニー・スタッフは、式場内に遺族らを案内する。出入り口の外に設置されている受付で記帳し終えた人に対して「お席にご案内いたします」と声をかけ、座席に誘導する。また、スムーズに焼香に進めるよう、手を斜めの角度にして、「どうぞ」と声をかけて焼香台へと向かうよう促す。セレモニー・スタッフは、そこに居合わせる人々の儀礼的な所作を誘導する役割を果たす。

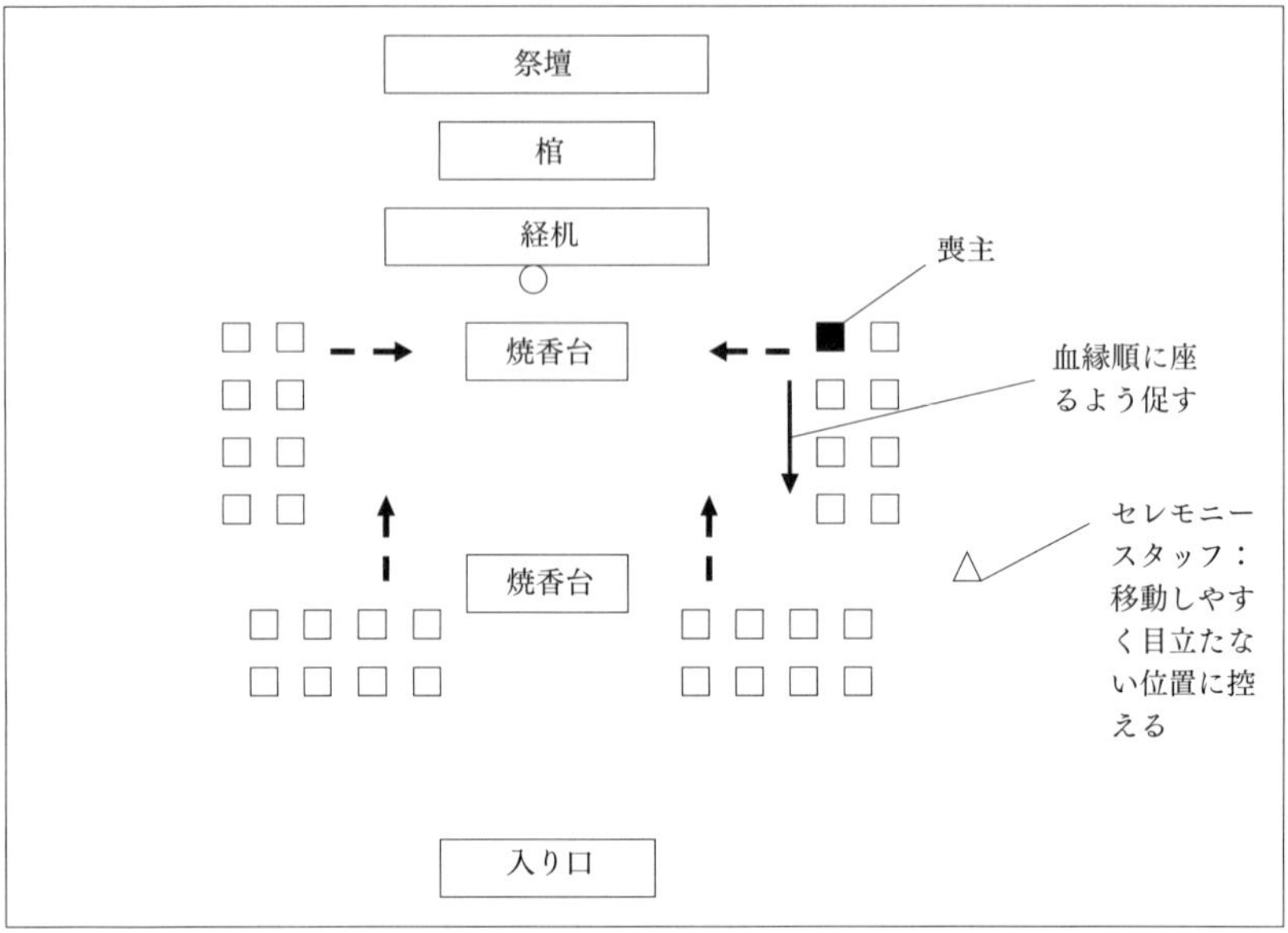

図15　式場内配置：遺族・親族席が左右対称の場合
＊点線矢印は視線の方向

開式後の式場内は、静まり返っているなかにマイクを通して僧侶の読経する声が流れる。そこでは誰かがおしゃべりをしたり、笑い声をあげたりすることはなく、焼香のとき以外は静かに着席している。たとえば、乳幼児が泣き声をあげた場合、母親や親族は乳幼児を連れて式場から退出する。場合によってはセレモニー・スタッフが乳幼児と母親を誘導し、焼香のときに呼びにいくこともあった。この空間内では、「静粛を打ち破るような音」は排除される。親族控え室は、親族たちが儀礼までの待ち時間を過ごすための半ばプライベートな空間になっているため、乳幼児の泣き声が響いても退出する必要はない。

つまり、式場では、僧侶の読経が響くなかで人々は静粛にし、焼香などの適切な儀礼的所作をおこなっていくことで、象徴的に「死」が作り上げられている。したがって、その秩序を打ち破るような行為は排除されるのである。そして、葬祭業者は、そうした管理をもおこなっている。

この式場内で、最初のアナウンスをするのが葬祭業者である。最初のアナウンスは、「間もなく〇〇家の通夜（葬儀・告別式）が開式となります」と関係者に着席を促す。開式時には、「ただいまより故〇〇さまの通夜（葬儀・告別式）を〇〇宗により執りおこないます」というアナウンスによって開式が告げられる。

儀礼中、マイクを使って声を出すことができる人は、僧侶と司会者である葬祭業者、喪主と弔辞を読む人だけである。僧侶は、宗教者として儀礼を導く読経のために用い、葬祭業者は、儀礼開始と終了の合図、僧侶の入場や焼香のときなど、人々が儀礼過程で適切に動くよう指示を出すために使用する。

葬祭業者が特に注意を払うのは、葬儀・告別式の終了時間である。儀礼自体の時間は約一時間である。葬儀・告別式の後は、予約した火葬場に時間どおりに入らなければならないため、式の終了も時間厳守が要請される。

万が一、葬儀・告別式の時間が長引き、葬祭業者自身が焦っていたとしても、そのことは動作や表情に出さない。あくまでそのことを気づかれないよう冷静さを装い、式を終えようとする。葬儀は、死者とその関係者にとって一回きりのイベントであり、後でやり直すことができない舞台のようなものである。この舞台での「厳粛さ」や「格調」は、宗教者だけでなく葬祭業者たちの所作や表情によっても演出されるのである。したがって、葬祭業者とセレモニー・スタッフは、裏方として儀礼を滞りなくおこなうために参加者全員の動きに気を配るが、一方で、遺族や会葬者にその表情・所作などを見られていることを常に頭の片隅に置いておく必要がある。

繰り返しになるが、式場内で人々の視線・行為を管理するのが葬祭業者であり、実働的に式場内の人々を誘導するのがセレモニー・スタッフである。参列のためだけに訪れた会葬者は、葬祭業者を儀礼の司会者とみるだろう。

しかしながら、葬儀会館は、儀礼をおこなうだけの場所ではない。儀礼を司ることとは別の業務がある。それは、遺体を搬送するという業務である。

遺体／身体の配置——都内A社S会館の場合②

儀式会場では、儀礼に参加する人々の視線や所作が管理されていた。この管理は、いわば「死」を象徴的に作

表5　遺体の管理と空間的特性

空間	空間の管理主体	管理内容	空間に居合わせる人
霊安（安置）室	葬祭業者	保冷設備による現状維持とそのチェック、遺族への面会の許可	遺族
エンバーミング専門施設	葬祭業者、エンバーマー	衛生的処置と復元	エンバーマー
儀式会場	葬祭業者	照明の当て方・温度などによる死に顔のチェック、お別れの儀式（出棺間際）時の棺の蓋の開閉	儀式に参列する人々
エレベーター	葬祭業者	遺体の運搬を第三者に見られないようにするための空間の占有	葬祭業者、可能性として関係がない第三者

り出すための管理であり、宗教者とは異なる形で儀礼の雰囲気を演出していた。一方、このような管理とは全く別の種類の管理もある。それは、遺体にかかわる管理である。

ここで、葬儀会館の空間的な特性と遺体、および空間に居合わせる人々の身体の配置（以下、遺体／身体配置と略記）を確認しておこう（表5を参照）。まず、葬祭業者は、病院などで亡くなった遺体を葬儀会館に運ぶ。この遺体は、葬儀会館内の部屋から部屋へと順次移動していくことになる。最初に霊安室、次に儀式会場に運ばれる。そして、葬儀会館から出棺される。こうした移動にはすべてエレベーターを使う。

葬儀会館内の空間区分は病院と似ている。葬儀会館の霊安室は病院のそれと同じように見えるが、家族や親族が見舞う病室とも似ていて、家族や親族が付き添うこともできるような設備が整っている。エンバーミング施設は、医師や看護師といった医療従事者だけに入ることが許されている手術室のようである。この部屋には、遺族も一般の会葬者も入ることはない。つまり、ここで遺体を見ることができるのは、エンバーマーと葬祭業者だけである。

ただし、先ほど記述した式場内は病院内の部屋にたとえることが難しい。そこでは僧侶、遺族、会葬者らが一堂に会する。このとき、彼らは、直接遺体を見ていないし、見えるようにはなっていない。花で飾られた祭壇とそこに置かれた遺影のほうに視線が集中する。彼らが遺体を見るのは、出棺前のお別れの儀式で、棺の中に花を入れるときである。彼らは、儀礼の流れにのっとって遺体を見ている。

ここまで葬儀会館に人々が集まったとき、それぞれの空間に適切に振り分けられる遺体／身体配置について記述してきた。これらの適切な遺体／身体配置を主に管理するのは葬祭業者である。その管理のなかでも、注意を要する空間がエレベーターである。

エレベーターは、通常であれば、葬儀会館内を移動するすべての人々に乗ることが許されている。その結果、葬祭業者、遺族、会葬者、遺体が同じ空間に居合わせる可能性が生じる。ただ、これはあくまで可能性の範囲内である。これらの人々は、葬儀会館内を移動するためにエレベーターに乗ろうとするが、みんなが同じ部屋に行くとはかぎらないのである。[45]

そして、エレベーターにこれらの人々が乗り合わせることは、人々が集まる式場とは全く異なった意味空間を構成することになる。たとえば、葬祭業者は、病院から搬送してきた遺体を霊安室などに運ぶために乗りたい、しかし、そこに別の家の葬儀に出席するために葬儀会館を訪れている会葬者など遺体と関係がない第三者も乗りたいという状況が生じる可能性がある。

このとき葬祭業者は、エレベーターの停止階を限定できる操作ボタンがあれば、それを使う。[46]このボタンは、通常の業務であれば用いられない。ボタンがない場合は、他のスタッフと連携してエレベーターを使用させないようにする。具体的には、遺体をエレベーターに乗せる前に他のスタッフに連絡をとってエレベーター前で待機させ、会葬者に別のエレベーターへの移動を促すか、もしくは「しばらくお待ちください」と使用させないよう声をかける。このとき、待たされる会葬者は、エレベーター内に誰が乗っているのかは全くわからない。

エレベーターでの遺体搬送時、式場に向かおうとする会葬者の移動を封じる。それまでは式場という表舞台への通路ともなっていたエレベーターが、葬祭業者が業務をおこなう舞台裏へと転じている。この意味の変化しやすい空間では、遺体のほうが優先されている。

では、仮にエレベーター内で遺体に関係がない第三者と葬祭業者が乗り合わせた場合、葬儀会館のどのような側面が明らかになるのだろうか。ここでは、とりあえず以下のことが指摘できるだろう。

一点目は、不特定多数の死である。葬儀会館の機能性のところでも明らかにしたように、葬儀会館は、そこで儀礼をおこなう遺族らにとって自分のためだけに使える場と時間を提供する。一方で、日常的に死が生起し、儀礼が日々おこなわれることで施設は運営されているという現実がある。たとえ、そこが死や葬儀を専門的に扱っているからこそ利用しようと思ったとしても、いざ利用者がその状況を目の当たりにした場合、自分たちに関係のない死者と遺族が葬儀をおこなうことで維持される施設だと意識することになる。葬儀会館がどのようにして維持・運営されるのかを遺族は知っていたとしても、それをできるだけ意識させない配慮が必要なのである。

二点目は、一点目ともかかわるが、儀礼としての「厳粛さ」や「格調」とともに象徴的に死者が作り上げられる以前の姿を見せてしまうことである。式場がメインであるかのように謳われる葬儀会館では、生前の写真や祭壇、人々の儀礼的所作によって哀悼される対象となることで、死者が単なる遺体としてではなく、象徴的な意味をもち、人格的に表象される。しかし、エレベーター内の遺体は、象徴的な意味をもたない状態の「死」である。つまり、エレベーター内の遺体は儀礼がおこなわれれば「二人称になるはず」の遺体だが、それ以前には「三人称の死」という一面があることが明らかになる。

三点目は、葬祭ディレクターとしての役割イメージとは別なイメージを与えてしまうことである。儀式会場でも見たように、彼らは、儀礼としての「厳粛さ」を演出するために人々の所作や視線を管理し、スムーズに進行させている。この進行は、先ほども述べたように「死」を象徴的なものに作り上げるための過程でもある。その一方で、エレベーターの「死」(遺体)は、こうした過程を経ていない姿として、われわれの眼前に現れる。エレベーター内の「死」は、葬祭業者にディレクターとして以外に、遺体を運ぶという別の役割を印象づけてしまう。葬儀会館で葬祭ディレクターとしてのイメージを保持するためには、別の役割を見せないことが必要なのである。

以上、仮に第三者と遺体、葬祭業者がエレベーターに乗り合わせた場合について言及したが、実際には葬儀会館内での遺体の搬送は、前にも書いたように他のスタッフと連携するか、もしくはエレベーターの操作ボタンによって厳密に管理されていて、彼らが遭遇することはほとんど起こりえない。

遺体ホテルと直葬

葬儀会館は、葬儀をおこなうことが前提になっている会館である。これに対し、葬儀はおこなわなくとも遺体を安置するだけのいわゆる「遺体ホテル」（遺体保管所）が登場する。こうしたホテルが登場する背景には、火葬場不足と直葬の増加があると考えられている。しかし、「遺体ホテル」開業に際しては、反対運動が起きる場合がある。

二〇一一年十月に大田区内で遺体を冷蔵保管する「御遺体保管所」が開業し、これに対して大田区議会では法整備を求める意見書を提出した。大田区のウェブサイトに記載されている意見書を一部、抜粋しよう。

　この施設が開業した地域は、住宅の他、商店、病院、保育園及び学校等があり、これまで住民が平穏な生活を営んできた所である。今回、このような街中に降ってわいたように「御遺体保管所」ができたことによって、通学路でもある道路を霊柩車や寝台車が日常的に行き交い、遺体が昼夜の別なく出入りすることになった。

　こうした地域において、遺体を保管する施設を営業し、遺体の搬出入を行うことは住民の宗教的感情と相容れないものであり、公衆衛生や交通安全面からも大きな不安を与え、地域住民の平穏な生活を脅かす状況となっている。

　本来、このような葬儀に関連した行為については、火葬若しくは埋葬又は火葬場、墳墓、墓地若しくは納骨堂についての基準等を定めた「墓地、埋葬等に関する法律」（昭和二十三年法律第四十八号）において規制されて然るべきものである。

　しかしながら、同法においては遺体となってから火葬又は埋葬までの間の保管方法及び業としてこれを行うことについては何等規定がなされていない。

一方、保管という行為から「倉庫業法」（昭和三十一年法律第百二十一号）による規制をみると、同法施行規則運用指針により、『ある営業行為の一部を取り出してみると「保管」といいうる場合でも、全体としてみると、「供養」等他の行為であると認められる営業形態は、倉庫業ではない。』とされている。このため、遺体の保管は同法の適用から除外され、営業登録などの規制を受けずに自由に営業ができる状況となっている。

こうしたことから遺体保管を目的とする営業等については、そのニーズがある一方で、生活環境との調整を図る必要性が認められるため、大田区議会は、政府に対し、適切な法整備を早急に求めるものである。

以上、地方自治法第九十九条の規定により意見書を提出する。(47)


前記意見書は、二〇一一年十二月六日に衆議院議長、参議院議長、内閣総理大臣、厚生労働大臣宛てに提出された。こうした事態を受けて大田区では、すでに制定されていた「地域力を生かした大田区まちづくり条例」に「第四章　葬祭場等の設置に係る調整」の条項を入れ、一二年三月に公布した。葬儀会館、遺体ホテルなどの遺体保管所は、法的な根拠が曖昧であることにより、また需要があったとしても反対運動などが起き、生活空間からはいまだに排除されやすい施設である。空間的な死の排除は、地域での政治的な問題であると同時にそうした排除の政治性は、遺体を三人称の視点から見る人、二人称の視点から見る人という立場の分断を再定式化する。たとえ、そこで最後の別れをすることになるにせよ、生活している人々にとって、遺体が運ばれる施設を目にすることへの抵抗感は根強いのである。

前記の意見書には、遺体を空間的にどう扱うかについて考えさせられる文言が含まれている。「御遺体保管所」での遺体の搬出入は、「住民の宗教的感情と相容れない」とあるが、宗教的感情というよりも日常的な遺体の搬出入は排除されて当然という前提がある。街中や住宅地ではなく、どこか遠い別の場所であればいいということだろう。

そのうえ、「御遺体保管所」という施設の法的根拠として、「墓地、埋葬等に関する法律」（墓埋法）を挙げているが、墓埋法では、死後二十四時間以内の埋葬と火葬の禁止が定められていても、遺体となった時点から火葬までの遺体の位置づけとその保管方法を示しておらず、遺体がはたして「人格をもったヒト」なのか、「人格をもたないモノ」なのかが判然としていない。「人格をもたないモノ」であれば、倉庫業法が適用されることになるが、意見書のなかにある、「「供養」等他の行為であると認められる営業形態は、倉庫業ではない」という文言からは、遺体を保管する施設の法的位置づけの曖昧さがうかがえる。さらには、遺体が人目にふれないようにする場合、遺体を冒瀆しているとはいえず、葬送行為だと法的に判断することは難しいが、放置した遺体が人目にふれる可能性を知っていた場合、死体遺棄罪として刑法で問われるおそれも生じる。(48)だとすれば、遺体を扱う施設は、ひとまず「ヒト」を扱う施設と解釈できるが、それが施設として空間的に配置されたとたん、法的権利をもたない「ヒト」であり、「モノ」のように見る視線が生起している。

墓地や納骨堂以外の遺体を保管する葬儀会館や遺体保管所などの施設は、こうした遺体の曖昧な位置づけを「社会的行為」として、「人格をもったヒトにする」という場所でもある。それがたとえ商品であったとしても、遺体の存在の曖昧さに直面する遺族にとって、また自宅に連れて帰りたくても帰れない遺族にとって、葬儀会館や遺体保管所を迷惑施設だとする断定はできないだろう。こうした点から見ても、遺体を最後に送る遺族と、日常的に死を忌避する地域住民との間には、死を身に帯びた者とそうではない者の差、また遺体の曖昧な位置づけを常態化させる法的機制が見て取れる。

神奈川県川崎市中原区にある遺体ホテル〈そうそう〉は二〇一四年十月にオープンした。この〈そうそう〉について取材した鵜飼秀徳は、「ネイビーとシルバーのツートンカラーの概観が特徴的な三階建て。この建物に看板の類は見当たらず、一見すれば倉庫のよう。住民感情に配慮していると思われる」と記述している。〈そうそう〉の建設の際には、住民の反対運動が持ち上がった。その際、住民が「「厳粛な人の死を、金儲けに使ってけしからん」「こういう施設が近所に存在すること自体、気持ち悪い」」と糾弾していた。

タウンニュース「川崎・中原区版」によると、住宅と工場が混在する地域に遺体ホテルを建設予定だったため、地域住民は「遺体が多数近くにあるのは精神的ストレスになる」「臭いや衛生環境が不安」などと問題点を挙げて、工事前に説明がないのは納得いかないと不満を述べていたという。[49]

しかし、竣工後は住民への内覧会を開き、訪れた住民が「思ったよりも奇麗ね」とつぶやいていたという。料金は一日あたり九千円である。エントランスを入ると正面にチェックインカウンターがあり、コンシェルジュが座っていて、ホールには、ソファやオブジェが置かれ、一般のホテルと錯覚しそうになる。遺体安置室の広さは十畳ほどで、テーブルと椅子が置かれている。保冷庫に遺体を納めるのではなく、棺に入った遺体にドライアイスを当てる。そのため、いわゆるステンレス製の業務用冷蔵庫に入れられているような機械的な感じはないだろう。二〇一五年のこの施設の稼働率は七三％だという。[50]

図16　遺体ホテル（遺体保管所）
（出典：「そうそう　施設紹介」〔http://sousou.jp.net/info/#〕［2017年9月23日取得］）

こうした遺体ホテルの背景にあるのは、葬儀をおこなわず遺体を火葬する直葬の増加であるといわれている。直葬がどのくらいの数値にのぼるかについては正確にわかってはいないものの、第2章でふれたように、直近の

「葬儀についてのアンケート調査」では二・〇％だった。さらに、同調査で直葬についての考えを複数回答で尋ねたところ、「あまりにも味気ない」と答えた人が三五・七％、「故人の希望なら仕方ない」が三三・四％、「できれば自分はそうしてほしい」が二四・八％だった。複数回答とはいえ、「故人の希望」や「自分はそうしてほしい」などが上位回答であることを考えれば、この先も直葬の増加は見込まれる。火葬前に遺体を保管する施設の需要はそれなりにあるだろう。

ただし、遺体ホテルは、単に安くて簡素な葬儀を望む遺族が利用するというわけではないだろう。遺体ホテルの構造からわかるのは、亡くなった家族と過ごす時間を惜しむことができるような配慮がされていて、葬儀会館との機能的な違いはあっても、家族と別れるための施設という点では、葬儀会館の延長上にある施設でもある。つまり、「直葬の増加＝家族との別れの簡素化を希望する人の増加」とは一概にいえない。遺体ホテルは直葬という経済的合理性と「家族との別れ」というケアとの間で、ある種の解決策を提供している。

一方で、施設周辺に居住する地域住民の反対運動は、遺体を速やかに空間的に排除する機制があることを自明とし、そこを利用する多数の遺族が遺族であり続けるような日常性がなかなか許されていない社会であることも示している。遺体ホテルが必要とされるのは、遺族の居住空間に死者を戻しにくい住宅構造になっているためであるし、地域住民にとっても死が日常的な空間にはない。死を住空間に近い場所で預かる「商品化された死」は空間的に排除されるが、遺体が住空間から排除されるものだという政治的・法的な規定はない。そもそも遺体の法的位置づけが曖昧だからである。

大田区議会の意見書からもわかるように、遺体を政治的・法的にどう位置づけるのか、そして地域住民と折り合いをつけて家族との別れや死がいかに社会的に排除されないようにするのかということが、こういった施設を運営するうえで欠かせない要件になっている。死に対して曖昧なままの法制度は、死の空間的排除を定式化するだけで、そうした施設が建設される現実には目を向けていないのである。

まとめ

本章では、葬儀会館という宗教的な施設でもなく死者や遺族らの家とも異なる儀礼空間について考察してきた。家での葬儀が一般的だった頃に葬祭業者自身に向けられた蔑視や批判のまなざしは、葬儀会館という建物へと向けられるようになった。

　「幸福」や「理想」を表現した住空間から排除された死は、地域施設や葬儀会館へと移っていった。しかし、葬儀会館の建設にあたっては、不特定多数の死を扱うという性質から反対運動が起きた。

　この反対運動で、景観という商業性とは無縁な概念を持ち出して批判することは、一見、文化的な価値を重視した正当なロジックのように見える。しかし、同時に葬儀会館が建設される地域に住む人々にとって、地価が下がるなどの経済的な価値の下落への懸念もある。つまり、その地域での経済的価値判断をふまえたうえで葬儀会館の反対運動は展開されているわけだが、景観というレトリックによって、あたかもその文化的価値のもとに展開されているかのような印象が与えられている。景観や環境問題を持ち出して葬儀会館を排除することは、意図的ではないにせよ地域の経済的価値を前面に出さないレトリックともなっている。さらに、遺体を保管する施設が住空間で営業されることに反対する議員は、それらを法的な規制の範疇とする場合、墓埋法だけでなく倉庫業法の範疇ではないかという見方も示していて、遺体を「モノ」であるかのように見る視線を生起させている。

遺体を扱う葬儀会館は、地域にとって文化的にも経済的にも価値をもたない空間とみなされるために、そのことをふまえて外観やコンセプトを練らなければならない。そして、①なるべく地域社会から忌避されないような外観にすること、②商業性を感じさせないような空間にすること、が必要になる。葬儀会館の開発コンセプトやパンフレットの表現で「心」や「多目的」という言葉が使われるのも、地域や遺族らの不快感を招かないようにするためである。

葬儀会館は、不特定多数の死を扱う商品化された空間であるからこそ、儀式の厳粛さや「心」といった心理的なイメージをあえて示さなければならない両価的な空間だといえるだろう。このことは、そこで働く葬祭業者たちの身体にも織り込まれている。葬祭業者たちは、葬儀会館を仕事場とし、そこでの管理を死の隠蔽の技法として身につけている面がある。というのも、葬儀会館のそれぞれの部屋では、様々な姿の死が現れるからである。死者は人格を失っていないという印象を人々に与えるために葬祭業者は、居合わせる人々の行為や視線を管理し続けている。

注

(1) 若林幹夫『郊外の社会学——現在を生きる形』(ちくま新書)、ちくま書房、二〇〇七年、若林幹夫『都市への／からの視線』(青弓社ライブラリー)、青弓社、二〇〇三年

(2) ガストン・バシュラール『空間の詩学』岩村行雄訳、思潮社、一九六九年

(3) 西川祐子『住まいと家族をめぐる物語——男の家、女の家、性別のない部屋』(集英社新書)、集英社、二〇〇四年、一三九ページ

(4) 同書一四六ページ

(5) 経済企画庁調整局編『国民生活白書　昭和三十四年版』大蔵省印刷局、一九五九年、二一一ページ

(6) 前掲『住まいと家族をめぐる物語』一五一—一五二ページ

(7) 新建築学体系編集委員会編『地域施設計画』(「新建築学体系」第二十一巻)、彰国社、一九八四年、一二五—一二六

(8) 同書一二九ページ

(9) 同書一三五ページ

（10）ＪＥＴＲＯ「Japan Economic Monthly」第二十三号、日本貿易振興機構（ジェトロ）日本経済情報課、二〇〇六年、一二ページ。この他にも指摘されるのが、様々な施設の再利用である。たとえば、結婚式場を転用する例を挙げることができる。一九九〇年代以降、いわゆるジミ婚などの影響で結婚式場の採算が見込めなくなったため、葬儀会館へと転用されたケースもある（「ＳＯＧＩ」第十六号、表現文化社、一九九三年、五二ページ）。また、地方では、住宅が少ない郊外に建てられる場合もあるが、都市部やその近郊の葬儀会館は、商店街のなかやスーパー、パチンコ店などの跡地に建つ場合がある。

（11）前掲「ＳＯＧＩ」第十六号、四九ページ

（12）前掲『郊外の社会学』六五ページ

（13）全日本葬祭業協同組合連合会、日本消費者協会（調査委託日本消費者協会、日本消費者協会）『「葬儀についてのアンケート調査」報告書』を参照。年代ごとの参照ページ数は以下のとおりである。前掲『「葬儀についてのアンケート調査」報告書』一九八三年、一二ページ、前掲『「葬儀についてのアンケート調査」報告書』一九八六年、五ページ、前掲『「葬儀についてのアンケート調査」報告書』一九八九年、五ページ、前掲『「葬儀についてのアンケート調査」報告書』一九九二年、五ページ、前掲『「葬儀についてのアンケート調査」報告書』一九九五年、五ページ、前掲『「葬儀についてのアンケート調査」報告書』一九九九年、五ページ、前掲『「葬儀についてのアンケート調査」報告書』二〇〇三年、五ページ

（14）二〇一四年の葬儀場所は、前掲「第十回「葬儀についてのアンケート調査」報告書」八ページを参照。一七年は、前掲「第十一回「葬儀についてのアンケート調査」報告書」を参照。

（15）「FUNERAL BUSINESS」二〇〇二年四月号、綜合ユニコム、八―九ページ

（16）小見喜保／大坪育夫編「フューネラル「ビジネス＆マーケット」データファイル 二〇一二」綜合ユニコム、二〇一二年、一四〇―一九七ページ

（17）前掲『「お葬式」の学び方』一六〇―一六一ページ

（18）芙蓉情報センター総合研究所編『人生80歳時代における大都市での葬儀システムに関する研究』総合研究開発機構、一九八五年、九―一二八ページ

（19）前掲「葬儀社の進出と葬儀の変容」一〇一―一〇三ページ
（20）事件番号「平成十四（ネ）三六三四」、事件名「葬祭場営業禁止請求控訴」裁判年月日平成十五年一月十六日、東京高等裁判所判例、一ページ（http://www.courts.go.jp/search/jhsp0030?action_id=dspDetail&hanreiSrchKbn=01&hanreiNo=53&hanreiKbn=03）［二〇〇八年八月十二日アクセス］
（21）「SOGI」第二十四号、表現文化社、一九九四年、二五―三七ページ。ただし、これは、斎場建設反対運動を取材した「SOGI」編集スタッフが取材に基づいて作ったモデルケースであり、実際の事例そのものではない。
（22）「タウンニュース鎌倉版」二〇〇七年六月一日号（http://www.townnews.co.jp/020area_page/03_fri/01_kama/2007_2/06_01/kama_top1.html）［二〇〇八年八月十二日アクセス］。「タウンニュース」は、神奈川県内と東京都町田市を対象とした地域新聞で、「朝日新聞」「読売新聞」「毎日新聞」各紙に折り込みで配布され、発行エリア内をカバーしている。
（23）同ウェブサイト
（24）エドワード・レルフ『場所の現象学』高野岳彦／阿部隆／石山美也子訳（ちくま学芸文庫）、ちくま書房、一九九九年
（25）前掲『消費社会と権力』二〇ページ
（26）同書二〇―二一ページ
（27）アーヴィング・ゴッフマン『行為と演技――日常生活における自己呈示』石黒毅訳、誠信書房、一九七四年、一六一ページ
（28）「SOGI」第十号、表現文化社、一九九二年、四五ページ
（29）「SOGI」第十一号、表現文化社、一九九二年、二六―二七ページ
（30）同誌三三ページ
（31）同誌二六ページ
（32）同誌二五―二六ページ
（33）「SOGI」第十三号、表現文化社、一九九三年、五〇ページ

(34)「SOGI」第十二号、表現文化社、一九九二年、三一ページ

(35)同誌三二ページ

(36)「SOGI」第十九号、表現文化社、一九九四年、六二ページ

(37)「SOGI」第二十三号、表現文化社、一九九四年、五三ページ

(38)前掲『場所の現象学』二九五ページ

(39)「SOGI」第十五号、表現文化社、一九九三年、四六ページ

(40)このパンフレット当時、A社S会館は、一階と三階に式場を備え、四階には霊安室二部屋、二階と三階に親族控え室が一部屋ずつ、計二部屋あった。

(41)二〇〇六年、A社勤務のBさんから聞き取り。同様の話は同じくA社勤務のJさん(三十代男性)からも二〇〇二年十一月五日に聞いた。

(42)「SOGI」第十七号、表現文化社、一九九三年、一〇四ページ

(43)「SOGI」第三十六号、表現文化社、一九九六年、三一ページ

(44)前掲「SOGI」第十七号、一〇四ページ

(45)このようなエレベーターの業務については、サドナウの死体安置室係員の記述が参考になる(前掲『病院でつくられる死』九八―一〇〇ページ)。

(46)筆者が二〇〇二年十月から〇三年三月までフィールドワークをおこなっていたS会館では、停止階限定ボタンがなかった。その後、建てられた同社所有の別の会館には、エレベーターに停止階限定ボタンが設置されていた。また、業務用エレベーターと会葬者が使うエレベーターが完全に分離されている場合や、個々の葬儀が別々の建物でおこなえるような葬儀会館の場合、葬祭業者が会葬者を遠ざける必要はない。

(47)大田区「「御遺体保管所」を業として行うものに関する法整備を求める意見書」(http://www.city.ota.tokyo.jp/smph/gikai/honkaigi_iinkai/ketsugi/h_23/23ikensyo03.html)［二〇一七年九月二十二日アクセス］

(48)死体の遺棄とは、「埋葬等の方法によらないで死体を遺棄すること」であり、埋葬義務者が死体を放置する場合も死体遺棄罪が成立するとされる「死体遺棄罪が不作為による場合、その作為義務は葬祭義務と呼ばれることが多い。

ただ、判例でも葬儀をおこなう義務はないとされていることから、その義務内容は、死体を葬るためにそれを埋葬または火葬することである」と刑法学者は指摘している。さらに、秋田地裁一九九三年一月二十七日判決では、「死体を押入れに隠匿した状態のまま放置して、出稼ぎのため東京に出奔」し、遺体を人目にふれさせる可能性があった場合を不作為による死体遺棄としている（松尾誠紀「死体遺棄罪と不作為犯」「法と政治」第六十八巻第一号、関西学院大学法政学会、二〇一七年、七七―七八ページ、九八―一〇二ページ）。このような点から遺体を放置し、人目にふれさせる、もしくは火葬する義務を果たさなければ死体遺棄罪に問われるものの、自宅で遺体の尊厳を守り、遺族が遺体を安置するような葬送における義務については確定していないため、遺族が自宅や施設空間内で遺体を安置する行為は法の範疇で判断しにくい。

（49）「宮内の住民遺体保管所建設に「反対」」「タウンニュース」川崎・中原区版、二〇一四年七月十八日号（http://www.townnews.co.jp/0204/2014/07/18/244709.html）［二〇一七年九月十八日アクセス］

（50）鵜飼秀徳『無葬社会――彷徨う遺体　変わる仏教』日経ＢＰ社、二〇一六年、三〇―三三ページ

第4章　葬祭業教育と遺族へのかかわり

1　一九八〇年代の葬祭業者たちが感じた職業イメージ

終戦直後の葬祭業は、管轄省庁が定まっておらず、サービス業として行政から位置づけられるようになったのは一九七〇年代に入ってからだが、すぐに大衆からサービス業として認知されるようになったかというと必ずしもそうではなかった。社会的地位の向上と大衆からの葬祭業に対する批判的まなざしをかわすことは、長年にわたって葬祭業界の課題になっていた。

批判をかわすには、時代的な変化を待つだけではなく、教育によって葬祭業者自身を変えていくような努力も必要とされた。この場合の教育は、業界内では資格制度に対応させた葬祭ディレクター教育として、会社内では葬祭業のサービスと利益の向上を意識させるためにおこなわれている。

このような教育は、現在では当たり前のように考えられているが、一九八〇年代以前は、そうではなかった。八〇年代前後の葬祭業者たちの職業的自己規定は、「職人」であった。したがって、葬祭業の地位向上という点からもそのような職業的な自己規定を変え、サービス業としての振る舞いを身につけることが目指されていた。

ところで、葬祭業に対する大衆のイメージは、アメリカの大衆が生命保険業に対して抱いたイメージと似ている。ゼライザーは、そのエージェントが、慈善的な宣教師という自己イメージと人々の苦悩に付け込んで儲ける強欲なセールスマンという大衆イメージに引き裂かれるようなアンビヴァレンスを経験していたと指摘している。[1] 葬祭業でも、そのようなアンビヴァレンスが経験されたかどうか、あるいは、大衆から葬祭業はどのように見られていたと感じていたのか、ということを探ってみたい。

葬祭ディレクター資格制度の導入でも明らかになっているように、葬祭業は、社会的に忌避される仕事だ、と葬祭業者たちは感じていた。では、管轄省庁が確定しサービス業として出発した後でも、葬祭業者たちは蔑視されていたと感じていたのか。それらについて知るため、葬祭業者たちの語りだけでなく、葬儀ならびに葬祭業に関して書かれた出版物をいくつか取り上げる。ただし、葬祭ビジネスについて書かれたビジネス本などは取り上げない。なぜなら、葬祭業に関する大衆のイメージを検証するうえでは、産業としてどれだけの成長性が見込めるかを示す資料はほとんど有効とは思われないからである。

ならば、葬儀に関する一般書籍は、資料として有効だろうか。まず、マナー本はあまり有効とはいえない。マナー本は、あくまで大衆に対して葬儀のときにどのように振る舞うかを説いているため、大衆にとっての規範を知るうえでは役にたつが、葬祭業に抱いていたイメージを知ることは困難である。

数は少ないが、葬祭業界誌や葬祭業者自身が書いた本がある。また、真偽がわからないような大衆向けの葬祭業に関する告発・批判本などもある。特に告発・批判本を読むと、ビジネス本やマナー本と違って、いくつか似たような表現に出合うことがある。それは、「詐欺」や「だます」といった表現である。告発・批判本は、裏事情を暴露したり批判目的で書かれているため、大衆の葬祭業に対する一般的なイメージをどれだけ反映しているかについては、慎重に考えなくてはならない。とはいえ、大衆が漠然と抱いている葬祭業のイメージの一部が表現されていると考えることはできるだろう。それらを葬祭業者たちの語りを補強する材料として用い、葬祭業者たちがどんなふうに人々から「見られていた」と感じていたかを提示してみたい。

ただし、実際、葬祭業者が大衆を本当にだましていたかどうか、そして、本当に大衆から蔑視されていたかどうか、といった真偽は問わないことにしたい。サービス業として行政から認められた一九七〇年代後半から八〇年代にかけても、大衆から蔑まれるような職業イメージが葬祭業に与えられた経緯と、それが葬祭業者自身のなかでどのようなアンビヴァレンスを引き起こしたのかに着目していく。

葬祭業者が感じる大衆からのまなざし

社会全体が豊かさを実感していた一九八七年から葬儀社に四年あまり勤めた八尋一郎は、その著書『葬儀屋さん』のなかで、この頃の葬祭業界について次のように述べている。「葬儀の仕事そのものがブラックボックスに入っていて、外からうかがうことができなかったためでしょうが、業界の体質を問うというより、このブラックボックス自体、死をタブー視する日本の社会が作り上げてきたものというのが私の実感でした」[2]では、当時、現場で働いていた葬祭業者側は、大衆からどのように「見られている」と感じていたのだろうか。一九八〇年前後から葬祭業界で働いてきたMさん[3]が感じていたのは、遺体を扱うという仕事の特殊性に対する人々のまなざしが、葬祭業を蔑視することへとつながっていたということである。

死って誰しも嫌うことでしょ。自分は死なねーと思ってるわけだから。死は絶対避けたいものでしょ。だから、その言い方は変だけども、死体を、遺体を、ご遺体を、遺族でさえ亡くなっちゃったら触りたくないっていうか、あるわけでしょ。だからそういう自分の身内でも触りたくねーのに、他人のご遺体触るわけでしょ。そういうのやってる人って変わってるんじゃないのって。僕の時代にね、どっちかっていうと、怖い人。世の中の偏見がもうすごいあったよね。霊柩車の運転手してる人もそう。火葬場の火夫さん。言ったら悪いんだけど、いまは職業に制限はないけど、葬儀屋なんて言い方悪いかもしらんけど、清掃業者さん、ごみ屋さんより下だね、って言われた時代だからね、俺たちは。だから、差別はすごくあったよね。俺は葬儀社に僕の時代でやってる人はそういう目で見られてっと思うよ。変わりもんかねっていうような。そういう面はひどかったね。ほんとに。だから結局、葬儀社って、いまの人は違うかもしれないけど、葬儀社って横柄だとか態度が悪いだとか、でもね、それって一般の人がそういうふうに植えつけちゃった部分もあるんだよね。だからどうせ「葬儀屋さん」とか。だから目には目をじゃないけど、結局そういうこと思ってるんだったらっていう。(4)

人が「絶対避けたい死」にかかわり、遺体に触るという仕事がどのように一般の人々から忌み嫌われたかについて語っている。この場合の遺体は、親しい誰かの遺体ではなく「不特定多数の遺体」である。遺族らが遺体に触ることと葬祭業者が遺体に触ることとは、全く別の意味――家族であれば、別れを惜しんで遺体に触るかもしれないが、葬祭業者は、遺体を移動するために触る、など――をもっている。

遺族が遺体に触る／触らないという行為は、愛情の表れや死の忌避など、その行為の選択には自由度がある。一方、葬祭業者が遺体に触るのは職務であって、愛情や死の忌避とは関係ない。「自分の身内でも触りたくねーのに、他人のご遺体触るわけでしょ」という発言は、「不特定多数の遺体」に葬祭業者は「必ず触る」という人々の葬祭業に対する認識をふまえた発言だと考えられる。

Mさんが葬祭業を始めた時期は一九八〇年代前後だが、当時は、まだ家での葬儀（＝自宅葬）が多かった。Mさんによると約八割が自宅葬だったという。その場合、葬祭業者が遺体を運んでいる様子を目の当たりにすることになり、人々にとっては、「不特定多数の遺体に触る仕事」として認識されやすかったと考えられる。

また、サービス業として行政から位置づけられていたが、当時の葬祭業者たちに遺族や会葬者らに配慮する仕事という認識はあまりなかったようである。葬儀の場所と葬祭業者の身体的な作業の違いについては、全葬連のK氏も次のように述べている。

その、自宅での葬儀という時代は、どちらかというと力仕事の時代だったんですね。従業員、社員から見ればですね。ところが斎場というふうに変わってですね、もう力仕事いらなくなったと。ところが、斎場というところにきて、そういう力仕事いらなくなってむしろまさに接遇ですよね。ここに重点が置かれてきたと「いうことです」(5)。

葬儀場所が、死者や遺族らの家である場合、葬祭業者は各家々に出向いて遺体を運び、祭壇を組み立てるという「力仕事」がメインになる。したがって、遺族や会葬者らを「お客様」として扱うという態度が身体化されていなかった。どちらかというと、葬祭業や死にかかわる職業への蔑視に対する抵抗として、むしろ横柄な振る舞いを作り出したとMさんは感じている。そういった横柄な振る舞いそのものを正当化できるかどうかは別としても、葬祭業者に特有の振る舞いや所作が、人々の葬祭業という仕事へのまなざしを感じ取ったことによって作り出されていた部分はあっただろう。

ただし、遺体を扱うことだけが大衆からの蔑視につながっていたと感じていたわけではないようである。Mさんの前の発言とは別に、死に対して金銭が絡む仕事ということに対する、次のような発言を挙げることができる。

すごい偏見の目があったよ。一つ、何を言われるかって、一般の人が何を言うかっていうと、「人の不幸でお金をとってるんでしょ」っていう見方が強かったってことだよね。(6)

遺体を扱うだけではなく「人の不幸でお金をとってる」という、死を商業的な対象にすることへの批判というまなざしをも感じ取っていた。このことは、呼びかけ方の違いにも現れている。

葬儀屋？　え？　葬儀屋？　いまは、たとえば○○社さんとかって言ってくれる時代でしょ。俺らのときは

「葬儀屋」だから。一般の人が言うのはね、「葬儀屋さん、葬儀屋さん」って言われる時代だから。で、いまは社名で読んでくれる。〇〇社さんとか、たとえば、「葬儀社さんの方ですか」って、「葬儀社」っていうのと「葬儀屋」の違いが、だいぶ違うでしょ。俺たちは「葬儀屋」だから。その若い頃はね、葬儀屋さんて言われる時代でしょ。それが大きな違い。(7)

「葬儀屋」という呼び方は、必ずしもその職業の正当な評価を示した呼び方ではないとMさんは感じている。「〇〇屋」というのは、八百屋や三河屋などと同じく商売を営む人や店を指す。葬祭業者たちは、実際、葬儀社に勤める会社員であったとしても、個々人が商いをしているように見られていたと感じていたのではないだろうか。「葬儀社さん」という呼びかけ方は、人々が葬祭業者を会社員と見るようになったというまなざしの変化を象徴しているのだろう。

死が金銭と結び付けられて蔑視される傾向は、戦後に限ったことではない。ただ、戦後の葬祭業でもそのようなイメージが広まっていった一因には、冠婚葬祭互助会とその入会者の間で生じたトラブルもあるのではないだろうか。

劇作家の飯沢匡は、テレビで見た互助会の問題について、次のように述べている。

被害者というか利用者と会社の幹部がNHKの司会者を前に対立していたが、この面構えじゃ利用者は完全になめられていると思った。こういう憎らしい構想を考え出す人間は、法網をかい潜って利用者の心理の弱さを狙うのが常法だ。詐欺すれすれのところで金儲けをするのであるが多くの利用者は株式会社という営利団体とは気がつかず自治体の外部団体と考えていたようである。そう思わせるような口吻をしているが「だ」とはいっていないので詐欺にはならないという微妙なところはネズミ講とよく似ていた。それにしても「人並みの葬式」という人間最後の虚栄心を狙っているところは、よく日本人心理をついていると思った。(8)

互助会は、掛け金を前払い制にして、葬儀だけでなく結婚式もおこなっている。しかし、一九六〇年代から加入者との間で、「追加費用をたくさん取られた」「解約に応じてくれない」といったトラブルが発生した。[9]

飯沢が取り上げた互助会の問題になっている内容は、「人々に掛金を払わせ、いざ葬式というときに、人並みの葬式が出せるよう錯覚させているが、実際に、そのときになると、いろいろと追加料を払わなくては葬式の態をなさぬ仕掛けになっている[10]」というものだった。追加費用の問題は、結婚式でも生じていた可能性があり、葬儀に限定されたものではないはずである。しかし、彼があえて取り上げたのは、葬儀について書かなければならないという制約があったにせよ、結婚のように幸福な行事に支払われる費用の問題ではなく、「人間最後の虚栄心を狙っている」という、死と金銭との結び付きを指摘し、道徳的な批判が展開しやすかったからではないだろうか。

葬祭業者たちは、「だます」や「罠にひっかける」というイメージでもって見られていたことを感じていたが、そのような視線は、葬祭業者が仕事を続けていくうえでの壁として直面せざるをえない現実だったと考えられる。では、葬祭業者たちは、仕事を続けていくために、葬祭業という仕事をどのように意味づけていたのだろうか。

利他的動機の生成

大衆からの批判的なまなざしを感じながらも、仕事を続けていくことは容易ではなかっただろう。葬祭業者たちは何を支えに仕事をしていたのだろうか。

この仕事をやってて最初に感じたことはね、お金をもらう商売でありながら、すべてじゃないけどね、ほんとによくやってもらってありがとうって。お金をもらうのに、向こうからほんと色々わからなくてありがとうございましたね、だから今うちにいる人たちもそうだと思う。それが十件中ね二件でも三件でも言ってくれる家があるからこそ、やりがいがあるっていうことかな。やっぱりそんな商売ってないでしょう[11]。

葬祭業でなくてもそのようにお礼を言われる仕事はあるだろう。しかし、死を介した「商売でありながら」お礼を言われるというところが、葬祭業者たちの支えになっている。死を介した「商売であるがゆえに」蔑まれると感じることがあるとしても、そういう仕事であるがゆえに、「商売以上の」感謝を受け取ることもある。そのことは、葬祭業者たちが仕事を続けていくうえでの動機として語られる。筆者がインタビューした別の三十代（二〇〇二年当時）男性葬祭業者も、Ｍさんと同様のことを話していた。このような「感謝される仕事」や「世の中のためになる」といった利他的な仕事という認識は、他者からいつも与えられるものとはかぎらない。

大阪市で葬祭業を営む四十代男性（二〇〇二年時点で四十歳）のインタビュー記事のなかでは、家業を継ぐときの決意が語られている。彼の父親は、彼が中学生のときに葬儀社を興す。インタビュイーは家業を継ぐ前、サラリーマン生活をしていた。次に引用するのはサラリーマンから家業に戻ったときの話である。

インタビュアー：葬祭業に真剣に取り組もうと決意された。その転機となったのはどのようなことですか。

インタビュイー：この職業は社会的に蔑視されているところがあります。当時はそれが今よりずっと強く、家業にもどってから、二十三歳くらいの時、とてもつらい経験をしました。同じ仕事をしている両親は町内の人たちから慕われていてそれを誇りに思っていましたし、人をだましているわけでもなければ悪いことをしているわけでもない。なぜ蔑視されるのか。そのとき、「あの葬儀社なら信頼できる」と言われるような仕事をしていこう、もう他の職業にはつかない、と決意したんです。先日、入社二年目の若い社員と話していたら、なぜこの仕事をしているのか、やっていることの意味がわかっていないようでした。（略）社会的な蔑視は十五年前に比べたらずいぶんやわらかいものにはなりましたが、今でも残っています。若い社員がそういうものにぶつかってつらい思いをしたとき、彼を支えてくれるのは、世の中のためになる仕事をして

いるという誇りだと思うからです。(12)

このインタビュー時から十五年前の一九八〇年代後半頃、彼が家業を継ごうとしたときには、職業蔑視が残っていたという。「だましているわけでもなければ悪いことをしているわけでもない」というように、「人の不幸につけこんでだます（お金をとる）」と一般の人々から思われていたことを感じ取っている。ここで語られる「世の中のためになる」という利他的動機は、職業蔑視とコインの裏表の関係にあるといえるだろう。なぜなら、もし、その職業が本当に「世の中のためになる」と人々からもイメージされていたならば、そのような仕事であることをもっと早くからアピールできるはずだからである。

人が亡くなったとき、「世の中のためになる」という思いがあるにもかかわらず、人の死で経済的利益が得られるということは、その仕事を遂行していくうえでのジレンマとなる。これを回避する方法が、他者からの評価を期待しないような利他的動機だったといえるだろう。「人の不幸でお金を取る」、あるいは「だます」という大衆からの職業イメージの否定として、そして現場の葬祭業者たちが自らの仕事を続けていく動機として、金銭的な問題ではない「世の中のためになる」という利他性が必要とされた。

そして、この利他性は、葬祭業教育へも生かされることになっていく。

2　身体の意識化

「見る」身体から「見られることを学ぶ」身体へ

葬祭業のサービスには、儀礼に必要な物品を提供するだけでなく、葬祭業者自身の身体をも含まれる。こうしたサービス業での身体的な実践——表情、身だしなみ、振る舞いなど——は、他のサービス業と多くの点で共通する。たとえば、ホックシールドは、サービス業に従事する者は、すべて感情労働者であると述べ、労働者の感情が社内教育などによって管理されることを明らかにしている。(13)

そこで、業界の資格制度化に伴う教育、ならびに社内教育によって葬祭業者の身体はどのように変わったのかに焦点を当てる。このような作業は、葬儀の商品化という歴史的過程が葬祭業者の身体にどのように刻印され、そして自らの仕事に対して葬祭業者たちがどのようなことを感じるようになったのかということを見ていくためである。

ここでは、葬祭ディレクター技能審査試験（以下、葬祭ディレクター試験と略記）用の参考書、参与観察記録やインタビューなどから、現在望ましいとされている葬祭業者像について記述していく。葬祭ディレクター試験の参考書を取り上げるのは、葬祭業者の理想の姿が描かれていて、社内教育などにも多大な影響を与えているためである。

戦後の葬儀は、家（＝自宅）でおこなわれることが大半であり、祭壇を運び日常の生活空間を儀式空間に変える作業が必要だった。このとき、葬祭業者たちは、現在のような身体の使い方をしていたわけではなかった。中高年の葬祭業者たちが必ず口にするのが、葬祭業は「職人」的であるということや「徒弟制」だったということである。

「職人」的な教育方法について、前節で掲載したMさんのインタビューからたどってみる。以下のMさんの語りは最初に入った大手の葬儀社で経験したことである。

いまと違って、斎場飾りっていうのは十のうち二件くらいしかないから、すべて自宅だから。いまと違って自宅ですからね、装飾幕の時代だったわけ。っていうのは、いまは装飾幕ってある程度、こうひだとかできてる幕があるんだけど、その当時は自分たちですべて装飾しなきゃいけないのね。テーブルも何も全部ひだとったりとか。それは価格に応じて、たとえば、いまうちで後ろ式場のバックのなか張ってあるでしょ。あれのまわり、装飾をつけるわけですよ。なかには天井が汚いから天井まで張るわけですよ、白のきれでね。それが自宅でやるのにおよそ一時間半くらいかかるんですよ、幕張るのにね。それができないと、まぁ。そこが職人気質なんだよね。

——それができるかできないかでベテランかどうかの差がでる。

でちゃう、あと時間的な問題。それが、教わるわけじゃなくて、目で見て覚えるという時代だね、体でね。ああやってとってたか。いまみたい、うちみたいにテーブルやってこんなことやって練習なんかさせてくれないわけ、すべて現場で覚える。先輩がこうやって張ってるのを遠くで自分が仕事しながら、ここから仕事しながら祭壇運びながら、ああやって張るんだ、って覚えるしかない。(14)

生活空間を覆い隠すための装飾幕を張ることが、葬祭業者たちにとって重要視されていた仕事だった。ただし、この仕事は、大衆や行政が重要だと認めていたというよりも、「葬祭業者たちのプライド」として重要だったと考えられる。現在おこなわれている葬祭ディレクター試験で幕張り装飾の技能が試験項目の一つになっているほど、葬祭業を象徴する仕事だった。

しかし、この装飾幕の張り方は、誰かに教えてもらうような類いではなく、遠くで先輩の仕事を盗み見ながら覚えることだとされていた。誰もが同じような技術、質の高さを目指す現在の教育システムと違って、いかに先輩の仕事を観察し、それを習得していくかで技術の良し悪しが決まるという身体感覚が重視されていた。とはいえ、そのような徒弟的な仕事の習得は、非効率なやり方でもあった。かつて大手葬儀社に勤め、現在、専門学校で教育者として携わるO氏は、幕張りの技術について、「こういう葬儀の式場で幕を張るっていう技術があるんですけど、誰も教えてくれないんですね。だから、見よう見まねで三年かかるとか言われてたんだけども、筋道立てて整理して、系統立てて教えれば、三年かかるところ、器用な人であれば一カ月あればできるんじゃないか……[15]」と話す。

葬祭業の仕事で経験による身体感覚が重視されていたことは次の語りからもわかる。

受付テントを張る場所、大きさの規模は、ほとんど測るとかの問題じゃないんですよ。目で見てこれは入る、入らないの判断でやってたんですよ。

昔はどうやってたかっていうと、式に就くでしょ、就くと目で合図するしかないんですよ。次はこれだ、これが終わったらこれ、目で合図してたって時代でしょ。自分が気づいたら動く。[16]

仕事そのものが自らの身体、特に目を使うことだった。しかし、その後、家でよりも葬儀会館での葬儀が増えたことや、葬祭ディレクター試験の制度化と社内教育の推進などによって徐々に変わっていく。特に葬儀会館と葬祭ディレクター試験が葬祭業者の作業する身体を大きく変えた。

葬儀会館では、まず幕を張る必要がなくなった。そこでは、すでに儀式のための空間が用意されていて、目を使って判断することが少なくなった。さらに、葬祭ディレクター試験は、葬祭業者たちの作業する身体が試験官たちによって評価対象として見られるという、「見られることへの馴れ」を作り出してきた。

葬祭ディレクター試験も回を重ねて、試験項目の採点比重も変わってきた。かつては試験項目のなかで、「幕張り」の比重が高かった。しかし、二〇〇〇年から導入されたロールプレイングによってこの傾向が変わる。「ＳＯＧＩ」第六十四号では、「葬祭ディレクター技能審査の実技試験の内容が、幕張りの比重を低くし、交渉実演という対お客のロールプレイングを昨年から採用したことに象徴されるように、祭壇を中心とする設営作業からお客への接遇・相談業務が大きな比重をもつものとなった[17]」と指摘している。

葬祭ディレクター二級受験者用のテキストの一つである『葬祭サービス基礎教育講座』にも、「お客様の視線でのお客様に理解していただける説明、必要な情報の提供、各種の相談への適切な対応は欠かせない。そしてサービス業である以上、お客様から高く評価される接遇サービスは不可欠である[18]」と書いてある。

葬祭業者は、かつて自らの身体を使って幕や祭壇へと視線を向けていたが、「お客様の視線」という「見られる」身体、評価される身体へと変わっていった。したがって、態度でも「お客様」の視線を意識し、自らの身体を提示することになる。たとえば、葬祭ディレクターのマナーでの「態度のポイント」には次のようなことが書かれている。

葬祭ディレクターのマナー「態度のポイント」

①動作はきびきびと

動作はきびきびとすることを心掛ける。ダラダラした様はお客様に不快感を与える。設営などの作業も私語を交わしたりせず、きびきびと作業をする。いやいや作業をしている様子がお客様に映ると、自分の家族の葬儀がいい加減に扱われていると思われてしまう。

②話すときは相手の目を見る

話をするときは、必ず相手の目を見る。そうでないと、お客様がほんとうに何を期待しているのか、心から納得しているのか、不安があるのかを読み取ることができない。

③話を聞くときは熱心に

最も難しいのは、お客様の話を聞く態度である。目を見て、話に頷き「熱心に聞いていますよ」という態度や表情で示す必要がある。お客様の話を聞くときは、度を過ぎていないかぎり話の腰を折らないできちんと聞く。

④作業中に声をかけられたら
作業の途中にお客様から声を掛けられたら、手を止めて、お客様に体を向けて話を聞く。
⑤温かな表情で
お客様は、自分を受け入れてくれるかどうかに敏感である。特に遺族は、悲しみから孤立感に陥っていることがある。いつも温かな表情で対することが必要である。[19]（⑥と⑦は省略）

常に「お客様」を意識し、「お客様」に不信感を与えないような態度が求められている。祭壇の設営作業でさえもお客様の視線を感じながらおこなわなければならない。人々のまなざしが祭壇や幕などの儀礼装置から葬祭業者の身体へと注がれるようになったことによって、葬祭業者は「自らが見る」身体から、「見られることを意識する」身体へと教育によって変えられていった。

葬祭業に従事する人々の数が増えれば、多くの社員に適用できるような体系化された教育システムが必要になる。葬儀社〈おおの〉の代表取締役大野益通氏は、「家業的経営の葬儀社ならば、誰か一人が仕事のノウハウを理解できていれば、例えば自分だけが仕事をこなせれば、それでもやっていくことができる。しかし企業になると、社員全員に会社の方針や考え方を充分に理解させ、その上で働いてもらわなければやっていけない。社員一人ひとりの人材としての質を向上させていかなければならないわけで、そのためには、マニュアルは不可欠なものだと判断したのである[20]」と述べる。

近年、葬儀社内でマニュアルを作成して新人研修をおこなう会社も増えている。このような体系化された教育システムの導入は、一人がノウハウを理解していればできるようなやり方や徒弟的な「見て覚える」という身体の使い方からの脱皮でもある。

サービス業としての「見られる身体を学ぶ」とき、マニュアルではどのように教えられているのだろうか。さらに、葬祭業での「見られる身体」とは、どのサービス業でも通じるような内容なのか、それとも死という局面にかかわる特殊な内容なのだろうか。

ここでは、葬祭ディレクター試験対策用のテキストやインタビューなどから身だしなみと遺体の扱い方について、どう注意しているのかを中心に記述する。この二つを取り上げるのは、葬祭業で、前者が職業的な自己規定にかかわるものであるという点、後者が倫理面にかかわるものだという点からである。

身だしなみ

かつての葬祭業では幕張りの技術が重視されていて、遺族を支援し、サービスを提供するといった認識はあまりもたれていなかった。幕張りは、儀式空間を作る作業工程の一つであり、葬祭業者が作業着で仕事をすることも珍しくはなかった。このような作業工程は、葬儀会館での葬儀では必要がなくなった。葬儀会館で働く葬祭業者たちのなかには、スーツや制服を着用する人たちも多く見かけるようになった。

『葬祭サービス基礎教育講座』のなかでは、身だしなみについてどのようなことを注意しているのだろうか。「葬祭ディレクターのマナー」のなかの「身だしなみ」から抜粋してみる。

> そこはすてきな外観のレストランだった。中に入って食事をすることを楽しみにしていた。だが、出てきた店員の身なりを見たら引き返したくなった。なぜなら、頭の髪はぼうぼうで、エプロンは汚れが目立つものだったからである。身だしなみで最も大切なのは清潔感である。お客様の前だからといっても、きちんとスーツを着ていられる場合だけではない。動いたり作業をしたりすることもある。だから何を着るかということだけではなく、常に清潔感を失わないでいることが大切である。大切なことはお客様に悪感情、悪い印象を抱かせないということである。(21)

興味深いのは、レストランの店員の例をあげて身だしなみについて説いている点である。どのサービス業でも通用する「清潔感」を、レストランの店員を例に出しながら強調しなければならなかったのはなぜだろうか。飲食店の場合、大手チェーン店のように提供する飲食物やサービスが標準化・画一化された店もあれば、個人経営でメニューや看板を出さない店まで多様である。経営形態の多様性という点では、葬祭業との共通点が見いだされるのかもしれない。

ただし、このレストランの例は、「清潔感」を出すときに求められるはずの「きちんとした服装」への具体的な注意喚起としてというより、どのような服装であっても失われてはならない「清潔感」という感覚を身につける例として出されている。つまり、「お客様に悪感情、悪い印象を抱かせない」ことの具体例である。

通常、身だしなみについて言及する場合、「清潔感」は「何をどのように着るか」ということとセットになっている。『葬祭サービス基礎教育講座』のなかでも制服の着方や髪形など具体的な身なりについて図示されている。そのうえで、葬祭業での「清潔感」には、さらなる意味があるのではないだろうか。「お客様の前だからといっても、きちんとスーツを着ていられる場合だけではない」とあるように、実は、葬祭業における「清潔感」は「きちんとした服装」と必ずしも一致していない。前記の引用箇所以外のページでも「作業している時も清潔感を失わないで、見苦しくなくしなくてはならない[22]」と作業時の「清潔感」について強調している。「清潔感」の背景には、葬祭業界での服装の変遷がある。

一九八〇年代前後に葬儀社に勤めていた前出のMさんは、次のように話していた。

> 昔の葬儀社ってこういう〔Mさんがそのとき着用していたジャンパーを持ち上げながら〕ジャンパー、着てたの。Sさん〔別の社員〕が着てるジャンパー、あるでしょ、あれにネクタイ。その当時、T社〔Mさんが以前、勤めていた葬儀社〕はいち早くスーツ、着てたの。それも作業着じゃなくてスーツを着てて、スリーピースっていう、ちゃんとね、ベストもあって。[23]

図17　「身だしなみ・服装」のチェック
（出典：全葬連教育研修員会編、碑文谷創『葬祭サービス基礎教育講座』全日本葬祭業協同組合連合会、2001年、16ページ）

Mさんが最初に勤めていたT社は、大手の部類に入る葬儀社である。作業着にネクタイ姿で遺族の家に出向くことが多かった当時、スーツの着用を会社側が義務づけていた。そして、ここでMさんがいう「昔の葬儀社」は、家に幕を張って祭壇を設置する時代の葬儀社である。現在のように通夜と告別式で案内・接客するセレモニーレディや葬祭ディレクターなどが取り仕切る葬儀とはかなり違ったものだったといえるだろう。

いまと違って人材さん、セレモニーレディの会社はない時代だから。じゃ、どうしてたのかっていうと、その当時からいまでいうと、Tさん〔社内の女性葬祭業者〕ぐらいの人。簡単にいえば、子育て終わって四十代ぐらいの女性の人が常に二人で飾りにいくわけ。常に二人。礼状が二百を超えないかぎりは常に二人で接客する。だから、サービス面ではいまのほうがかなりサービス面は向上してると思う。[24]

この発言から葬祭業者の仕事として、それほどサービスや接客態度が重視されていなかったことがわかる。儀式での振る舞いや服装は、当時の葬祭業者たちの職業的な自己規定からすれば、重要ではなかったのだろう。

筆者がフィールドワークをおこなった葬儀社では、先ほどMさんが発話内で指摘した作業用ジャンパー以外に儀式用と普段の営業用の制服の二種類が存在した。また、儀式のときには、葬祭業者とセレモニー・スタッフは、白い手袋をはめる。作業着は、儀式以外で着用する服装だった。

作業着は、サービス業という地位よりもかつての「職人的な」地位を喚起させるメタファーでもある。現在のようなセレモニーを扱うイメージを脅かす服装が作業着であるとすれば、作業着を着なければならない場面で、かつての「職人的な」振る舞いをして「お客様に悪感情」を抱かせないことが教育上、重要になる。「清潔感」は、服装と職業的な地位に応じた振る舞いを結び付けるというよりは、かつての「職人的な」地位と作業着を結び付けないようにするための文言としても用いられている。

セレモニーを提供するのにふさわしい身体へと変えるためには、一般的なサービス業と同じような「清潔感」を身にまとわなければならない。

遺体の扱い方

葬祭業者の身だしなみについての教育は、職業的な自己規定と地位にかかわっていた。一方、遺体の扱い方についての教育は、葬祭業の職業的な規範ないしは倫理にかかわるものと考えられる。

遺体を葬儀社で預かる場合、最初の処置はドライアイス処置である。その後、そのままドライアイス処置を継続するか、保冷庫などに安置する、もしくはエンバーミングをする場合に分けられる。

ドライアイスを遺体に当てるのは、腐敗の進行を抑え、細菌発生・増殖を防ぐことが主な目的である。細菌は死亡前の生体に常在していて、一般病原細菌や腐敗細菌の多くは、中温細菌群に属している。細菌の発育に適した温度は三五度から三七度である。体液が漏れやすい箇所を綿で防ぎ、ドライアイスを当てたり遺体を冷却する装置で保存することは、死後におこなう重要な処置の一つである。これらは、病院関係者ではなく、葬祭業者の仕事である。

ドライアイス処置の主な目的は細菌増殖を抑えることだが、同時に遺族が触れるのをいやがるという「故人の尊厳」を損ないかねない事態に対処することでもある。実際、ドライアイス処置をする場合、「大切な人」として扱うことを遺族に対してどのように実践しているのだろうか。

『葬儀概論』にある「§３　責任と倫理」の「葬祭ディレクターの倫理」では「遺体に対する尊敬」として次

のように述べている。

①遺体に対する尊敬

遺体に対して尊敬の念をもち、かつ、礼をもって対処する必要があります。これは第一に〈いのち〉に対する敬意です。したがってその人がどういう生涯を送ったかに関係なく等しく尊敬すべきです。また遺体は、遺族にとっては、医学的、法律的に死んだとされても、精神的には生きている家族であるのです。遺体を大切にしないことは、遺族にとっては愛する家族である故人の人格の尊厳を損なうことであり、ひいては遺族自身の感情を損なうものになるのです。極端な場合、遺族が遺体をないがしろにする場合でも、これに抗してでも遺体の尊厳は守られる必要があります。[25]（②③は省略）

遺体は、遺族にとって「精神的には生きている家族」と考えるよう説いている。そして、遺体を大切にしないことは「故人の人格の尊厳を損なうことであり、ひいては遺族自身の感情を損なうもの」だと述べている。では、実際に遺体に対してどう接するのか。これについては、社内研修などで教わる。筆者がフィールドワークをおこなっていた葬儀社に二〇〇〇年に入社し、二年間勤めていた二十代の元葬祭業者（女性。以下、Dさんと表記）に、新入社員研修の内容について質問してみた。

一日の半分ぐらいはずっと机に座っての授業みたいな感じで。で、社会人、一応新卒で入っているので、普通の会社と一緒で、社会人としての心がまえみたいな、マナーとか電話応対とか。いわゆる普通の一般企業もやってるような社会人としての研修と半分ぐらいかな。あとは、実際、資料が配られて、いざお迎え行きますとか、そういう実質、実際どうやるかっていうのを、机と椅子に座って、講義ですね。葬儀に関する講義もあって、一日何時間ぐらいかな、一、二時間ぐらい、実際に納棺のときの研修、実習みたいな。ジャージ着て、一人死人役になって。で、だからご挨拶とか、ドライアイスこうやって当てる、ドライアイスの包み方とか、そういう実際。

ドライアイスを綿で包んで遺体に当てるやり方は、筆者自身、フィールドワークに入って間もなく教わったことである。遺体を病院に迎えにいく際は、必ず綿で包んだドライアイスを保冷用のバッグに詰めて持参し、腐敗しやすい箇所に当てるなど、基本的なことを教えてもらった。Dさんはさらに次のように話していた。

勝手に何も言わずに触ったりすると、何するんだっていう感じになるので、必ずご家族の許可をとって、「じゃ、失礼します」とか「ドライアイスの処置しますね」とか「じゃ、ちょっと霜とかついているのでちょっととりますね」とか、モノに対してするんじゃなくて、この方に対してこうさせていただきますねって、あくまで人に対してします、っていう言い方をしないとものすごい怒られる。(26)

遺体に触るときには遺族の許可をとり、さらに、遺体は、「モノではなく人」であるということに注意しながら触るという。つまり、「人に対してする」という、「遺体の人格化」が教育されている。

このことは、遺族に話しかける言葉にも表れている。遺体について遺族の前ではどのような言い方をするのか聞いてみた。

――で、そのときに遺体が目の前にあったとして、言うのは「ご遺体」っていう言い方する？　それとも「故人様」って言う？

「故人様」。「ご遺体」って言ったら絶対だめ。社内では、営業のうちとか社内の用語としては「ご遺体」でもOKなんだけど、やっぱり遺族にとっては人なので「故人様」とか、たとえばおじいさん、亡くなってその息子さんが喪主さんだとしたら「お父様」とか。普通、「故人様」もしくは続柄とか名前で呼んでましたね。

――そういうふうに言いなさいっていうか、そういうふうに教えられて？

やっぱり不愉快っていうか、亡くなったばっかりのときに会うわけだから、で、「ご遺体」って言われたら、ものすごいなんか。まだ「やー、やー、や、うちのお父さんだよ」っていう感じは、まぁ言われてみればわかることだから、そういうのはよーく考えて言いなさいって。[27]

遺体に対する呼び方は二通りあることがわかる。社内的な呼び方である「ご遺体」と、遺族の前で呼ばれる「故人様」である。筆者がフィールドワークをしていたときも、Dさんとは別の新入社員が遺族の前で死者のことを「故人様」と呼んでいたのを耳にしたことがある。このような死者の呼び分けは、死者に対する敬意からというよりも、遺族が不愉快な思いをしないようにとの配慮に基づいている。葬祭業者は死の直後から遺族とかかわるため、死によって人格を失ったのではないことを示そうとする。

しかし、このように遺体を扱う教育は、以前からおこなわれていたわけではない。たとえばMさんは、先輩から教わったこととして、次のようなことを挙げている。

いくら生前、生きてるときは偉い人かもしれないけど、死んじゃえば、同じホトケさん。扱い方はね、俺が先輩から教わったことは、ホームレスだろうと、身元がわからないんだろうと、ホトケさんはホトケさん。だから手を合わすことは忘れるなよ、だから触る前に必ず手を合わせなさいよ、と。これはどんな仏さんも仏さんになったら一緒だから。[28]

現在のように遺体が人格化されたとしても、手を合わせることはおこなわれているので、そのような行為自体には違いがあるわけではない。ただ、彼が先輩から教わっていたのは、遺族の前で遺体を生者のように扱うことではなく、「同じホトケさん」であることを意味する、手を合わせる行為だということである。「同じホトケさん」は、生前の差別を肉体的な死後にまで持ち込んではいけないという戒めの言葉でもある。ここで意識されるのは、遺族の前で生きているかのように呼びかけ方を注意することではなく、生前の地位や差別を持ち込まず、みな「死者として平等」に扱うことだけである。

前述の「①遺体に対する尊敬」の文章のなかに、「どういう生涯を送ったかに関係なく等しく尊敬すべき」とあるように、近年の教育では、死者の生前の地位によって遺体の扱い方を変えるようなことはない。かつては、そのような扱い方の差が生じていたからこそ、葬祭業者の職業倫理として通用していたのだろう。

現在の遺体の扱い方や呼び方の教育には、遺族らの視線が入り込んでいる。それは、「死んじゃえば、同じホトケさん」と認識していた頃とは大きく異なる。死という現実を突き付けるような言葉や振る舞いは遺族の前では慎み、死者に対しては生きている頃のまま人格が失われていないかのように接する。このことは、エンバーミングが登場し、一九九〇年代以降、葬祭業界で「心」が重要なテーマとして指摘されるようになった流れとも関係しているだろう。

「葬祭ディレクターの倫理」のなかでも次のように締めくくっている。

「葬儀に従事する者にとって大切なのは心だ」とはよく言われることです。「心」は抽象的なものではありませんし、具体的な形をとる必要があります。それは相手の身になって考え、感じ、対処することであり、具体的にはこうした倫理を守ることであると考えます。[29]

現在の葬祭ディレクターの倫理は、「心」という「見えにくいもの」を自らの身体を用いて、遺族の眼前で視覚的・聴覚的に「見える」ようにする葬祭業者たちの実践なのかもしれない。

3　企業教育での利他的側面と商業的側面

階層化と性別

葬祭業の職業的なイメージを変えるには、時代を待つだけではなく、教育による変化をも必要とされた。この教育は、資格制度の導入によって、その試験対策用の参考書などでも間接的におこなわれているといえるが、実践的な教育は会社に委ねられている。すべての会社に社内教育があるとはかぎらないが、大手の葬儀社などでは、前章で見た資格制度に対応できるような教育がおこなわれるようになった。

また、葬儀を学ぶ専門学校も誕生する。日本ヒューマンセレモニー専門学校は、日本で初めて葬儀の学科コースを取り入れた学校である。また、駿台トラベル&ホテル専門学校は、都内で初めて「ライフステージプロデュース学科」を設置した。葬儀に関する情報だけでなく教育への関心も高まるようになってきた。現在、こうした学校教育の充実も図られ、葬祭業界を目指す人々が事前に葬祭業について学ぶ機会を得ることができるようになっている。それに対して、企業教育は社員向けにおこなわれているものであり、より実践的である。ここでは、この実践的な教育のほうに着目していく。

近年、葬祭業界でも遺族の「心」やケア的な役割に注目するようになっている。こうした動向は、教育にも取り入れられたり、なにより女性葬祭業者の増加を後押ししている面もあると考えられる。葬祭業界に限らず、長い間、女性の就業率そのものが男性に比して低かった。しかし、第三次産業の増加とともに、女性の就業率も伸びてくる。

女性葬祭業者が増えたいちばんの理由は、第三次産業と女性の社会進出の増加といった就業構造の変化によると考えられる。女性の第三次産業就業率は、一九八〇年に六〇・〇%、九〇年に六五・二%、二〇〇〇年に七三・二%、一〇年には七六・二%となっている[30]。一方、葬祭業界では、一九八六年に葬祭業に従事していた二万三千六百八人中、女性は七千三百三十人で、葬祭業就業人口に占める割合は約三割だったが、二〇〇二年には四万六千八百八十八人中、一万九千二百二十四人で、約四割に増加している[31]。

女性葬祭業者の存在は葬祭業界でも注目されているため、現時点での葬儀社内の男性と女性の階層化と業務の違いについて簡単にふれておくことにしたい。

人類学者の Suzuki Hikaru は、北九州の葬儀社でのフィールドワークから葬儀に職業的にかかわる人々の階層化された自己規定（Self-perceived）について述べている。Suzuki によると、宗教者が最上層に位置し、営業の男性葬祭業者（Male funeral staff）と司会者（Conductors）、女性葬祭業者、女性アシスタント、女性パートタイマー、火葬炉作業員（Cremators）、遺灰を集める人（Ash collector）となっている（図18を参照）。

これらのランキングは、葬祭業務だけではない日常的な相互行為にも現れる。たとえば、経営者はビジネスについて葬祭業者に尋ねるし、女性アシスタントや女性パートタイマーは統轄下の別の会社（支店など）に雇用されているのかどうかによるし、誰がどの部屋でランチを食べるのか、などでも現れる。Suzuki によれば、遺体を扱う男性葬祭業者が司会者よりもランキングが高いのは、経営者がまず男性葬祭業者にビジネスについて尋ね、その次に司会者に尋ねるからである。さらに、社内で男性葬祭業者は司会者が業務としていない遺体を扱う業務をおこなう。つまり、司会者と同様に遺族と対面するであろう女性葬祭業者は、経営者と話をすることがほとんどないこと、また当直をおこなわず病院などから遺体を搬送することがないため、ランクが低くなっている（序章の注（27）を参照のこと）。ここには、葬祭業でのジェンダー規範がはたらいている。図18を見ると、司会者と女性葬祭業者の間には実線が引かれていて、ここには明確な境界があるとされている。点線部分は地位の境界閾

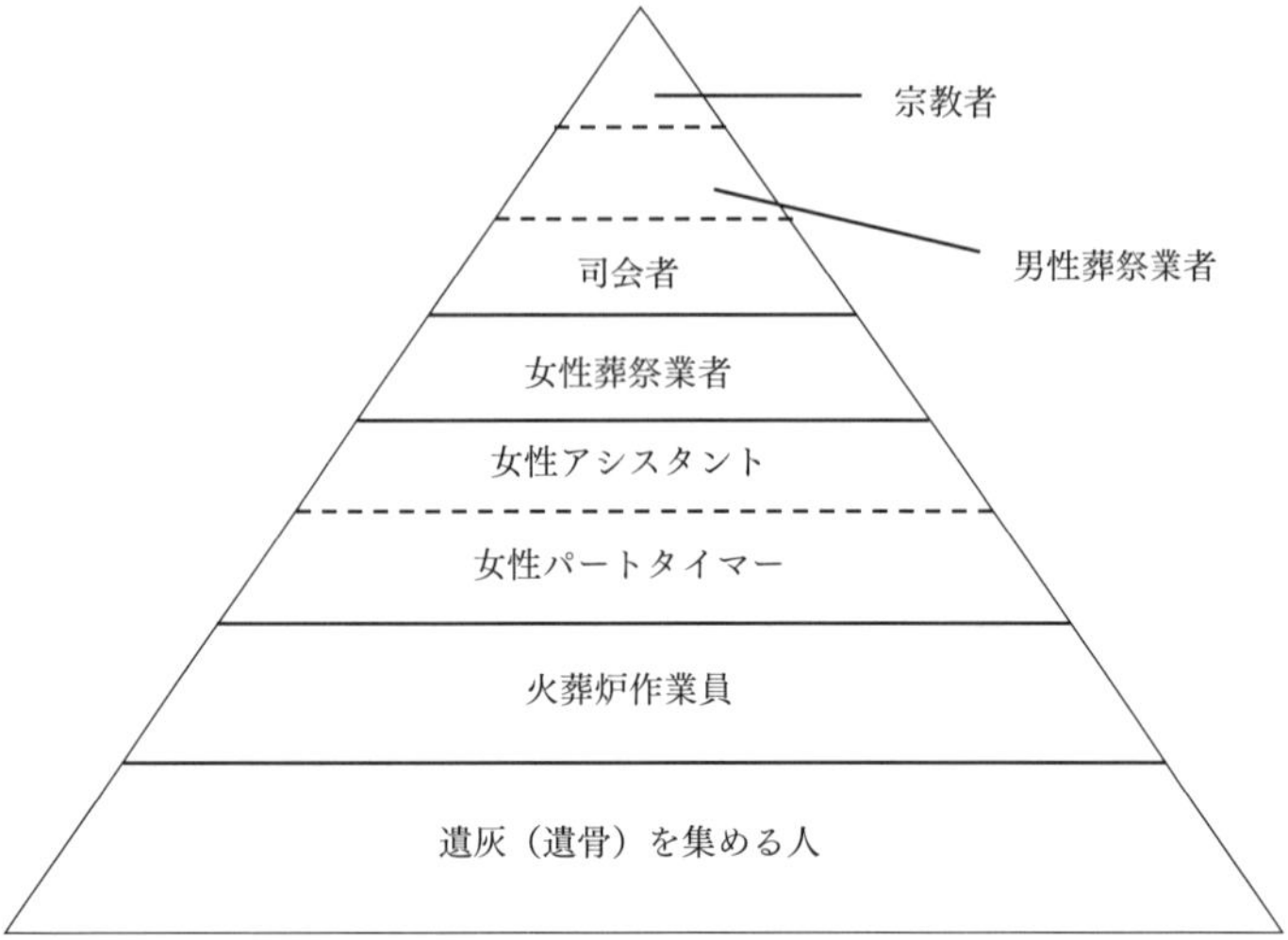

図18　葬儀専門職の自己規定ランキング
（出典：Hikaru Suzuki, *The Price of Death*：*The Funeral Industry in Contemporary Japan*, Stanford university press, 2000, p.151, FIGURE7.〔引用者訳〕）

争（the rank boundaries are contested）が見られるという。[32]

男性と女性の葬祭業者の階層性の基準は、Suzukiが挙げたようなことに限定することはできないだろう。筆者がフィールドワークをおこなった葬儀社では、遺体の扱いも司会も営業の男性・女性葬祭業者が兼務していて、少なくともこの点では会社の方針によって異なる。また、会社にいる時間に遺族からの依頼があれば、女性葬祭業者も遺体の搬送していたし、遺族と葬儀についての直接的な交渉もしていた。ただ、Suzukiの調査と同様、その葬儀社でも男性葬祭業者は当直業務をおこなうが、女性葬祭業者はおこなっていなかったし[33]、遺体を搬送する場合は男性葬祭業者の力も借りていた。宗教者、葬祭業、火葬業という他の業者との位置づけでは職業威信評価でもおおむね同じ認識だが、葬祭業者のなかでの業務を細かく見ていくと多少の変動もある。

業界内の事情でいえば、家で葬儀がおこなわれていた時代は、祭壇や棺、遺体を運ぶという労力負担が大きく、女性葬祭業者にとっては仕事がしにくかった。しかし、葬儀会館が日常的な仕事場となったことで、労力負担も減少する。このように、女性葬祭業者にとって働きやすい環境が整ってきたのは、一九六〇年代から七〇年代以降のことである。

筆者がフィールドワークをしていた会社で数人の男性葬祭業者は、女性のほうが「やわらかい印象だ」とか、

「女性のほうが、受けがいい」という発言をしていた。葬祭業界も、遺族の「心」に着目するようになっていて、女性を積極的に雇用していこうとする動きもある。前記の発言は、女性のケア的な役割への期待が高まっていることをふまえ、女性葬祭業者を褒めるときのものである。一方、女性葬祭業者も当直や力仕事などの面では、男性葬祭業者の力を借りることもあり、その違いを感じざるをえない面があるため、ケアやサポート的役割を引き受けるようになる。先ほどのランキングで女性葬祭業者の地位が男性に比べて低いとみなされるのは、このような性別役割意識も関係しているだろう。

しかし、社内外の教育では、男女の別なく、遺族の心やケアに対する重要性が説かれていて、性別役割分業を推進しているわけではない。むしろ、遺族の心やグリーフケアといったことが教育によって浸透してきたからこそ、男性葬祭業者は、女性葬祭業者とのサービスの違いが感じられるようになったといえるだろう。したがって、Suzuki が指摘したような境界は変わる可能性がある。遺族との対面的相互行為や当事者との生前契約などがさらに重視されれば、司会者の仕事はより限定的なものとみなされ、明確な境界とされている女性葬祭業者のランクも変わっていくと考えられる。

このように遺族らの「心」に着目することが社内教育で重視されてきた一方で、会社としては利益を上げるという商業的な視点も社員に自覚してもらう必要がある。一見、相反するような視点をもつことを、どのようにして教育プログラムのなかに組み込むのだろうか。次に、その点について探ってみたい。

カウンセリング⇔サービス

葬儀がサービス業であるためには、それを購入し消費する存在が必要である。この主な購入・消費者は、遺族と考えていいだろう。葬儀サービスを購入するには、必ず葬祭業者との交渉・打ち合わせがおこなわれる。この交渉・打ち合わせは、葬祭業者が葬儀の司会進行をおこなうのと同じくらい、もしくはそれ以上に気を使う。死別を経験したばかりの遺族にとって、多額の出費が予測されるような金銭的決定は、大きな精神的負担になる。

では、実際、遺族との打ち合わせではどんな点に注意すればいいのだろうか。『葬儀概論』のなかでは次のように書かれている。

打ち合わせになると、すぐ祭壇の大きさや費用の見積に入るケースが少なくありませんが、まず遺族の葬儀に対する想いを聞きとることが重要になります。故人はどういう人だったのか、故人は家族をどう思っていたのか、葬儀に対して言い遺しておいたことはないのか、故人に対する遺族の想いはどうであるのか、にまず耳を傾けることが必要です。遺族は精神的な衝撃を受けていることも少なくありません。その想いを相手に吐き出させることが、心の傷の癒しにとっても重要なことなのです。遺族は想いを聞いてくれたということで信頼や安心を増すことでしょう。「打ち合わせの場は最初のカウンセリングの場」という考え方もあるほどです。(34)

「遺族の葬儀に対する想い」に対して「耳を傾ける」よう促している。さらに、「想いを相手に吐き出させる」ことが「心の傷の癒し」として重要だとしている。ここには、金銭的な交渉をする以前に、相手からの「信頼」や「安心」を獲得することの必要性を説いている。「心の傷の癒しにとっても重要」という文言からは、金銭的な交渉をおこなうために必要な技術を教えるというより、カウンセリングをおこなうときのように接することが求められている。

しかし、同時にこれはその後に続く「祭壇の大きさ」や「費用の見積」の打ち合わせに入るための準備であることを忘れてはならない。なぜなら、この打ち合わせは、会社の利益につながる重要な場面だからである。利他的な面もありながら、どのように営業利益をあげるのかを教育することについては、この本のなかでは書かれていない。したがって、その打ち合わせが利益につながることは、個々の会社の教育のなかでしか提示されないことになる。

たとえば、前出の葬儀社〈おおの〉の大野氏は営業用トーク集を作ったという。このトーク集は、大野氏がコンセプトを出し、幹部社員たちに想定問答集の形式で書かせたものだという。大野氏が出したコンセプトとは次のとおりである。

普段から生活をしていると、そこには出会いがある。自分を売り、会社を売る営業が、その出会いの場面場面で常になされるよう努め、会社の仕事を広めるために、コミュニケーションを強化しよう。内容は、ホールを利用してくださるお客様が増えていること、他社よりも安く利用できること、葬儀のすべてをお手伝いしていることなどをポイントにして、お客様にお伝えしよう。(35)

「自分を売り、会社を売る営業が、その出会いの場面場面で常になされるよう努め」ることを社員に求めている。「内容は（略）他社よりも安く利用できること」などを「お客様にお伝えしよう」の部分では、いかに自社のセールスポイントが遺族に伝えられるかを重視している。そして、「コミュニケーションを強化」するのは、「会社の仕事を広めるために」という企業広告を目的の一つとして掲げている。このコンセプトからは、お客とのコミュニケーションは、先ほどのような「カウンセリング」だけではないことがうかがえる。

「お客＝遺族」「カウンセリング＝遺族らが要求を言いやすくする」という図式は、打ち合わせで見られる。この打ち合わせについて、現場の葬祭業者たちが会社への貢献か遺族らへの配慮なのかを自問する可能性があるのではないかと指摘した。しかし、このことは、現場の葬祭業者だけが自問することではないのかもしれない。社会の心理主義化以後、死別に直面した遺族の「心」に注目が集まるようになったが、これが葬祭業界にも波及したことで経営者側にとっては苦悩の種になっているようである。名古屋の葬儀社である一柳葬具總本店の取締役社長一柳鉾氏は、次のように話している。

今までは斎場を作ったり、われわれ業者がうまく商売をやってきた。飾りつけを立派にして金をいただけるんだというのも商売としては大事だが、一般的にはかなりハイレベルな価格だと思う。これをわれわれはどうみるのか。どういう次元での商売のあり方を考えるのか。生産性、計画性がないから、今まではバブルの続きで引っ張ってきたが、これからは難しい商売だと思う。（略）ビジネス化しすぎていると言われるが、それをいい意味でとっていいのか。「悼む心の葬儀」と言うと絶対に反発がくる。どういうふうに商売をしたらいいのか、難しい仕事だ。(36)

ここでは、モノを生産する商売ではないことの難しさが率直に語られている。葬儀会館や祭壇といった建物やモノという目に見える形で商品として提示できていた頃は、商売のあり方に対して疑問をもたずにできただろう。しかし、次々と新しい製品を開発するモノ作りの商売とは異なり、いくらサービスを提供したとしても遺族にとって精神的・経済的に負担が大きい死別という事態に、それを購入する消費者の満足を獲得するのは難しい。「どういうふうに商売をしたらいいのか、難しい仕事だ」というのは、おそらく葬祭業に携わる人々が、一度は感じたことがあることなのではないだろうか。「「悼む心の葬儀」と言うと絶対に反発がくる」というのは、おそらく商売であることを前提にして「悼む心」をアピールすると、かえって商売としてやっていくことが難しくなるという意味も含まれているだろう。

実際のところ、現代の葬儀で「心」や「ケア」は重要なキーワードである。しかし、「心」という言葉の意味に込められているような利他性や感情への配慮は、目に見えるようなモノではない。社員は遺族らに配慮するように教育されるが、遺族らが満足することが第一であれば、単価が安い葬儀であってもいいということになる。にもかかわらず、利益を上げなければいけないという前提のもとに遺族らに配慮することは、現場の社員にとっても困難さを感じるのではないだろうか。

資格教育でのインフォーマルな感情への誘導

葬祭業者が利他的なものと営業との間で引き裂かれる可能性を指摘したが、それは葬祭業者が抱くインフォーマルな感情への誘因にもなっている。というのも、遺族との対面的相互行為で金銭的な話をもちかけることは顧客の感情への負荷が高く、葬祭業者自身もそれを自覚しているからである。

このことを、インタビューと葬祭ディレクター試験受験者のための参考書から確認したい。企業によっては、ディレクター資格を取得することが義務づけられていて、筆者が調査した企業でもその取得を推奨していた。つまり、ディレクター試験の参考書はある種の業界マニュアルともいえるので、そのなかで顧客対応がどう明文化されているのかを確認しておく。ここで扱うのは、一九九九年、二〇一一年、一七年発行の『葬儀概論』である。『葬儀概論』は葬祭ディレクター試験受験者向けの参考書である。初版は一九九六年で、第二版が九九年、二〇〇三年に改訂版を出版し、一一年に増補三訂版、一七年に四訂版を出版している。

「打ち合わせ」というセクションのなかに「まず「想い」の確認を」という項目があり、それについては、一九九九年、二〇一一年、一七年とも同じようなことが書いてある。先に引用したので詳細は省略するが、「遺族は精神的な衝撃を受けている」といった顧客像である。

通常、葬祭業者と遺族は、遺族からの連絡を受けて初めて対面することが多い。地域の住民として生活している葬祭業者以外、死者やその家族らと生前からの継続的な付き合いをしているわけではない。そのため、初対面の葬祭業者がいきなり金銭的な話を持ち出すことは遺族の不信感を増長させることにつながりかねないのである。そのような遺族に対して葬祭業者がどのようにはたらきかけ、契約をとるのかは書かれておらず、同様に遺族に対してどのようにして寄り添うことが正解なのかも明示されてはいない。葬祭業者にとって「営業」も遺族への「ケア」も自らが考えなければならないものになっている。

この「ケア」については、一九九九年、二〇一一年、一七年では微妙に変化している。これは、『葬儀概論』

を書くうえでの方針が変わったこともあったかもしれないが、それ以上に「ケア」の難しさを物語っているのではないか。

一九九九年の第六章「§22　グリーフワーク」の項目に「死別の悲嘆のケア」という細項目がある。そこには、「死別によって強い悲嘆に陥っている人へのケア（＝グリーフケア）の仕方にマニュアルはありません。個別状況の違いが大きいのです[37]」としたうえで、七項目の原則が書かれている。この七項目は、二〇一一年版では八項目に増え、一七年版も章が違うものの、第五章に「§22　グリーフワーク」として書いてある。八項目は、「1．「忘れろ」「がんばれ」「しっかりしろ」は避ける　2．話を聴く　3．一人にしない　4．悲しみを避けない　5．自分の悲しみの体験を分かち合う　6．事務的煩雑さの負担をかけない　7．笑いや休息は不謹慎ではない　8．健康管理に気をつける[38]」である。

さらに、一九九九年にはなかったが、二〇一一年と一七年版には「遺族のケア」という項目が登場する。一一年版の第九章「§3　葬祭サービスとは何か？」の細項目「遺族のケア」では、以下のようなことが書かれている。

> 葬祭業者が遺族のグリーフに係わることの重要性は、しばしば死亡後に最初に遺族に出会い、死亡直後のまだ気持ちの整理しきれない期間にあって遺族の最も身近な存在になる可能性が強い、という仕事の特性からきています。
>
> 例えば葬祭ディレクターが遺体を搬送するのに、何か物を運ぶように事務的に扱ったとすれば、その態度に遺族の心は傷つくでしょう。
>
> （略）例えば葬式の打ち合わせで、自分たちの想いを語る前に祭壇や柩の種類を選ばせられたら、この人たちは私たち家族の想いよりも商売が大切なのだ、と感じて傷つくかもしれません。（略）遺族は「遺族という存在」にまだ慣れていませんし、どう振る舞ってよいかにとまどっている状態にあります。感情のコント

ロールもうまくいかないことが多いのです。その遺族を温かく、安心できるように迎えることができなかったら葬祭ディレクターとしては失格です。また全ての従業員にそうした対応を徹底して指導する責任があります。

何も「遺族を癒してあげる」と思う必要はありません。それはしばしば上からの目線で「かわいそうな遺族」と見ていることであり、傲慢な態度です。そうした目線には遺族は敏感なものです。また、遺族のグリーフ（死別の悲嘆）は、葬祭ディレクターが容易に回復させられるものではありません。できることは遺族のグリーフを大切にすること、遺族の気持ちを傷つかせかねない状況を回避するよう支援することです。それが「グリーフサポート」であるならば、葬祭ディレクターにできる、しなくてはならないことはたくさんあります。[39]

遺族と最初に対面する仕事の特性をふまえたうえで、傍線の部分にあるように遺族の想いを聞き取る重要性を指摘する。遺族は、気持ちを整理しきれない状態で葬祭業者と対面するため、遺体搬送の際、「物を運ぶように」扱ったり、その想いを聞き取る前に祭壇や棺の話をすることは「商売が大切なのだ」と感じさせてしまうことだと示唆する。つまり、そう感じさせないことも遺族の想いやグリーフを大切にするうえで重要なことだと説いている。

ここでは、「遺族の気持ちを傷つかせない」ようにするために「商売が大切」と感じさせないことと「グリーフを大切にすること」が結び付けられている。さらに、「遺族を温かく、安心できるように迎えること」、葬祭ディレクターにできることは遺族を癒やすというよりも遺族を「傷つかせかねない状況を回避するよう支援すること」だと書かれている。

グリーフを大切にするためにどうするかというとき、「温か」「安心」といったケア的な言葉が並ぶが、具体的な技術というわけではない。さらに、グリーフが大切である一方、祭壇や棺などの打ち合わせにいつから入るべきかは、葬祭業者自らが考えるようになっている。

効率よく利益を上げるためには、それらを計算可能なものとしたマニュアル――遺族の年齢や会葬者数が多い／少ない、経済的に余裕がある人／ない人などで祭壇の勧め方が異なるなど――の作成を必要とする。[40] 筆者がフィールドワークをおこなったA社[41]では、顧客の「安心」と「信頼」を目指し、顧客の「満足」を作り出すことを教えていた。しかし、これらの教えが会社の利益につながる予測・計算可能なマニュアルとして葬祭業者が話しているのを聞いたことはなかった。かつては「人の不幸でお金をとる」という職業イメージもあったため、利益誘導的なマニュアルが作成されること自体がタブーになっている面もあったかもしれない。

こうした利益誘導的な文言は、葬祭ディレクター試験の参考書にもなかった。顧客としての遺族は、むしろ、「同じサービスを提供しても、ある喪家は「ありがとう」と感謝し、またある喪家は「余計なことをする」と怒る、これがサービスのもつ特質です[42]」と書いている箇所があるぐらいだ。つまり、カウンセリングが必要となるような状況の遺族が、提供されるサービス内容に満足を抱くとはかぎらないことを示している。こうした遺族に対して、提供するサービスを受け入れるよう、どうはたらきかけたらいいのかはやはり示されない。

対人サービス業の多くが顧客との対応をマニュアル化しているなかで、葬儀社でなかなかマニュアル化されないことは、その職業の特殊性として語られる。たとえば、現場の葬祭業者を教育する立場にあるBさんは、マニュアルについて次のように話す。

そんなにマニュアルができているわけでもないんですよ。むしろもっとマニュアル化すべきだと思ってますけども。たぶんA社はそういう教育に関してはトップを走ってると思いますけど。まだなんていうか暗黙知の部分を形式知にこう転換するっていう行為自体がなかったので。そういう蓄積はまだないんですね。で、補足すると、何でマニュアルが必要かっていうと、必ずマニュアルで対応できない部分が存在するからなんですよ。[43]

Ｂさんは、葬祭業の仕事にはマニュアル化できないことが存在するために逆にマニュアル化が必要だと主張する。このマニュアル化できない部分とは、遺族との対応やコミュニケーションである。マニュアル化可能な部分とは、通夜・葬儀をおこなうときの準備・業務手順などである。したがって、遺族との対応に関しては、「マクドナルドのアルバイト的な発想ではちょっと厳しい」とも語っていた。

つまり、どの遺族に対しても同じような表情、同じような対応しかできないことは、葬祭業者としては通用しないと考えられている。もっといえば、ファストフード店のように効率よく利益を優先させるための顧客対応が絶対的な正解ではないと考えられている。遺族自体、標準化された顧客像として管理しえないことを葬祭業者が認識しているということでもある。

以上から、葬祭業者自身も、そしてマニュアルでさえも遺族をコントロールして利益を得るような振る舞いが困難だと示していることがわかる。このことは、マニュアルが本来、コントロールしなければならないもの、つまり売り上げにつながるような商品化された葬祭業者の感情を提供すること自体をフォーマルに認めないことにもつながる。しかし、葬祭業者がどんなに自らの感情をデザインし、売り上げには結び付かない遺族への配慮を遂行したとしても（営業とは別の私的な配慮）、会社側は遺族への私的な配慮ではなく利益を上げることを求めるだろう。

では、顧客に対する統一的なイメージや顧客対応マニュアルがないなかで、葬祭業者は遺族との打ち合わせをどのように遂行しているのだろうか。そして、葬祭業者らの間で遺族との打ち合わせについて、どのような相違／共通点が見られるのだろうか。

利益につながらない「配慮」――「打ち合わせ」についての語り

葬祭ディレクター試験の参考書からは、遺族を「心の傷」を負った人と位置づけていることが確認された。では、現場の葬祭業者は、遺族に対してどのように接しているのだろうか。また具体的・実践的な遺族対応マニュアルがないなかで、打ち合わせについてどのような経験を語るのだろうか。

ここで、筆者が調査した葬祭業者の打ち合わせの場面についての語りを見ていく。主に取り上げるのは、二〇〇六年から〇九年時点で仕事を継続しているAさん、Bさん、Cさんの三人と、会社を辞めて葬祭業界からも去ったDさんの計四人である。

仕事を継続しているCさんの場合、葬儀の打ち合わせの場面は、実際は「営業」であったとしてもそれを前景化させるものではないと指摘し、次のように語っている。

すぐ泣いちゃうんですよ。遺族と話しながら涙目になっちゃうんですよ。だから言います。「すみません、涙もろいんです。ごめんなさい」って言っちゃいます。私はあのー……だめですね。すぐもらい泣きしちゃいます。話しているときにちょっと涙目に、涙目になっていることが恐らくばれているであろうなっていう状況になって。それでべつにいやな雰囲気になったっていうことはないです。どちらかというと何かこう、ちょっと打ち解け……られたかな、と感じるほうが多いですね。私はしょっちゅう泣いていますから。(44)

遺族との打ち合わせで「泣く」のはCさんのパーソナリティーによるものかもしれないが、「泣く」ことが許容される仕事でなければCさんも泣かないだろう。つまり、泣くことは営業に支障をきたすよりも「どちらかというと何かこう、ちょっと打ち解け……られた」と感じられるのである。ただし、泣くことを職務上の営業行為として結び付けるのは早計だろう。ある女性葬祭業者は、「泣きそうになることもあるが、本当に悲しくて泣いているのかなと思うと自分たちは泣く資格はないなと思う(45)」と語っていた。遺族でも親族でもない葬祭業者が「泣く」ことは、その〝立場上〟からはやや逸脱的な行為と考えられている。

興味深いのは、Cさんは「もらい泣き」が葬祭業者の〝感じ方〟としては逸脱的な行為だと思っていない点である。彼が逸脱と感じなくてすむのは、『葬儀概論』で教えられていた「遺族の心の傷」を「共感的」に引き受けたという解釈が成立しうるからである。こうした「配慮」は、葬祭業者として遺族からの信頼と社会的承認を得る点では重要だと考えられているのだろう。しかし、先ほどの女性葬祭業者の発言にもあるとおり、職務上必要な行為としてどの葬祭業者にも共有されているわけではない。

Ｃさんとは正反対ともいえるような発言をしていたのが、Ｂさんである。担当経験が豊富なＢさんは、遺族と対面するとき、どのような点に注意しているのかを次のように語ってくれた。

たとえば自分のお子さんを亡くされたケースとか、そういったケースは本当になんていうのかな、いたたまれない部分があります。で、そういうときに自分が考えるのは、こういう言い方は誤解があるかもしれないですけれども、本当に機械のようになろうっていうところがあって。機械のようになろうっていうとなんか、すごく感情がないみたいなイメージを持たれるかもしれないですけれども、そこは自分の存在をあくまで消してしまおうと。遺族の感情を最優先して、自分のこうやった自己満足とか、そういったものをすべて否定して、もう機械のようにシステマティックに。やはりそういう場ですからその人の人生観とか人間観みたいなのが試されるところはあるんで、そこはもう、葬儀社の担当の個性だと思うんですけれども、私は逆にそういう、むしろ機械的な、あえて機械的なという表現を使いますけれども、そういった対応をするべきだと考えている人間ですね。[46]

先のＣさんとは違い、感情を出さないようにしているのがＢさんである。「機械のように」という言葉だけを捉えると、死後が合理化されたなかで働く労働者の脱人間化[47]が現れているように思えるかもしれない。しかし、Ｂさんは、「遺族の感情を最優先」するための手段として機械的に仕事をすると述べている。さらに、遺族と接するときは、「人生観とか人間観みたいなのが試される」として、葬祭業者の個性が出るのだという。つまり、遺族に対して自らが個性をもった葬祭業者として接するときの例として、Bさんは語っているのであり、マニュアルどおりに動くという意味で「機械のように」と発言したわけではない。

というのも、Bさんはマニュアルでは使うよう教えられている「ご愁傷さまでございます」という言葉を使わないと発言していたからである。Bさんは、その言葉を使わない理由として「心がこもってないと思うんです。「ご愁傷さまでございます」っていうのは。日常の会話じゃないじゃないですか。だからあんまりそういう形式的な言葉というか、決まり文句というか、そういう表現はあまり使いたくないな、というね。……使っちゃダメってわけじゃないんです。自分の考え方として、使わないようにしてます[48]」と発言していた。

こうしたマニュアルが通用しないと感じるような場面を経験したのがAさんである。Aさんは、遺族との打ち合わせに臨んだとき、次のような経験をしたことを話してくれた。

そうですね、やっぱりテレビなんかで、こう悪質葬儀屋みたいなテレビとかがあったりするのが、私たちも見てるし、お客様もそういうのを見ていて、私はだまされないわ、って覚悟で臨まれることがあって…、おばあちゃんだったんですけど、そのお打ち合わせをする相手の方が「だまさないでね」と言われて「大丈夫ですよ」と、「ちゃんといまから全部説明しますからね」ということもありますし。やっぱり、こうそういうふうに見られる。最初から偏見をもっていちばん最初のスタート段階はすごいこうふてぶてしくというか、お話をされるんですけど、やっぱり終わる段階では一切なくなっているという[49]。

この語りからもわかるように、顧客である遺族は葬祭業者からサービスを購入しようとするとき、完全に葬祭業者を信頼しているとはかぎらない。顧客は、自らの遺族としての感情（家族の死に対するショック）を葬祭業者が利用し、不当に利益を得ているのではないかと疑念を抱く可能性がある。

こうした疑念を遺族がぶつけることをAさんは予測していた。「悪質葬儀屋みたいなテレビとかがあったり」

というようにAさんは、遺族から見られる葬祭業者イメージを十分自覚し、「ちゃんといまから全部説明しますからね」と声をかけて、相手に信頼してもらうようはたらきかけていた。つまり、葬祭ディレクター試験の参考書にあるように、感謝されるか怒られるかわからないという顧客の反応を念頭に置いたうえで、葬祭業者自身の人間性を見せる「配慮」が必要になっていることがわかる。

マニュアル化しにくい遺族への配慮が、やや違った形で現れてしまった人もいる。結果的にA社を辞めて、葬祭業界からも去ったDさんの体験である。Dさん自身の配慮は、参考書での遺族の想いへの配慮というよりも企業の利益誘導的な管理と対立するものとして捉えている。

私、一度、五十代だったかな、四十代だったかなー、五十いってたぐらいの男の人？ほんとに自分の父親ぐらいだったから、五十すぎぐらいの男の人で、がんで亡くなった人の請負（営業）をしたんだけど、〔遺族が〕奥さんと子ども二人なわけ。子どももさあ、大学生と高校生だったかな、女の子、男の子だったのね。で、さあ、そういう人からあんまお金とりたくないじゃん、そんな人から。だけど、会社の人とか親戚の人とか来てて、会社の人は、〔多くの会葬者が〕来ますね、って断言。会社中から来ますね、取引先からも来ますね、って言って。「ざっとでいいから、どれぐらいになりますかね」って〔聞いて〕、あと友人関係とか。三百人規模ぐらい、すっごい〔会葬者が〕来ちゃう感じだったの。……そうなると、やっぱりそれ相応の大きさの式場じゃないと、人もあふれてしまって、来ていただく方に迷惑、なっちゃうし。そうなると、「この部屋だと、この〔価格の高い〕祭壇がいちばんぴったりきますけど、どうします？」って言って。結局百五十〔万円〕だか百八十〔万円〕の祭壇とったんだよね、でもほんとにいやだった。それで、ほんとになんか。……もうさ、むしり取る気持ちがしてしまったの、私。だってさ、そのお母さんもどうも専業主婦っぽいし、これから大変だろうなって。[50]

Dさんは、新卒でA社に入社していて、新入社員研修を受けている。そのことをふまえたうえで、Dさんの語りを検討してみたい。まず、語りからわかるように、働き盛りの男性が死亡し、遺族のその後の生活に想像をめぐらせたDさんは、できるだけ遺族に「配慮」した価格が安い葬儀を提案したいと思っていた。しかし、働き盛りで亡くなったために会葬者が多く来ることが予想され、広い式場で葬儀をおこなうという別の「配慮」を優先させたのである。この「配慮」は、葬儀の主催者でもある遺族にとって重要な決定事項ではあるが、Dさんには広い式場や高い祭壇という会社の利益につながるものだと感じられたのである。そして、この祭壇に関する配慮が遺族の「満足」につながったとDさん自身が確信しているわけではない。というのも、Dさんは、高い価格の祭壇をとることができてしまったことが「いやだった」と語っているからである。

このような自身の体験をふまえて、「ボランティアじゃないからそれぐらいの商売心がないと難しいんだなっていうのがジレンマだった[51]」とDさんはいう。先ほども述べたようにDさんは新入社員研修を受けている。その研修資料のメモのなかでは顧客＝遺族への「配慮」が教えられている。しかし同時に、その配慮が「↓気持ちだけじゃダメ」と書かれていた。このように「気持ちだけの配慮」は、葬祭業者の私的なものであるかのように教えられ、それを戒められていた。Dさんは、自分の気持ちによる「配慮」を抑制・管理し、会社にとって利益になるような配慮を選択したことに対して自分を責めてしまったのである。

ここで重要なのは、遺族との打ち合わせの場面で利益につながらない私的な「配慮」をDさんは、感じてはいけないものという否定的な捉え方をしていなかった点である。Dさんの語りからわかるのは、私的な配慮を抑制し、広い式場で葬儀をおこなう「配慮」をした瞬間、それが遺族に対する配慮ではなく会社の利益への配慮にすり替わってしまったことへの落胆である。Dさんは、会社への営業的な「配慮」と遺族への私的な「配慮」という二重規範（double standard）に陥り、自問してしまったのである。

たとえ顧客の「満足度」が葬祭業者の担当指名回数などで数量化されたとしても、家族の死によって顧客になっているため、「満足」自体がありえない。そのことを自らの配慮不足として自問してしまうことを回避できるかどうかが、仕事の継続に関係しているのではないだろうか。

遺族の感情にかかわる仕事であるという認識をもつBさんは、自分自身の感情は抑制し、遺族の感情に「配慮」する。そのためマニュアルでは是とされている「ご愁傷さまでございます」という言葉は、遺族へのBさんなりの「配慮」として、あえて避けている。このことは、葬儀社の社員としては称賛される行為とはいえないかもしれない。「配慮」の内容は全く異なるものの、葬儀社の社員としては称賛されるかもしれない行為を選んで自問してしまったのがDさんである。これら会社からの評価が得られにくいであろう様々な「配慮」は、個人的なもの、私的なものと捉えられている。

Aさんから Dさんまでの語りを整理してみよう。四人とも遺族に対して、会社から管理された配慮というよりもインフォーマルな配慮をおこなおうとしていることがわかる。ただし、その配慮は、遺族に対してストレートに表出されるとはかぎらない。Cさんの場合、泣くという行為でストレートに表出されているが、Dさんの場合、インフォーマルな配慮を抑制し、結果的に会社の利益になるよう誘導してしまったと自問している。しかし、Cさん、Dさんともに遺族に対する感情の共感性を示している。

これに対して、遺族の感情を最優先にして「機械的に」と語っていたBさんは、共感的というよりも脱共感的に接していると考えられる。さらに、Aさんの語りのなかにある遺族の「だまさないでね」という言葉からもわかるように、悪質葬儀屋のイメージにならないよう、かつ商品について丁寧に説明することで、会社のイメージ、あるいは職業イメージに貢献しようとしている。それは、遺族へのインフォーマルな配慮を積極的に提示しているというよりは、遺族に与えようとする会社側の「安心」を体現していることになるだろう。

これらをマトリックスにすると、私的配慮は表６のように整理される。

このように整理すると、それぞれの語りはバリエーションをもっていることにしかならないだろう。しかし、四人に共通しているのは、遺族との打ち合わせについて、金銭的な話や会社の収益に貢献するようなことは語らない、あるいはそういうことを語りたがらない点である。本来、遺族との金銭契約は当然のことだし、そのような語りを抑制する必要はないはずである。しかし、葬祭業者たちは、悲しみのなかで金銭契約するというサービスへの負の感情を遺族が抱いていること、そしてそのことを十分承知しているからこそ、金銭契約とは関係がない配慮であることを意識し、それを過剰に示さなければいけないのである。ケアをする、あるいは遺族の感情に寄り添うことを葬祭業の仕事と位置づけながらも、それが営業行為になるような場面を経験するからこそ、会社から感情管理され、営利目的で遺族に接しているわけではない、またはそのように接したいと思っているわけではないことを提示しようとするのである。

筆者は以前、「仕事をしていてよかったと思うこと」をBさんに尋ねたところ、「お金をもらう仕事でありながら感謝される」というようなことを口にしていた。同じような発言は別の葬祭業者からも聞いたことがある。この言葉は、どの仕事、どのサービス業でもいえるありふれた表現のように思われる。しかし、もともと遺族から感謝される仕事という認識がないからこそ、その言葉は単純に他のサービス業と同じように考えてはいけないのかもしれない。特に遺族の悲しみやその後のつらさに寄り添いきれず営業をしたことに後ろめたさを感じたことがある（Dさんのような）葬祭業者は、労働者として「お金をもらう」ことが当然でありながら、顧客に対して本当に配慮しているのかどうかを問い続けてしまい、労働に対する対価として「感謝」まで受け取ることが釣り合わないように感じてしまうのかもしれない[52]。

「お金をもらう仕事でありながら感謝される」というのは、死を金銭に置き換えるというようなイメージを想起させず、遺族の気持ちに寄り添える（ケアしている）仕事をしているという希望を抱くことができる言葉なのかもしれない。

表6　配慮と共感

	共感	脱共感
開放的／インフォーマルな配慮	Cさん	Bさん
抑制的／インフォーマルな配慮	Dさん	Aさん

4　地域のなかでのグリーフケア

葬祭事業で、営業とケアは対立軸として捉えられる場合ばかりではない。ボランティアの部分と営業の部分で悩むばかりではなく、逆に地域住民を支えるような事業として認識される場合もある。

東京都内で代々葬儀社を営んでいるO葬儀社の社員（親族）は、その地域に居住する住民でもある。代々その地域に根付いて葬儀社を経営しているために、グリーフケアについては、特別なことだというよりも自然とおこなっているケースである。

O葬儀社について紹介しておこう。O葬儀社は、東京都でも下町と呼ばれる地域にあり、一九二三年の関東大震災を経験した初代が始め、現在三代目になる。親族で経営に携わっていて、二〇〇九年八月十七日時点では、親族以外の社員は七人だった。三代続く葬儀社として地元に知られ、また町内の行事などにも地域住民として参加する地域密着型の葬儀社である。

O葬儀社経営者の妻で会社を手伝っているHさんは、子どもの同級生の母親のグリーフケアについて、次のように語っていた。

初めて電話がかかってきてお迎えに行ってきたときに「あっ何々ちゃんのお父さんが亡くなったんだ」って事がわかって、もうすぐここにきて御挨拶したときには、とてもじゃないけど彼女がもう、本当に人間ってこんなになっちゃうんだって思うぐらい喋れないし、もうクタ―ってなっちゃって。すごいショックだったのね、御主人がやっぱり若くして亡くなってしまったって事と、それでご家族と上手くいってなかったの、その自分の方の妹さんとお母さんと上手くいってなくて。で、御主人側の方とも上手くいってなかったから頼れない、誰にも頼れないって事で、全て私に決めてくれ、と。そのときはもう本当に大変でしたね。両方の気持を…ね、やっぱりアレしながら、まぁ、本当にお通夜、告別、火葬場、全部ついて行きました。で、あの全部サポートして。それで、少し日が落ち着いてきたらあの日のことは何にも覚えていないっていうぐらい。んー。そういう中で、今は、だからね、グリーフケアっていうかそういう形で、いまだに私が事務所にいると、自転車で通って手を振って私が出ていくと、すごくその思いを伝えるのね。「私がもっと主人を大事にすればよかった」って。ようするに自分がいけないんだって、なかなか何年経っても抜けないのよね。それをやっぱり、全て知ってる私に話をしてくる。だから、葬儀社って、その、人を火葬して終わりじゃなくてそういうこともすごく大切で。うーん。人と人との、密な関係？別に今の例は私がたまたま知ってたから、っていうことではなくても全然知らない方でも御集金にいった後にいろんな話をされたりとか、後で「また、あなた来てくれる？」とかって一人で、ご主人亡くされて一人なんかの場合ね、寂しいんでしょうね、話相手が欲しいみたいで、なんかのたんびに行くと「お茶のんでって」とかって。私達の役割は割とそういうほうが多いですね。(53)

O社に調査で訪れた池田ななこによれば、「顔見知りの葬儀は全体の約一〇％」と述べ、「地域に密着しているからこそ、知人や友人の葬儀を引き受けなければならない。グリーフケアという言葉で括られなくても、遺族の思いを知ったうえで支えるということが日常的に行われている」と指摘する。また、O社ビルの事務所についてもふれ、「一階の入り口から入ってすぐ右手に事務所があり、そこを訪れた人が事務所に人がいるかどうかわかりやすい構造になっている」としたうえで、「ふらりと気軽に立ち寄っておしゃべりをしやすい雰囲気なのかもしれない」と述べている。葬儀が終わった後でも事務所に来て、「故人の話をしたり、葬儀の集金時にいろいろな話をする。そのような話をしやすい雰囲気があるのだろう。実際に「グリーフケア」と銘打っておこなってはいないものの、地域に密着しているからこそそのグリーフケアの方法ではないだろうか(54)」。

図19　O葬儀社式場内の様子
(出典：猪股由梨佳フィールドノーツ、2009年8月17日撮影〔専修大学文学部人文学科社会学専攻2009年度「社会調査論・実習Ⅰ・Ⅱ」履修者「葬祭業に関する調査報告書――東京都内の葬儀社と葬儀の事例」専修大学文学部人文学科社会学専攻2009年度「社会調査論・実習Ⅰ・Ⅱ」報告書、2010年、14ページ〕から)

地域に根差した日常的な付き合いがあったからこそ、遺族も自然と話を聞いてもらいたいと思い、葬儀社を訪れる。葬儀社が日常的に遺族の気持ちを支えるグリーフケアだが、葬儀社・葬祭業者としてだけではないグリーフケアでもある。Hさんは、「感情がはいってしまう」こともあると話していた。つまり、営利か利他かという感情の葛藤というよりも感情移入という別のつらさがある。ただ、やはり仕事だからと「そっと泣く」と話していた。(55) すべての地域密着型の葬儀社がそうであるというわけではない。たとえば、先述したもらい泣きしそうになる、と語った葬祭業者は日常的に遺族と付き合いがあったわけではないだろう。この場合、遺族への共感や配慮が教育され、それを目指す葬祭業者の感情と、遺族に対して自らの感情が込み上げてきても「そっと泣く」というHさんの感情は一見似ているし、当事者自身も同じような感情（共感）と認識するかもしれない。しかし、「感情がはいってしまう」とHさんが言ったとき、それは葬祭業者としてだけではない、自らのそれまでの付き合いやかかわりによる感情と認識された瞬間でもある。

親密な他者（二人称的）にかかわるような葬儀社のあり方によって、葬儀社のグリーフケアともいえない、二人称と三人称の境界が曖昧な関与の仕方があることがわかる。地域に密着する葬儀社だからこそ、グリーフケアは葬儀社としての役割であると認識しながらも、グリーフケアという言葉だけで回収できない感情を自覚してしまうことでもある。

今後、葬儀社が高齢者の見守りや介護ケアなどへの参入を進めていくことで、曖昧な関与の仕方も見られるようになるかもしれない。一方で、介護者や葬祭業者の対象者へのかかわり方でもマニュアル化が進む可能性もある。これまでインフォーマルな配慮であったものがマニュアル化した配慮へと加速していくのか、共感的・脱共感的な感情を葬祭業者にもたらすかは慎重に検討する必要があるだろう。

まとめ

本章では、葬祭業の職業イメージを変えるために導入された資格制度やマニュアル教育などから、葬祭業者たちの身体がどのように変化してきたのかを見てきた。葬祭業者たちが感じていた大衆からのまなざしは、「だます」や「人の不幸でお金をとる」といった詐欺的な職業イメージだった。こうしたイメージを変化させるには、葬祭業者を儀礼空間を作る幕を張る「職人」から遺族の「心」に配慮する「サービス提供者」へと変える必要があると考えられていた。

たとえば、葬祭業者たちの服装や遺体の扱い方に関しては、お客や遺族らを意識するような「清潔感」や言葉遣いが教育されていた。これらは、以前の職人的な自己規定を変える教育であり、遺族らの「心」への配慮を葬祭業者の身体によって可視化することでもあった。だが、葬祭業者の外見的なことだけが教育されているわけではない。他にも、遺族らとの打ち合わせについては「カウンセリング」的な性質をもつことが教えられる。ただし、「カウンセリング」をおこなうことが唯一の目的ではなく、その後に続く打ち合わせが利益につながることを葬祭業者たちは意識しなければならない。

このような教育がなかった時代の葬祭業者たちは、遺族らに対してサービスをするということをそれほど重視していなかった。したがって、葬儀が経済的・営利的であることを認めたうえで、自らの職業の利他的な面を見いだし、仕事を続けていくうえでの誇りとしていた。

一方、遺族への配慮と営業として利益を上げることを同時に教育される現在の葬祭業者たちは、遺族へのケアと営業との間で生じるであろう葛藤の解消方法は教えられないままである。したがって、死に対する利他性と営利性の職業的な要求は、自身で解決すべきジレンマとして内面化するか、そのことに対しては留保する（気づかないようにする）かのどちらかだろう。

利益の意識という職業的には正当な行為と遺族らの「心」への配慮をどう両立させていくのか。葬祭業はかつてのようなあからさまな職業蔑視はなくなり、通常のサービス職と同じように位置づけられているが、このことにより看過される問題があるのではないかと考えた。

そこで、葬祭業者と遺族との打ち合わせの場面についての語りから、自らの仕事に対してどのような認識をもっているのかを検討してきた。

葬祭業の場合、かつての職業イメージや遺族が抱く疑念などを自覚しているためか、商品化された感情自体を否定する方向にはたらきやすいと考えられる。遺族との打ち合わせについて、会社の収益に貢献するようなはたらきかけは、業務遂行上当然のことである。しかし、葬祭業者たちは遺族に対する配慮が、そうした営業行為とは異なるものだということを意識している。葬祭業者たちは、悲しみのなかで金銭契約するという遺族が感じているサービスへの負の感情を承知しているからこそ、金銭契約とは関係のない配慮であると過剰に示そうとするのではないだろうか。会社から感情管理され、営利目的で遺族に接しているわけではない、またはそのように接したいと思っているわけではないことを遺族に提示しようとする。この点で、他のサービス職と一線を画するところがあると考えられる。

このようなインフォーマルな感情は、葬祭業者の主体的な感情管理のように見える。多様な顧客に対応するためには顧客にフィットするような感情管理が必要である。サービス職には、顧客の反応が予測しやすいものとそうでないものがあると考えられるが、葬祭サービスの場合、どちらかといえば後者である。遺族は、家族が亡くなったことで遺族になってしまったのであり、自発的な消費・購買意欲をもって葬儀社の顧客になっているとはかぎらない。葬祭業者は遺族との対面的相互行為のなかでよりケアする必要性を感じ、人間観が問われると感じることで、自らの感情が会社から搾取され疎外されるとは感じにくい。このことによって、労働者の感情の商品価値・賃金に関する労使対立は回避されてしまう。

とはいえ、労使対立が完全に回避されているわけではない。葬祭業者は会社が望むものとは別の配慮をデザインし、そのように認知してしまうがゆえに、遺族や会社からのフォーマルな評価は期待できないと考えてしまう。葬祭業者のインフォーマルな配慮は、顧客からどのように見られているか（＝職業イメージ）を認識しているがゆえの配慮だが、それが顧客との間での対立を生み出すというよりも、過剰に私的な感情と意識してしまうことで、収益にかかわる会社と労働者の感情との利害対立（営業とケア）に転移され、Dさんのように自らを追い込む場合があることがわかる。

このことが、雇用の流動性と関係しているかどうかを現時点で判断することはできない。しかし、少なくとも葬祭業者の継続・離職については労働環境、職業教育、顧客満足度、サービス内容などから考えるだけでなく、葬祭業者の遺族への配慮や「感謝」への反応（後ろめたさ）をインフォーマルな管理に委ねてしまうような、葬祭業界特有の「構造的な負荷」――現場の葬祭業者が見せる遺族への配慮を営利目的のサービスとは異なるものとして提示し続けなければならないという負荷――を含めた検証が必要だと考えられる。

注

（1）前掲『モラルとマーケット』一九三ページ
（2）八尋一郎『葬儀屋さん』葦書房、一九九二年、二五二ページ
（3）二〇〇三年二月十一日、A社の神奈川県内にある会館での男性社員Mさんへのインタビューから。筆者が〇二年十

月から〇三年三月まで研修生として働きながらフィールドワークをおこなっていたA社で、Mさん（当時は四十代後半）にインタビューをする機会があった。Mさんは二十代半ばの頃から二十三年間、葬祭業界で働いてきた。最初に入った葬儀社を含めて三つの葬儀社に、それぞれ約七、八年勤めた。最初に入った葬儀社は、オーナー会社ではあるが都市部の葬儀社としては大手の部類に入る。この葬儀社は、警察に出入りして仕事をとっていた。次に勤めた葬儀社はMさんの先輩が経営していた会社だった。そして三つ目の会社が、筆者が働いていた大手の葬儀社である。

（4）二〇〇三年二月十一日、前掲Mさんへのインタビューから。

（5）前掲K氏へのインタビューから。

（6）前掲Mさんへのインタビューから。

（7）同インタビューから。

（8）飯沢匡「虚栄の罪は地獄へ」、大法輪編集部編『仏事葬儀の常識と問題』（大法輪選書）所収、大法輪閣、一九八六年、一六五―一六六ページ

（9）前掲『サービス産業年鑑1986』七三一ページ

（10）前掲「虚栄の罪は地獄へ」一六五ページ

（11）前掲Mさんへのインタビューから。

（12）「ＳＯＧＩ」第六十九号、表現文化社、二〇〇二年、五二ページ

（13）前掲『管理される心』

（14）前掲Mさんへのインタビューから。

（15）二〇〇七年九月五日、二〇〇七年度専修大学文学部社会学専攻社会調査論・実習Ⅰ・Ⅱの一環として東京都内の葬儀専門学校でおこなわれたO氏へのインタビューから。

（16）前掲Mさんへのインタビューから。

（17）「ＳＯＧＩ」第六十四号、表現文化社、二〇〇一年、三三ページ

（18）全葬連教育研修委員会編、碑文谷創『葬祭サービス基礎教育講座』全日本葬祭業協同組合連合会、二〇〇一年、七ページ

(19) 同書一八ページ
(20) 「SOGI」第四十五号、表現文化社、一九九八年、一〇九ページ
(21) 前掲『葬祭サービス基礎教育講座』一五ページ
(22) 同書一七ページ
(23) 前掲Mさんへのインタビューから。
(24) 同インタビューから。
(25) 碑文谷創『葬儀概論』(第二版)、表現社、一九九九年、二八二―二八三ページ
(26) 二〇〇五年一月二十九日、前掲Dさんへの二回目のインタビューから。
(27) 同インタビューから。
(28) 前掲Mさんへのインタビューから。
(29) 前掲『葬儀概論』(第二版)、二八三ページ
(30) 前掲「人口の動向 日本と世界」一四二ページ
(31) 前掲「平成十四年特定サービス産業実態調査報告書　葬儀業編」二〇〇三年、一一ページ
(32) Suzuki Hikaru, *The Price of Death : The Funeral Industry in Contemporary Japan*, Stanford university press, 2000, pp.135, 150-151.
(33) 東京都内にある別の葬儀社Wでは、男性・女性の葬祭業者がともに当直業務をおこなっていて、会社によって方針が違うようである(二〇〇三年三月七日時の視察)。
(34) 前掲『葬儀概論』(第二版)、七七ページ
(35) 前掲「SOGI」第四十五号、一〇九ページ
(36) 前掲『全葬連五〇年史』一七三ページ
(37) 前掲『葬儀概論』(第二版)、一九〇ページ
(38) 碑文谷創『葬儀概論』(四訂版)、葬祭ディレクター技能審査協会、二〇一七年、二三〇―二三二ページ
(39) 碑文谷創『葬儀概論』(増補三訂版)、表現文化社、二〇一一年、三一九―三二〇ページ、前掲『葬儀概論』(四訂

版)、三一九―三二〇ページ
(40) ただし、経験を積んでいくなかで遺族の経済状態に見合った祭壇を勧めることは暗黙知として身についている場合がある(前掲『「葬儀」という仕事』六五ページ)。
(41) 第1章の注(29)を参照されたい。
(42) 前掲『葬儀概論』(第二版)、二七七ページ、前掲『葬儀概論』(増補三訂版)、三一四ページ、前掲『葬儀概論』(四訂版)、三一四ページ
(43) 二〇〇九年九月十九日、二〇〇九年度専修大学文学部人文学科社会学専攻社会調査論・実習Ⅰ・Ⅱの調査でA社葬儀会館でのBさんへのインタビューから。詳細は、菅原亜美「サービスを提供する」(前掲「葬祭業に関する調査報告書――東京都内の葬儀社と葬儀の事例」五一ページ)を参照のこと。
(44) 二〇〇六年九月十八日、A社葬儀会館内で二〇〇六年度専修大学文学部人文学科社会学専攻の調査論・実習の一環として、Cさんへのインタビュー。
(45) 二〇〇九年九月十九日、A社葬儀会館内で二〇〇九年度専修大学文学部人文学科社会学専攻の調査論・実習Ⅰ・Ⅱの一環として、Yさん(二〇〇九年時、二十代女性)へのインタビュー。
(46) 二〇〇七年六月二十日、専修大学文学部人文学科社会学専攻二〇〇七年度社会調査論・実習Ⅰ・Ⅱの一環として、専修大学内でおこなったBさんへのインタビューから。
(47) 前掲『マクドナルド化する社会』
(48) 二〇〇六年八月十九日、A社葬儀会館内で二〇〇六年度専修大学文学部人文学科社会学専攻の調査論・実習の一環としておこなったBさんへのインタビューから。
(49) 二〇〇九年九月十九日、A社葬儀会館内で二〇〇九年度専修大学文学部人文学科社会学専攻の調査論・実習Ⅰ・Ⅱの一環としておこなったAさんへのインタビューから。
(50) 二〇〇五年一月二十九日、前掲Dさんへの二回目のインタビューから。
(51) 同インタビューから。
(52) 葬祭業の経験がある小林和登は、その著書のなかで次のような告白をしている。「遺族の方たちが納得し、満足の

いく葬儀をプロデュースできるのなら、どんなに高い料金にしてもいいのかもしれない。私はいつの間にかそんな思い上がった考えをもつようになっていました。しかし、やがて、こうした遺族の方たちの『ありがとう』の言葉が、だんだんボクシングのボディブローのように私の良心に効いてきたのです。〝こんなに吹っかけているにも拘わらず、遺族のみなさんは自分にこんなにも感謝してくれる。その気持ちを、当然のように受け入れていいのか――〟そんなことを感じるようになっていったのです。いったん、そう思うと、葬儀の価格がはたして正当なものなのかという気持ちがわいてきました」（前掲『「葬儀」という仕事』一七四―一七五ページ）

（53）二〇〇九年八月十七日、O社葬儀会館内でHさんにインタビュー。詳細は、池田ななこ「地域で代々続く葬儀社」（前掲「葬祭業に関する調査報告書――東京都内の葬儀社と葬儀の事例」一―三ページ）を参照のこと。

（54）同報告書

（55）二〇〇九年八月十七日、二〇〇九年度専修大学文学部人文学科社会学専攻社会調査論・実習Ⅰ・Ⅱの一環として、O社葬儀会館内でHさんにインタビュー。

終章　葬祭事業という死のリアリティ

1　商品化された／商品的ではない死

戦後の葬祭業界と葬儀会館、葬祭業者の身体はどう変わってきたのか、また変わらなかったのか。それらを通じて、戦後の日本のなかで死にかかわる事業がどう展開されてきたのか。本書の問題意識は、消費者も葬祭サービスを利用してきたからこそ、事業者側も商品を開発してきたのだが、それにもかかわらず、なぜ消費者と大衆は葬祭事業者に対して「人の不幸でお金を儲ける」という批判をしてきたのだろうかということだった。これらの批判は、同じく死（後）にかかわっているであろう宗教者や僧侶にも向けられたかもしれないが、僧侶以上に苛烈に葬祭業者に向けられたのは、なぜか。これに対する答えとしては、宗教者や僧侶は職業的権威が高いこと、また宗教者らは死にだけかかわる職業なのではなく、人々の苦悩などを救済する者だと考えられているからということが容易に挙げられるだろう。

だが、そうであるとしても、葬祭業者が批判に対して何の努力もしていなかったわけではないし、批判自体の質も変わる場合がある。社会的地位が向上したと感じることは、人々の職業的評価やまなざしが変わることでもあるが、そのように葬祭業者が実感しているのだとすれば、いつからどのように変わったのか、またそうした社会的地位を変えるためにどのような事業展開、実践をしてきたのかは、当然、視野に入れて考えなければならない。その点を明らかにすることを本書では目指した。つまり、葬祭業の職業威信評価や社会的地位だけでなく、事業そのものの特性や消費者の消費特性を問い直す作業をしてきた。それは、人々の葬祭業への職業的まなざしは、死生観によるだけでなく死にかかわる事業とその消費の特性のためではないかという問題意識である。

では、どのような事業特性なのか。端的にいえば、葬祭事業者という「生者」(三人称的にかかわる生者)が開発する「想像上の死」をめぐらせる商品に対して、家族の死によって遺族になってしまった(遺族・消費者になりたくてなったわけではない)人々の消費行動を喚起する(欲望を喚起する)という事業である。葬祭業者は、家族の遺体を前にした遺族と最初に対面し、どのような葬儀にしたいか(故人が望む儀礼か、参列者にとって思い出に残るか)を話し合い、儀礼に関する商品を販売する。伝統や慣習に従う必要がなくなったとき、どのように消費者の消費意欲を喚起するかを考える必要があるが、そもそも葬儀の場合、消費者をどう位置づけるかという困難にも直面するのである。故人や遺族は、宗教の信者なのか、葬祭業者と日常的にかかわる生活者や地域住民なのか、悲嘆を感じるケア対象者なのか、積極的に葬儀商品を購入する消費者なのか、それともそのすべてなのか。こうした葛藤は、他の事象からも読み取れる。そして、本当に遺族が望むことは何なのか。

たとえば、遺体にかかわる事業か物品・サービスにかかわる事業かという事業特性の曖昧さ、地域の景観に溶け込む葬儀会館か地域に排除される迷惑施設かという葛藤、葬儀における「心」を商品や事業者の業務的・身体的振る舞いで可視化することの困難さ、遺族への経済的配慮や共感と葬儀商品の販売という営業行為との間の葛藤などである。むろん、こうした葛藤は、すべて顕在化しているとはかぎらない。潜在化している場合もあれば、資格制度の定着などによって葛藤自体が緩和される方向に向かったものもある。

しかし、葬祭業がサービス業化し、商品開発が進めば進むほど、どこまでその需要が高まっているのだろうかという疑問が浮上する。葬儀不要論や葬祭業批判がここまで根強かったのは、こうした葛藤の解消の困難さによるものである。消費者が、その商品価値を曖昧だと判断すれば不要だと思うだろう。「人の不幸でお金をとる」という言葉は、遺族に最も近い立場として葬祭業者がかかわるため、家族の死を前にしてやり場のない遺族の感情が最も向けられやすい職業であること、にもかかわらず、ケアとは異なる商品・事業内容を展開していたこと、またそれらに対する経済的価値と文化的価値を葬儀商品や葬祭業者の関与から消費者が読み取りにくかったことへの抗議でもあったと考えられる。これに対し、葬祭業者はどのようにして批判に対抗し、その事業を説明しようとしてきたのかを葬祭業界の歴史、葬儀空間、葬祭業者の身体の三つに分節化して論じてきた。

本書の帰結としては、三点である。

一点目は、地域にかわって葬祭に関する商品、役務サービスを提供したり故人・遺族が要望する儀礼を開発したりする「商品化された死」に対する反照的なものとして遺体への尊厳、遺族への配慮と心理的ケアなど「商品的ではない死」が生み出され、その両義性に引き裂かれながら、常に「商品的ではないもの」を模索し、提示し続けてきた点である。たとえば、戦後から一九七〇年代では、行政での位置づけを模索するなかで自らの事業が公共的なものだというアピール、また儀礼文化、祭壇やマナーなどの文化的価値などを示してきた。そして、「商品的ではないもの」がある程度、人々のまなざしを変えたことを葬祭業者自身が実感していた場面もあった。たとえば、葬儀を扱う葬祭ディレクター資格の導入は、一見、商品を扱うように見えるが、遺族への配慮や「心」を扱うという自覚がその資格者に求められること、そしてそのように教えられることで、職人的に葬儀を扱うというイメージを変えていった。つまり、サービス業として葬儀にかかわる商品を扱うからこそ反照的に「商品的ではないもの」を作り出し、後者を扱うイメージへと葬祭業を少しずつ変えていくよう展開していった。遺族を消費者として見るだけでなく共感・配慮する対象者とすることで葬祭業者への見方も変わってきたと考えられるが、一方で、批判されにくくなったために葬祭業者自身が別の葛藤を抱えた面もある。

葬祭業界の歴史をみると、管轄省庁を決定する際、遺体にかかわる事業か、それとも葬儀サービスかという点

表7　商品化された／商品的ではない死

	宗教的な死	商品化された／商品的ではない死	世俗的・行政的な死
時間	非日常	非日常（日常と非日常の融解）	日常
空間	聖堂、寺院など	コンセプトイメージと多目的性	生活空間
取り仕切るアクター	宗教者	葬祭業者	公務員
主体	信者	消費者／ケア対象者	居住者
表現	超自然的	人為的／共感的	世俗的
死にかかわる表現例	死者、ホトケ、来世、復活、再生、他界、霊魂、永遠など	もしもの時、お別れ、故人様（続柄）、エンバーミング、まごころ、グリーフ、見積契約書、生前契約など	死亡診断書、死亡者名、死亡届、相続、埋火葬許可証など

で揺れていたことがわかる。この揺れも前記の両義性にかかわる。葬祭ディレクターは厚生労働省認定の資格だが、葬儀業はサービス業として経済産業省の管轄であるため、いまだ引き裂かれているともいえるだろう。

二点目は、葬祭業者の身体の変化に伴い、葬祭業者の感情では、三人称的に死を扱うことと二人称的に扱うこととの境界が曖昧になりつつあるという点である。表7で「商品化された／商品的ではない死」としたが、遺族への接し方や表現が共感的になればなるほど、商品化された死（営利性）と商品的ではない死（配慮）との間でジレンマを抱え、それを自らでどう解消するかが課題になっている。むしろ、そうしたことで悩まなかったときは、生前どんな地位でも遺体には手を合わせ、同じように接するという職業倫理としてその接し方が語られ、遺族の気持ちを察するような面では、それほど共感的とはいえなかったことがわかる。

ただし、もともと地域住民として葬儀社を経営している場合、商品／商品的ではない死という境界は曖昧になりやすいことは本章でも指摘したとおりだが、地域住民ではない葬祭業者でも、教育などで遺族に対する配慮が求められている。死が商品か否かという構造的な葛藤で、一方に偏ることができれば負担は感じにくいだろう。しかし、そうできないなかで感情的な葛藤が生じやすく、それを解消するロジックは与えられていない。これは三点目の指摘と関連する。

三点目は、葬祭業界は、死にゆく当事者と遺族を取り込む方向へと動いている点である。事前相談やライフエンディング、そして「商品的ではない死」に含まれるケアを提供し、生前から死後までをつなげていくサービスを始めている。介護事業への参入は生から死へという一連のプロセスに位置づけられる。つまり、死だけを扱うわけではないという、これまでの葬祭業の事業内容を大幅に変更する動きである。

これまでの葬儀で模索してきた経済的・文化的価値を、生命保険に近い事業、つまり老いから死亡後までのリスクを回避するための商品を重視し、介護や遺族の悲嘆ケアといったケア事業へ転換していくことでもある。「商品的ではない死」をより「福祉」と「生」に近づける動きでもある。「商品化された死」を見えにくくしようと対処するなかで「商品的ではない死」が創出されてきたが、その境界軸さえもが虚構化し、可視化されにくくなっている。こうした動きが葬祭業者の営利とケアに引き裂かれるという感情の負荷を別の意味で減らす可能性がある。

さらに、依然として遺体を扱う施設の建設時には反対運動が起きているものの、「直葬にしたい」という遺族にとって経済的であると同時に、直葬する前に別れを惜しむことができる施設という、実は営業とケアの両義性をもった遺体ホテル（ご遺体保管所）が誕生している。こうした施設の法的・政治的位置づけの曖昧さも含め慎重に検討していく必要はあるが、いまのところ経済的合理性と遺族のケア（商品的ではない死）を両立させる施設として考えることができるだろう。

資本制社会での死のタブーの問題は、葬儀商品・消費における境界軸（遺体はヒトなのかモノなのか、死者へのまなざしが二人称なのか三人称なのか、営利的か利他的かなど）とそれを扱う事業の政治的・社会的位置づけにかかわっていると考えられる。こうした境界軸を変え、二人称的に配慮することで、葬祭業者への批判も変わるだろう。

その一方で、葬祭事業は、当事者や遺族のその人らしい最期（私らしい死、自己決定）欲望を引き出しながらも依然としてそうした欲望を正当化しにくい事業である。欲望にそって事業を展開しにくいという特性によって、消費者による批判は、時代を問わず顕在化する。家族の死亡によって遺族になったのであり、「遺族になりたくてなったわけではない」＝「消費者になりたくてなっているわけではない」という、消費者としての意識が薄いことによる。今後、生前契約が進み、自らの葬儀を決めておくようになれば、この消費者意識の希薄さも変化する可能性がある。

戦後から一貫して「福祉」や「生」に近づける動きがあったが、当初は、葬儀の簡素化への危機と陳情するための管轄行政の曖昧さを認識することから生じていた。やがて、「心」に着目するようになった一九八〇年代後半から九〇年代にかけて本格的に始まったといえるだろう。これは、「私らしい死」や「自己決定」の流れとも関連している。葬祭業界で当事者・遺族の「心」に配慮し、そのために生前から準備するよう促すことは、事前相談という「私らしい死」や「自己決定」という消費者側の要望をくみ取ることでもある。

一見すると、事業者側による生前準備などの促進と「私らしい死」「自己決定」という動向は、矛盾しているように思える。しかし、事業者らによって、「私らしさ」は死のイメージを当事者の主体性に基づく（私的な）個性へとモデルチェンジされている。市場化された「私らしい死」が生産され続けるには、多くの人々にとって「私らしい」ものとしてモデル化されなければならない。そのように考えると、そもそも「私らしさ」市場は、それらを提供する専門家や事業者らとともに成立する。(1)

社会学者のウルリッヒ・ベックは、個人自らが決定していかなければならないことが増えたことで、結果的に自らの人生の専門家依存へと帰着（自分の人生の予測不可能性から逃れようとする帰結）することについて論じている。「個々人が遭遇するものは、以前はむしろ「運命的な情況」であった。すなわち、神や自然の名のもとに送り込まれるもの、例えば、戦争や自然災害や配偶者の死だった。要するに、それが起こったことに対して個々人が何の責任ももたないような出来事であった。それに対して、今日支配的なのはむしろ、試験に不合格になることから失業や離婚に至るまで、「個人的な失敗」とでも言うような出来事である。そのため個人化した社会では、危険が、純粋に量的に見て、増大するだけでなく、質的に新しい形態の個人的な危険が登場する。そのうえ、やっかいなことに、新しい形態の「責任の配分の仕方」が生じてくる。人生を自分で計画し自分で作り上げよ、というこのような圧力から、遅かれ早かれ、職業教育や福祉や臨床治療や政策に対する新しい要求も出てくる」[2]と述べている。

したがって、「不幸の回避が優先される状況において、各々の事象の発生確率を正確に理解されることのないまま、様々な現象がすべて一括してリスクと呼ばれ、その結果、右も左もリスクに満ちたリスク・コンシャスな社会[3]」のなかで、我々自身は様々な「選択」や消費をおこなっているといえるだろう。

2　生前から死後の準備を推進する――「ライフエンディング」とは

序章でもふれたが、ライフエンディングという言葉を作り、経済産業省は生前から病や死に対する準備を勧めている。むろん、これが継続的な動向となりうるかどうかについては慎重に検討する必要はあるが、まずは経済産業省がおこなった「安心と信頼のある「ライフエンディング・ステージ」の創出に向けて」という報告書から今後の動向を探ることにしたい。

この報告書を出す過程では五回の研究会と実態調査がおこなわれていて、実態調査では、二〇一一年一月から二月十日頃まで一般消費者向けアンケート調査、業界サーベイアンケート調査、葬祭業者アンケート調査がおこなわれている。それに加えて、日本公証人連合会、生前契約などの代行をするＮＰＯ、見守りサービスなどをおこなう警備保障会社、遺言信託銀行、介護施設、写真館（遺影写真）、遺品整理サービス会社などへのヒアリング調査を実施している。これまで消費者、葬祭業界、そして死にかかわる各種業種をほとんど同時並行的に調査したことは、管見の限りない。また、こうした大規模な死にかかわる業種の調査は、次のような目的のもとに捉えられる。

経済産業省では、医療サービスの新たな市場の拡大のための方策を検討し、健康サービスをはじめとした医療・介護周辺サービスを提供する産業（「医療生活産業」）の創出とその振興等について提言した「医療産業研究会報告書」を平成二十二年六月三十日に取りまとめ、現在、その実現に向けた各種の施策を展開している。また、個々人はライフサイクルの多様な段階を通過し、その時期によって様々なステージが形成され、その最終的ステージでは、普遍性や不可逆性等を有する死を迎えることは動かしがたい事実である。他方、国民生活は広範かつ多様な領域を有しており、この領域の中には終末期医療の時期がある一方、その看取りの後には遺族等の生活を含めた時期が存在する。経済産業省では、我が国の社会構造や生活環境等の変化を背景に、国民一般の価値観が多様化しその意識や行動が変化している中で、終末期に位置づけられる時期からその後の遺族等の生活を含めた時期への移行に当っては、その対応が均質で連続することが望ましいと考えている。(4)

国の医療・社会保障費は、人口減少と高齢化によってふくらむ一方である。また、経済的に低成長になっていくと予測される社会のなかで、国からの手厚い社会保障がいつまで続くのか、不透明である。ただ、「老後や死後の安心」を市場のなかで買う仕組みを整備し、医療・介護保険や遺族年金など歳出された社会保障費で消費を促すことができれば、サービス産業を創出・振興する投資になる。多くの人が病や死に対する不安をもっていて、その不安を低減させてくれるもの（医療サービスや介護サービス、死後の財産・遺品整理などの代行など）を国の社会保障制度でまかなうだけではなく市場で安心して買うことを経済産業省が推進すれば、産業の育成にもなる。「老後や死後の安心」という商品やサービスを充実させ、それが安定的に供給されるようになると、人々はそれを買うことになる。

報告書では、生から死後までを通した一つの産業を具体化する案は明記されていないものの、死亡前は医療・介護、死後は葬祭業者、法律関係者などと死亡前と死亡後の身体・経済にかかわるサービスをつなげようとするような指摘がある。[5] 死はすでに産業化・市場化しているにもかかわらず、相互扶助的・利他的なものという認識が根強い。したがって、これまで葬祭業界は、産業振興の対象としては、手つかず状態であった。しかし、こうした相互扶助的な領域に踏み込み、死の消費に対して「搾取的」と受け取られやすい葬祭業者と遺族との相互行為を、「搾取的ではない相互行為」にしていく動きとして、このライフエンド調査が位置づけられるのではないだろうか。

この調査の社会的意義を「消費」という視点から見ると、二点の課題が浮き彫りになる。

一つ目は、消費主体である。当事者が生前から死について考えて消費を促すようはたらきかけるのか、それとも遺族に対して消費するよう促すのかという点である。「老いから死に至る過程」は、誰もが通る過程であり、病やそれによる様々なリスク（身体の衰え・経済的負担・精神的な危機）を発生させる過程である。単純に考えれば、国民全員がこうしたリスクに直面したとき、「安心を買う消費者」になる可能性がある。報告書の最初のページには、次のような文言がある。「人生や生活の最後の風景が豊かで安らかなものとなるためには、これらを合わせた領域が広く国民一般に認識されるとともに、この領域のなかで国民生活に根ざしたサービス産業の創出とその振興が必要ではないか」。だとするならば、当事者も遺族も一様に消費者と設定されるのだろうか。そして、両者とも同じような志向をもった消費者なのか。次節で検討してみたい。

もう一つは、死に対する出費の不当性という批判をどのようにかわすのかという点である。死に対するボランタリーな発想は、死に対する価値判断にも影響を及ぼしている。つまり、値段の高低といった商品化された葬送の批判へとつながっている。しかし、消費を促すには、その価値判断を変えていかなければならない。これまでは、死を隠蔽する方向で消費がはたらきかけられていて、積極的な変化を促していたとはいえない。この点について、報告書のなかで死をどう定義づけているのかに注目したい。

死の前後における消費主体と消費者意識のずれ

「消費者＝安心を買う全ての国民」としたとき、消費主体とは本当に国民全員と位置づけていいのだろうか。消費主体は時期との関連で考えておく必要がある。ライフエンド前は、主に医療や介護を受ける当事者とその家族が消費主体として設定される。ライフエンド後は、生前から死後のことを決めているような場合を除けば、当事者が亡くなってしまうため、実質的には家族（遺族）が消費主体になる。さらに、調査でのワーディングを読むと、何かを買ったという意識をもっている人々というよりもこれからどのようなものがあれば消費者になってくれるのか、という視点から考えられている点に注意しなければならない。つまり、すでに消費者だと自覚している人に向けての調査ではなく、これからライフエンディング・ステージを創出した場合、どのようなことに最も関心をもつのかを探っている調査だといえるだろう。

まず、「一般消費者向けアンケート調査」は、国内に居住する二十代以上の人々を対象としておこなわれている。[6]この調査では、回答者全体に尋ねている質問項目、故人を送った経験がある人に対する質問項目、故人を送った経験がない人に対する質問項目とに分けられている。それらの質問は主に「自分のために必要と思うサービス」と「家族のために必要と思うサービス」について回答を求めている。

たとえば、あるといいと思う（必要な）ライフエンドサービスについて、回答者全体に尋ねた項目がある。その結果、「病状や状態に応じて希望する医療・介護・福祉が受けられる支援やサービス」は、自分のためにも家族のためにも必要と考えている人はどちらも六割を超えていた。一方、死亡後のサービスでは、自分のためというより家族のために必要と思っているものが多く、「行政機関や金融機関等での手続き支援やサービス」は自分のためは〇％だが、家族のために必要と思っている人は五割を超えている。また、「あなたが希望する葬儀施行やお墓の用意、遺品整理等の情報提供や生前相談等の支援やサービス」では、家族のために必要と思っている人は四四・七％で、自分のために必要と思っている人は〇％であり、家族のためであっても葬儀後のサービスの必要性を感じている人は半数以下である。これは、葬儀経験者に活用したいサービスとして聞いた項目で見ても、同じような傾向が読み取れる。

つまり、ライフエンド後では、自分自身のために必要と思われるサービスという認識はあまり一般化していない。近年では、生前から死後のことを準備する人々が増えているといわれているが、実際のところ、その行為自体が自分のためというよりも「家族のため」と思っている人も多いのではないだろうか。だとするならば、ライフエンドについての消費は、当事者自身が自分のために消費するだけでなく、家族のために当事者が必要と思う消費、家族が当事者のために必要と思う消費、家族が家族自身ために必要と思う消費という四層構造になっているといえるだろう。ここに、消費主体と消費に対する意識のずれが生じる可能性が挙げられる。当事者は家族のために必要なサービスと思っていても、家族はそう思うとはかぎらない。結局のところ当事者だけが葬儀の要不要を認識するのではなく、家族の立場から必要なのかということも重要になる。逆にいえば、当事者と家族の両者とも必要な消費だと思うことができれば、それは積極的な消費につながるだろうが、そうでなければ難しいだろう。

3　「死」から「生」のなかのリスクへ

消費者調査では、「死の前後」についての回答を求めているにもかかわらず、ワーディングでは、「死」という文字を一切使っていない。そのかわりに「ライフエンド」あるいは、「ライフエンディング・ステージ」(7)の文言が使用されている。「死」という言葉に対する人々の反応がどのようなものかを、委員会、行政側が慎重に判断していることを示している。「今後の対応（提言）」のところでは、「我が国では、従来に比べると国民が死をタブー視する傾向は変化しているが、生前準備を行い、自分自身や家族等のライフエンドやその後について語ったり残したりすることについては、依然として心の垣根（心理的な抵抗）の存在が指摘されている」とわざわざ述べている。つまり、ライフエンドは、消費者における死に対するタブーを認識したうえで、そのタブー視を隠すために創出されている言葉だといえる。

ただ、死のタブーの存在は認めながらも行政側では、「誰にも例外なく訪れる「死」を迎えているとの認識に立ったうえで、「死」に正面から向き合い、充実した人生を営むためにも真剣に死から生を考える時期」を迎えているとの認識に立ったうえで、「信頼と理解を得るための公的な啓発活動（パブリック・リレーションズ）の活用や、家族等や親族の間でのコミュニケーションの重要性を認識・向上するよう国民へ広範に情報発信していくなどの具体的な行動が求められる。例えば、誕生日や記念日等の特定日に家族等で、生前準備をおこなうためのプレゼントを贈り合うことや遺影写真となるかもしれないその時点での記念写真を撮影すること、または、命について考える日やライフエンドとその後について考える日等を制定することなどを通じ、死から生を考える習慣付けを行うことは効果的である[8]」と述べている。

こうしたはたらきかけが、生前から様々な準備を進めるという積極的な消費者像へとつながるイメージを提示している。「生前準備を行うためのプレゼントを贈り合う」というのは、死にかかわる積極的な消費をおこなうイメージである。つまり、死を生の終わりの結果としてだけではなく、生のなかで消費されるプロセスと捉え、死と死後に備える積極的な消費者像が望ましいとしている。

この消費を考えるうえで、死に関する既存のサービス事業者としては、葬祭業者を挙げている。「葬祭業は究極の隙間産業と指摘されることがあるが、発想を転換し、様々な困難が生じている遺族等をサポートするための究極の『ホスピタリティ産業』であるべきであり、我が国の数多いサービス産業のなかでも極めて高いサービスレベルが求められる産業であることを共有したい[9]」と述べていて、葬祭業の死の産業の担い手としての位置づけが図られている。

このように述べられる背景には、葬祭業がこれまで「ホスピタリティ産業」として地位向上を図りながらも、そのイメージが定着してこなかったことがあるだろう。この報告書で葬祭業以外のライフエンディング・ステージに携わる担い手として、「精神的・身体的・社会的困難が生じた家族などに対するサポートを必要とする場合」には、医師、看護師、介護福祉士、訪問介護員（ホームヘルパー）、介護支援専門員（ケアマネージャー）など医療・介護関連分野に関する専門的知識を有する者や、弁護士、公証人、行政書士、ファイナンシャルプランナーなど、幅広い専門家や行政、非営利組織などの存在が指摘されているが、このなかで最もイメージの向上が必要なのが葬祭業だろう。

この報告書では、「シームレス」（継ぎ目がない）という文言を使っているが、これは、死にかかわる性質の異なる事業――たとえば、福祉関係者は身体にかかわるが、弁護士は財産などの経済的な管理、葬祭業などは死後の遺体とそれに伴う諸手続き、儀礼のサービス――を結び付けることを意味している。各分野、事業間の連携を図り、これまで商品的と考えられてきたものを福祉やケア的なものとして再構成し、福祉も商品的・事業的な視点からアプローチするという、事業連合体を作り出すことができると考えられている。人の生から死後まで各事業者、専門家らが橋渡しをしながら、サポートする体制を作ることに政策的力点が置かれている。(10)

こうした事業者間の連携を模索する動きからもわかるように、老いから死後に至る「ライフエンド」は一定のプロセスであり、死だけが社会から排除されるタブーなのではなく、「ライフエンド前後」というすべての人々が共有しているリスクと位置づけ、予防的な体制を作り、それらを消費することへとつなげていくことが目指されている。冠婚葬祭互助会は、婚姻を含むので「死」だけを扱っているとはいえないが、その地域的な強みを生かして介護事業に参入している。また、東京葬祭という葬儀社でもグループ企業の「アート」でデイサービスや介護タクシーなど介護にかかわるサービスを始めていて、(11)「死」から「生」（介護）の領域へと事業を拡張している。

「生」と「死」の領域を事業者間でシームレスにすることは、死にゆく当事者だけに事業者がかかわるのではなく、生きている遺族の死別体験にまでかかわりが拡大され適用されることにつながる。こうした死に対する認識は、死が、生老病という人生の時間軸上における「リスクの結果」というよりも、人生のなかで次々と「更新されるリスク」の一つであるかのように考える社会になってきたことを意味している。その点について我々自身が自覚しておかなければならない点がある。

第一に、死や死別は回避できないリスクの結果であるはずなのに、それによってもたらされる負担がどこまで軽減できるかを私たち自身が判断しなければならないことについてである。ライフエンド後のサポートとして、たとえば、死別後の手続きでのサービスの必要性について説いている。[12] たしかにこうした事後処理（遺産や法的手続き、各種申請など）には専門家や事業者、また行政自体が負担の軽減に一役買うだろう。[13] しかし、葬儀の場合、その意味づけが遺族の死別にどのような役割を果たしうるのか、また、死や死別による精神的・情緒的な負担の軽減とはどういう状態なのか、それについても専門家が判断するのかという複雑さに向き合わなければならない。様々な対処法が示されるなかで我々自身が判断することは、シンプルな事柄であるはずだが、現実は複雑化しているのである。

第二に、生の終わりから死後まで個人単位で対処できるアクセス網が整備される一方、それが逆に当事者の孤独につながるのではないかという危惧である。葬儀についていえば、地域集団が葬儀にかかわってきたと本章でふれたが、それがたとえ義務的であったにせよ、地域内の相互扶助（助け合い）という認識が浸透していた。それは、病のときや死亡のときだけの関係が結ばれていたからではなく、「健康に生活していたときの関係」を維持してきたからこそ、である。

しかし、老いから死後までの専門家らの登場は、それまで築いてきた関係のなかで死に向き合うことから遠ざけ、かえって死にゆく当事者だけを孤立させてしまう場合もあるのではないだろうか。様々な専門家や事業者を頼りながらも、生前からの関係者とのつながりを老いから死後までどう維持するのか、我々自身は常に「選択」を迫られ続けている。

注

(1) 前掲『死と死別の社会学』
(2) 前掲『危険社会』二六八―二六九ページ
(3) 藤村正之『〈生〉の社会学』東京大学出版会、二〇〇八年、七六ページ
(4) 前掲「安心と信頼のある「ライフエンディング・ステージ」の創出に向けて」一ページ
(5) 同報告書二、三一ページ
(6) 回答数は一万四百四十五件。近親者としてライフエンド経験がある人の「故人」との関係について尋ねたところ、二十代は七二・九%、三十代は四〇・八%と「祖父母」が最も多い。四十代、五十代では「自分の父」が多くなっている。六十代から七十代では「自分の母」が多くなっている(同報告書四一ページ)。
(7) 同報告書一ページ
(8) 同報告書三〇ページ
(9) 同報告書三七ページ
(10) 同報告書三一―三六ページ
(11) たとえば東京葬祭グループでは、デイサービスや介護タクシー事業の会社を運営している。「アート」(http://art-edogawa.co.jp/)［二〇一七年九月二十一日アクセス］
(12) 前掲「安心と信頼のある「ライフエンディング・ステージ」の創出に向けて」二七―二八ページ
(13) たとえば神奈川県横須賀市では、親族がいないひとり暮らし高齢者を対象にエンディングプラン・サポート事業を開始した。市役所の職員が葬儀、墓、死亡届出人、リビングウィルについての意志を確認したうえで葬儀社と生前契約を結ぶ仕組みだが、これを利用する場合、収入、所有資産額の上限が設けられている(小谷みどり『〈ひとり死〉時代のお葬式とお墓』〔岩波新書〕、岩波書店、二〇一七年、一五五―一六〇ページ)。

あとがき

本書は、二〇〇九年三月に専修大学大学院から博士（社会学）を授与された論文「葬儀サービスの生成に関する社会史的研究――高度経済成長期以降における葬祭業界に着目して」を大幅に加筆・修正したものである。

本書の各章には既出の論文もあるが、加筆・修正されている。初出は次のとおりである。

・「世俗化と葬祭業――高度経済成長期以降の葬祭業界と資格の制度化の過程から」「死の社会学的研究」平成十七年度―十九年度科学研究費補助金基盤研究（A）成果報告書、二〇〇八年、七九―八九ページ

・「死に商業的にかかわる事業の「正当化」の困難さ――戦後日本の葬祭事業をめぐる二つの運動に用いられた語彙」『年報社会学論集』第二十二号、関東社会学会、二〇〇九年、二四六―二五七ページ

・「儀礼空間の商品化過程に関する考察」「年報筑波社会学」第三・四合併号、筑波社会学会、二〇一一年、一一一一三ページ

・「葬送の社会学――ライフエンディング・ステージの創出と葬儀における消費」、藤村正之編『いのちとライフコースの社会学』所収、弘文堂、二〇一一年、八四―九九ページ

・「日本の葬祭業における感情管理」「名古屋学院大学論集　社会科学篇」第五十二巻第一号、名古屋学院大学総合研究所、二〇一五年、一一七―一三二ページ

大学時代の卒業論文のテーマも「死」についてだった（卒論といえるような代物ではなかった）し、さかのぼれ

ば、小学生時代に体験した入院生活が「死」をテーマに研究したいと思ったきっかけになっている。長きにわたって考えてきたといえるが、（研究成果の）生産性は著しく低い。それだけ私にとっては難しいテーマでもあった。周囲の方々の支えや協力がなければ本書は完成しえなかった。

なんといっても、フィールドとの出合いはいちばん大きい。研修生という身分の上限期間が半年だったため、二〇〇二年十月から〇三年三月までの半年未満の短いフィールドワークではあったが、その期間、A社のみなさまには大変お世話になった。同じ現場で働いた（営業担当、セレモニー・スタッフのみなさん）という感覚は、フィールドワークから十五年の月日が流れたいまでも残っている。調査で出会った方々のお名前を書くことは控えるが、たわいのない話をしたり、飲食に行ったりしたこと、そしてインタビューでの私のぶしつけな質問にも一つひとつ丁寧に答えていただいたことは、貴重な経験となった。全日本葬祭業協同組合連合会のみなさまにも資料提供などでご協力をいただいた。感謝を申し上げたい。

また、表現文化社の碑文谷創氏にも雑誌「ＳＯＧＩ」に寄稿したこともあって、本当にお世話になった。休刊になってしまったのは大変残念だが、いま、この論文を書くことができるのは碑文谷氏のおかげである。

そして、専修大学大学院で指導教官だった嶋根克己先生には、わがままな院生であった私を辛抱強く、そして温かく導いていただいた。嶋根先生のご指導がなければ、ここまでこられなかった。先生は、「外の世界に目を向ける」ということを心がけていらっしゃった。いまから思えば大変なご負担を強いてしまって申し訳ない気持ちでいっぱいだが、海外のフィールドにも連れ出していただいた。「外の世界に目を向ける」という先生の教えは、私の研究上の行動指針になったように思う。

柴田弘捷先生には、博士論文の審査を担当していただいただけでなく、博士課程在籍中に日韓次世代学術フォーラムなどでの発表の機会をいただいた。また、樋口博美先生は、博士論文執筆が遅れていた私を気にかけてくださった。専修大学大学院の先生方には、博士論文の中間報告で適切なコメントをちょうだいしただけでなく、実習科目担当の機会を与えていただいた。心から感謝を申し上げます。本書の一部では、そのときのデータを用いている。当時の受講生諸君にも感謝したい。

博士論文の審査でお世話になった副田義也先生には、多くのご教示をいただいた。先生は近年、著作集を出版された。弔辞、自死遺児、震災での死者とのつながりに着目されている。先生の圧倒的な筆力と執筆論文の多さにはいつも驚かされる。私が論文を書いているというと、「何文字書いたのか、原稿用紙何枚分か」といつも問われ、あまり文字数を考えず執筆しているため答えられないでいると、何とも言い難い表情をされる、という光景が幾度となく繰り返されてきた。今回の単著では、文字数を意識したので、たぶん答えられる……と思う。また、科学研究費補助金基盤研究（A）の「死の社会学的研究会」で発表して、報告書の「死の社会学的研究」に寄稿したことも今回の論文に生かされている。

前記の「死の社会学的研究会」でも藤村正之先生にはお世話になった。『いのちとライフコースの社会学』に寄稿する機会を与えてくださった。

樽川典子先生には、阪神・淡路大震災での調査の機会を作っていただき、また研究会では、ほぼ毎月、博士論文を発表させてもらった。遺族の感情について、先生からのご教示は本書のヒントになっている。また、研究会のメンバーである坂田勝彦氏、後藤美緒氏をはじめ、拙い私の研究発表を聞いてくださった研究会のみなさんにもお礼を申し上げたい。あまりにも遅筆のため、坂田氏には論文執筆のスケジュール・マネジメントをしていただいた。そのおかげで無事、博士論文を出すことができた。後藤氏には資料の件でご助力をいただいた。

活動休眠状態だが、生活史研究会では多くのことを教わった。生活史研究会へと最初に導いてくださったのは、修士課程時代の指導教官、米地實先生だった。米地先生からは様々な人生訓もいただいた。後年、生活史研究会で発表の機会があり、そのときの経験から葬儀業の歴史に興味をもつようになった。発表の機会を与えてくださった大正大学の井出裕久先生をはじめ事務局のみなさんにはお礼を申し上げる。当時、事務局メンバーだった高橋正樹氏には、たしか研究会での発表後、葬儀関係の本をちょうだいしたと記憶している。また、川又俊則氏を通じて『ライフヒストリーの宗教社会学』での論文執筆の機会を与えていただいた。

大学院時代、葬儀を社会学的に研究することについて悩んでいたとき、山田慎也先生の研究内容、ご著書から多くの示唆を受けた。学恩といってもいい経験であり、忘れられない。

「死と死別の社会学」研究会の有末賢先生、澤井敦先生、小谷敏先生、中筋由紀子先生をはじめとした研究会のみなさまにも大変お世話になった。死と死別について考える機会だけでなく、単著執筆の機会も与えてくださった。そして、論文への適切なコメントをいただき、また、長年執筆を待ってくださった青弓社の矢野未知生氏にも心からお礼とお詫びを申し上げたい。

本書は「名古屋学院大学総合研究所研究叢書二八・二九」として助成を受け、刊行されたものである。このような機会を与えてくださった名古屋学院大学総合研究所委員の先生方、総合研究所スタッフのみなさま、そして執筆を励ましてくださった同僚にも感謝を申し上げたい。

［著者略歴］
玉川貴子（たまがわ たかこ）
1971年、富山県生まれ
名古屋学院大学現代社会学部准教授
専攻は死の社会学、家族社会学
共著に『いのちとライフコースの社会学』（弘文堂）、『喪失と生存の社会学――大震災のライフ・ヒストリー』（有信堂高文社）、論文に「死に商業的にかかわる事業の「正当化」の困難さ――戦後日本の葬祭事業をめぐる二つの運動に用いられた語彙」（「年報社会学論集」第22号）など

名古屋学院大学総合研究所研究叢書29

葬儀業界《そうぎぎょうかい》の戦後史《せんごし》　葬祭事業から見える死のリアリティ

発行――2018年3月20日　第1刷
定価――2600円＋税
著者――玉川貴子
発行者――矢野恵二
発行所――株式会社青弓社
〒101-0061 東京都千代田区神田三崎町3-3-4
電話 03-3265-8548（代）
http://www.seikyusha.co.jp
印刷所――三松堂
製本所――三松堂

ISBN978-4-7872-3433-9　C0036